el Curso de español 1

Das Spanisch-Lehrwerk

von
Virgilio Borobio

Deutsche Bearbeitung:
Lourdes Gómez de Olea
Dagmar Dietz-Hertrich

LANGENSCHEIDT
Berlin · München · Wien · Zürich · New York

El Curso de Español 1 – Das Spanisch-Lehrwerk

Autor:
Virgilio Borobio, Madrid

Deutsche Bearbeitung:
Lourdes Gómez de Olea, Nürnberg
Dagmar Dietz-Hertrich, Erlangen

Beratende Mitarbeit:
Bettina von Hauenschild, München
Bernard Lechner, Nürnberg
Ramón Palencia, Madrid

Fotos: Javier Calbet, Sonsoles Prada, J. M. Navia, Yolanda Álvarez, EFE, SIPA-PRESS, Fernando López-Aranguren, Pedro Carrión, Archivo SM, Enrique García, Juan Gabriel Pallarés, Celia Mengébar, Frank Gerbert, EUROPA PRESS.

Zeichnungen: Julio Sánchez, Sergio García; Carlos Sanz (S. 39)
Karten: Herbert Horn
Umschlaggestaltung: Elke Naumann, Sieglinde Lütke-Holz
Umschlagfoto: Robin Smith (tony stone)

Bestandteile

Lehrbuch	Best.-Nr. 49 240
2 Cassetten zum Lehrbuch	49 241
Arbeitsbuch	49 242
1 Cassette zum Arbeitsbuch	49 243
Lehrerhandreichungen	49 244

Auflage:	5.	4.	3.	2.	1.	Letzte Zahlen maßgeblich
Jahr:	1999	98	97	96	95	

Druck: Druckhaus Langenscheidt, Berlin
Printed in Germany – ISBN 3-468-**49240**-5

Liebe Lernerin, lieber Lerner!

Sie wollen Spanisch lernen und sich in allen Situationen des täglichen Lebens auf spanisch zurechtfinden. **El Curso de Español** vermittelt Ihnen das notwendige Rüstzeug dafür: Sie werden lernen,

- gesprochene Sprache wie auch geschriebene Texte zu verstehen
- sich mündlich und schriftlich auszudrücken.
- Darüber hinaus führt Sie **El Curso de Español** mit seinen zwei Bänden zum Spanisch-Zertifikat des Deutschen Volkshochschulverbandes.

Methodische Grundlagen

Von Anfang an arbeiten Sie aktiv mit:

- Mit den *Actividades* in jeder Lektion lernen Sie Schritt für Schritt die spanische Sprache kennen und eignen sich Neues wie von selbst an. Viele neue Wörter und grammatische Strukturen können Sie direkt erschließen.

- **El Curso de Español** vertraut auf Ihre Fähigkeit, sich selber zu helfen: so werden Sie zunehmend unabhängiger von Ihrem Lehrer/Ihrer Lehrerin.

- Dabei lernen Sie nicht allein, sondern immer auch zusammen mit anderen – mit einem Partner oder in der Gruppe. Sie werden dadurch erfahren, daß Aufgaben gemeinsam leichter bewältigt werden – spielerisch, abwechslungsreich, ohne große Mühe. Übrigens: Mit dem „Partner" oder auch dem „Kursleiter" meinen wir selbstverständlich immer auch die Partnerin bzw. die Kursleiterin!

- **El Curso de Español** ist übersichtlich und einfach zu handhaben: Die Aufgaben und Übungen bauen aufeinander auf und lassen sich dadurch leicht in der vorgeschlagenen Reihenfolge bearbeiten.

- **El Curso de Español** bringt Ihnen die Welt des modernen Spanien und Lateinamerika näher: die Menschen in ihrem Alltag und ihrer Kultur sowie Städte und Sehenswürdigkeiten.

Aufbau und Bestandteile

Das **Lehrbuch** bietet alles, was im Unterricht für das Erarbeiten und Einüben des neuen Stoffes benötigt wird.

Band 1 enthält 25 Lektionen. Nach jeder fünften Lektion folgt eine Wiederholungseinheit (*Repaso*).

Jede Lektion mündet in einen Abschnitt *Y ahora*, der freiere Aufgaben und auch authentische Texte anbietet. Den Abschluß bildet jeweils ein Überblick über den Stoff der Lektion (*Recuerda*), in dem nicht nur die grammatischen Strukturen, sondern auch deren kommunikative Funktionen für Sie zusammengefaßt sind.

Ein nach Lektionen gegliedertes Vokabular Spanisch-Deutsch, ein alphabetisches Wörterregister, ein grammatisches Register und ein Glossar zu den Arbeitsanweisungen befinden sich im Anhang.

Das **Arbeitsbuch** ist für das selbständige Vertiefen des neuen Stoffs zu Hause gedacht. Eine eigene Audio-Cassette gibt Ihnen die Möglichkeit, Ihre Aussprache zu verbessern und das Verstehen von Hörtexten allein zu probieren. Außerdem können Sie – in der systematischen Grammatik – auch weitere Erklärungen einzelner grammatikalischer Phänomene finden.

Im Arbeitsbuch sind auch alle zusätzlichen Hörtexte aus dem Lehrbuch abgedruckt, die in der Lektion selbst nicht in schriftlicher Form benötigt werden.

Also ... viel Spaß und viel Erfolg wünschen Ihnen

Autoren und Verlag

Inhaltsübersicht

THEMEN	SPRECHINTENTIONEN	GRAMMATIK	SEITE
Lección 1 ¿Cómo se llama?			10
Begrüßung Vor- und Familiennamen Das Alphabet Internationale Wörter Verabschiedung	jdn. begrüßen sich vorstellen jdn. nach dem Namen fragen sich verabschieden Namen buchstabieren bejahen/verneinen	*llamarse* (Sing.) Die Personalpronomen (Sing.) *Sí, no* Buchstaben des Alphabets	
Lección 2 ¿De dónde es?			16
Ländernamen Nationalitätsbezeichnungen Sprachen Lesetext: Verbreitung des Spanischen	nach Herkunft und Staatsangehörigkeit fragen, diese angeben über Fremdsprachenkenntnisse sprechen nach Bedeutung und Schreibweise eines Wortes fragen Nichtwissen ausdrücken	*ser* und *hablar* (Sing.) *se habla, se dice, se escribe* Nationalitätsadjektive (Sing.) Betonung und Akzentsetzung Fragewörter: *cómo, de dónde, qué* Die Grundzahlen von 0 bis 20	
Lección 3 Información personal			22
Beruf Arbeitsstätte Ausbildung Adresse, Telefonnummer Lesetext: Ein Spanier aus Paris	nach Beruf oder Studienfach fragen und diese nennen nach der Adresse fragen und diese angeben nach der Telefonnummer fragen und darauf antworten sich bedanken	Das Präsens (Sing.): *trabajar, aprender, vivir, tener, hacer* Die Verneinung: *no* Der bestimmte Artikel: *el/la* *de* + bestimmter Artikel: *del/de la* Der unbestimmte Artikel: *un/una* Die Substantive (Sing.) Fragewörter: *dónde, qué, cuál, quién* Präpositionen: *en* Die Grundzahlen von 21 bis 100	
Lección 4 ¿Tú o usted?			29
Begrüßung jdn. vorstellen (formell - informell) Familienstand Lesetext: „Señora" oder „Señorita"?	jdn. vorstellen und darauf reagieren auf einen Gruß reagieren sich nach dem Befinden erkundigen und darauf antworten nach jdm. fragen und darauf reagieren	*estar, estudiar* (Sing.) Verbformen *tú - usted* *ser* und *estar* *a* + bestimmter Artikel: *al/a la* Gebrauch des Artikels bei *señor, señora* *éste, ésta* Aussprache: r - rr	
Lección 5 Mi familia			34
Familie: Verwandtschafts-bezeichnungen Alter, Aussehen Eigenschaften Farben Hörtext: Carmens Liebhaber	Persönliche Informationen erfragen und geben das Äußere einer Person beschreiben Eigenschaften einer Person nennen jdn. aufgrund einer Beschreibung identifizieren	Das Präsens (Plur.): *estudiar, hablar, estar, vivir, tener, ser* Die Personalpronomen (Plur.) Der bestimmte Artikel (Plur.): *los/las* Die Substantive (Plur.) Adjektive: Veränderlichkeit Die Possesivpronomen (Sing. + Plur.) Fragewörter: *cuántos/cuántas*	
Repaso 1			43

THEMEN	SPRECHINTENTIONEN	GRAMMATIK	SEITE
Lección 6 Objetos			45
Gebrauchsgegenstände Geld, Währung, Preise	nach dem Vorhandensein von etwas fragen im Geschäft nach einem Artikel fragen sich nach dem Preis erkundigen den Preis angeben	*se vende - se venden* *hay* Der unbestimmte Artikel (Plur.): *unos/unas* Die direkten Objektpronomen: *lo/la* Die Demonstrativpronomen: *este - éste; ese - ése* Fragewörter: *cuál, cuánto* Die Grundzahlen von 101 bis 10.000 Betonung	
Lección 7 Mi pueblo o mi ciudad			51
Beschreibung von Städten geographische Lage eines Ortes Lesetext: Postkarten	über die geographische Lage eines Ortes sprechen einen Ort beschreiben sich nach Hauptstädten und Einwohnerzahlen erkundigen	Gebrauch von *ser* und *estar* Ortsangaben: *en, cerca de, lejos de; al* + Himmelsrichtung Mengenangaben: *muy, mucho, bastante* *mucho/-a/-os/-as* Das Relativpronomen *que* Die Grundzahlen ab 10.001	
Lección 8 Mi casa y mi habitación			58
Art, Lage, Größe einer Wohnung Bezeichnungen von Wohnräumen Einrichtung, Ausstattung Miete Farben	eine Wohnung beschreiben ein Zimmer beschreiben über die Einrichtung einer Wohnung/eines Zimmers sprechen einen Gegenstand beschreiben und lokalisieren	Gebrauch von *hay* und *estar* Ortsangaben: *delante de, detrás de, a la derecha/izquierda de, al lado de, junto a, entre, en, encima de, sobre, debajo de* Betonung	
Lección 9 ¿Dónde y a qué hora?			65
Orientierung auf der Straße die Uhrzeit die Wochentage Angaben zur Tageszeit Öffnungszeiten Lesetext: Öffnungszeiten in Spanien	auf der Straße um Auskunft bitten und darauf reagieren einen Weg beschreiben nach der Uhrzeit fragen und darauf antworten nach Öffnungszeiten fragen	Der Imperativ (Sing.) *uno/-a, ninguno/-a* als Pronomen Ortsangaben: *al final de, enfrente de* Zeitangaben: *a, de, por, de ... a* Die Ordnungszahlen Aussprache g - j	
Lección 10 Gustos			74
Sport Freizeitbeschäftigungen	Gefallen und Nichtgefallen ausdrücken Vorliebe äußern	Die betonten und unbetonten indirekten Objektpronomen *gustar* Der Vergleich: *más ... que* Die Verneinung: *no ... ni ... ni ...*	
Repaso 2			81

THEMEN	SPRECHINTENTIONEN	GRAMMATIK	SEITE
Lección 11 Un día normal			85
Tagesablauf Gewohnheiten Lesetext: Arbeitszeiten in Europa	über Tagesablauf und Gewohnheiten sprechen Vermutungen äußern	Das Präsens (Sing.): - unregelmäßige Verben: *ir, salir* - Verben mit Stammveränderung: e → ie *(empezar)*, *o* → *ue (volver)* - reflexive Verben Zeitangaben: *antes, más tarde, todos los días*	
Lección 12 El fin de semana			92
Das Wochenende Sport und Freizeitbeschäftigungen Hausarbeit Lesetext: Die Spanier und das Fernsehen	über Gewohnheiten und Beschäftigungen am Wochenende sprechen angeben, wie oft man etwas macht	Das Präsens (Sing. und Plur.): - unregelmäßige Verben: *ir, salir* - Verben mit Stammveränderung: e → ie *(empezar)*, o → ue *(volver)* - reflexive Verben Die Reflexivpronomen Die Verneinung: *no ... nunca* Häufigkeitsangaben: *siempre, normalmente, a menudo, a veces, nunca ...* Aussprache: ai - ei	
Lección 13 El trabajo			98
Arbeit und Ausbildung Berufe Verkehrsmittel Test: Deine Arbeit und du	über Arbeitsbedingungen sprechen fragen, was jdm. gefällt fragen und angeben, wie oft man etwas tut	*venir* (Präsens) Mengenangaben: *poco, nada ...* Zeitangaben: *de, a, desde ... hasta, en, por* Häufigkeitangaben: *una vez al día / por semana* Fragewörter: *por qué*	
Lección 14 Ha sido un día normal			106
Ereignisse der Vergangenheit Entschuldigungen Begründungen Lesetext: Wochenende in Pontevedra	sprechen über das, was man vor kurzem getan hat sich entschuldigen eine Entschuldigung annehmen etwas begründen	Das Perfekt: - Formen und Gebrauch - unregelmäßige Partizipien *Es que ...*	
Lección 15 ¿Qué te pasa?			113
körperliches und seelisches Befinden die Körperteile Krankheiten und Gegenmittel Lesetext: Der Streß	über körperliches und seelisches Befinden sprechen Empfindungen Nachdruck verleihen etwas anbieten einen Vorschlag machen ein Angebot/einen Vorschlag annehmen oder ablehnen	Verben mit Stammveränderung: e → ie *(querer)*, o → ue *(encontrarse, doler)* *¡Qué* + Substantiv + Verb! *¡Qué* + Adjektiv + Verb!	
Repaso 3			121

THEMEN	SPRECHINTENTIONEN	GRAMMATIK	SEITE
Lección 16 ¿Cómo quedamos?			124
Telefongespräch Veranstaltungen Verabredungen Einladungen Wochentage Lesetexte: Die „bar“ in Spanien	am Telefon nach jdm. fragen, darauf reagieren über Veranstaltungen sprechen (Art, Zeit, Ort) sich verabreden jdn. einladen, eine Einladung annehmen oder ablehnen	Die Modalverben *poder, querer, tener que* + Inf. *conmigo, contigo, con él ...*	
Lección 17 Comidas			131
Lebensmittel Einkaufen Im Restaurant Gerichte, Getränke	im Geschäft nach Lebensmitteln fragen im Geschäft nach Preisen fragen im Restaurant nach etwas fragen im Restaurant um etwas bitten	Verben mit Stammveränderung: e → i (*pedir*), -g- (*poner*) *otro/-a, otros/-as* Mengenangaben: *un paquete de, una barra de, un kilo de, un poco de, un poco más de, nada más ...* Zeitangaben: *antes de, después de*	
Lección 18 Ropa			140
Kleidungsstücke Kaufen von Kleidung Test: Sind Sie Optimist oder Pessimist?	Kleidung beschreiben und vergleichen Kleidung kaufen	Der Vergleich: *tan ... como, más ... que, menos ... que; mayor, peor* Die direkten Objektpronomen: *los/las* Zwei Objektpronomen im Satz: *me los, se lo ...*	
Lección 19 ¡Feliz cumpleaños!			146
Geburtstagsfeier Glückwünsche Geschenke Essen und Trinken Monatsnamen Datum Test: Sind Sie ein guter Gastgeber?	sagen, was man gerade macht jdm. zum Geburtstag gratulieren jdm. etwas schenken Gefallen äußern zu essen und zu trinken anbieten annehmen oder ablehnen nach dem Geburtstag fragen, darauf antworten	*estar* + Gerundium Gebrauch von *ser* und *estar* *esto* *para mí, para ti ...*	
Lección 20 De viaje			155
Reisen Fahrpläne Das Wetter Die Jahreszeiten Lied: „Todo es de color“	sich nach Abfahrtszeiten erkundigen über das Wetter sprechen vergleichen	*llover, nevar* *acabar de* *hacer: hace buen tiempo; me hace pensar en, hace cinco minutos* *algún/alguno/-a* *ningún/ninguno/-a* Fragewörter: *adónde*	
Repaso 4			162

THEMEN	SPRECHINTENTIONEN	GRAMMATIK	SEITE
Lección 21	**Contar un viaje**		166
Ereignisse der Vergangenheit Sehenswürdigkeiten Lesetext: Reise nach Venezuela	Erlebnisse schildern	Das Indefinido - regelmäßige Verben - unregelmäßige Verben: *estar, hacer, venir, ir, ser* Zeitangaben: *en mayo; el 14 de abril*	
Lección 22	**Planes**		174
Pläne, Vorhaben Reisen Verpflichtungen Lesetext: Lotterie in Spanien	über Zukünftiges sprechen Notwendigkeit ausdrücken	*ir a* + Infinitiv (nahe Zukunft) Das Futur *tener que - hay que* *para* + Infinitiv	
Lección 23	**Permiso y favores**		182
Höfliches Verhalten Lesetext: Sind Sie abergläubisch?	um Erlaubnis bitten, Erlaubnis geben jdn. um einen Gefallen bitten, darauf reagieren fragen, ob etwas erlaubt ist, darauf antworten	Der Imperativ (Sing.) Der Imperativ mit direktem Objektpronomen	
Lección 24	**Famosos**		190
Lebensläufe, Biografien	einen Lebenslauf schildern	Das Indefinido - regelmäßige Verben - unregelmäßige Verben: *tener, morir*	
Lección 25	**Experiencias y opiniones**		198
Reisen Erlernen einer Fremdsprache Lied: „Dime“	über Reiseerlebnisse sprechen jdn. nach seiner Meinung fragen eine Meinung äußern eine Meinung begründen Notwendigkeit ausdrücken	Gebrauch von Perfekt und Indefinido *aún no, todavía no*	
Repaso 5			204

Vokabular nach Lektionen **208**
Wörterregister **231**
Grammatikregister **238**
Glossar zu den Arbeitsanweisungen **240**

Und jetzt geht es gleich los!

Es erwarten Sie in diesem Lehrbuch Lektionen, die Sie Schritt für Schritt ins Spanische einführen. Dabei bleibt es nicht beim Lesen und Übersetzen, denn Sie werden sehr vielfältige und auch unterhaltsame Dinge tun. Hier ein Ausschnitt aus diesen actividades, bunt gemischt:

Bilder anschauen
Lieder hören
Zeitungsartikel lesen
gesprochene Sprache verstehen
Gesprächen zuhören
Antworten ankreuzen
Personen und Dinge beschreiben
Probleme besprechen
Diktate schreiben
Texte ergänzen
tausend Fragen stellen
Kästchen ausfüllen
Sätze notieren
Ihre Meinung sagen
Briefe schreiben
mit den anderen Kursteilnehmern sprechen
spielen

würfeln und mit dem Ball spielen
zeichnen
Ihr Vorwissen nutzen
Farbstifte benutzen
Regeln entdecken
sich über Land und Leute informieren
im Wörterbuch nachschlagen
Wörter ordnen
Rätsel raten
Punkte zusammenrechnen
Vermutungen überprüfen
Satzteile verbinden
Informationen vergleichen
versuchen, unbekannte Texte zu verstehen
sich das Ende einer Geschichte ausdenken
Begriffe zu Paaren ordnen

Und wie machen Sie das? Mit wem?

allein	zu zweit	in Gruppen
reihum	mit einem Partner/einer Partnerin	mit dem Kursleiter/der Kursleiterin

Wichtig dabei ist auch, daß Sie persönliche Äußerungen und Stellungnahmen einbringen können. All dies führt Sie von Anfang an zum Mitmachen und zum Sprechen – und damit zum Erfolg.

(Im Anhang finden Sie übrigens ein ausführliches zweisprachiges Glossar zu den wichtigsten Arbeitsanweisungen.)

1 **a)** Hören Sie sich zuerst die folgenden beiden Dialoge an. Lesen Sie sie dann laut.

—¡ Hola! ¿Cómo te llamas?
— Me llamo Sara. ¿Y tú?
— Yo me llamo Carlos.

— ¡Buenos días! Me llamo Pérez.
Y usted, ¿cómo se llama?
— Moreno.

b) Nun stellen Sie sich gegenseitig vor. Entscheiden Sie selbst, ob Sie Ihr Gegenüber duzen oder siezen möchten.

— Me llamo . . . ¿Y tú?
— (Yo me llamo) . . .
— ¡Hola!
— ¡Hola!

el químico jubilado

2 **a)** Hören und lesen Sie das spanische Alphabet.

b) Hören Sie noch einmal zu und sprechen Sie nach.

c) Welche Buchstaben oder Laute gibt es im Deutschen nicht?

3 In Dreiergruppen. Stadt, Land, Fluß: Lesen Sie sich diese Namen gegenseitig vor. Finden Sie die richtige spanische Aussprache?

Argentina	Chile	Barcelona
Sevilla	Andorra	Valencia
España	Caracas	Amazonas
Tajo	Costa Rica	Venezuela

Schreiben Sie noch weitere Namen auf. Sobald Sie eine Liste haben, lesen Sie auch diese noch einmal.

4 Kreuzen Sie die Buchstaben an, die Sie hören.

e	☒	i	☐
c	☐	z	☒
v	☒	b	☐
q	☒	k	☐
s	☐	x	☒
h	☒	ch	☒
g	☐	j	☒

5 Unterstreichen Sie die Namen, die Sie hören.

Paco	Paca
Luisa	Luis
Paula	Pablo
Félix	Felisa
Manuela	Manolo
Juana	Juanjo
Gema	Chema

6 Die folgenden Schlagzeilen enthalten jeweils einen Vor- und einen oder zwei Familiennamen *(nombre y apellidos)*.

a) Lesen und unterstreichen Sie sie.

b) Test: Decken Sie die Schlagzeilen ab und fragen Sie sich gegenseitig.

—¿Cómo se llama el presidente del gobierno?

—Se llama ______________________

—¿Cómo se llama el director de cine?

____

—¿Cómo se llama la cantante?

____

—¿Cómo se llama el escritor?

____

7 **a)** Fallen Ihnen weitere spanische Vor- und Nachnamen ein?

Nombres:

Felipe, Pedro, Montserrat, Gabriel, ________

____

____

Apellidos:

González, Almodóvar, Caballé, García, Márquez, ______________________

____

b) Wie würden Sie gern auf spanisch heißen? Jeder von Ihnen wählt einen Vornamen[1] aus und schreibt ihn auf einen Zettel, den er sich anheftet oder auf den Tisch legt. Eine Minute lang prägen sich alle die neuen Namen der Kursteilnehmer ein. Dann werden die Zettel wieder entfernt, und jeder muß auswendig drei Personen benennen:

—Él se llama ... / Ella se llama ...

[1] Sollte Ihnen keiner einfallen, können Sie in Lekt. 19, S. 148, nachschauen.

8 **a)** Bestimmten typischen Situationen werden Sie in Ihrem Spanischkurs immer wieder begegnen:

b) Hören Sie zu und sprechen Sie nach.

9 **a)** Diese Dialoge sind schon etwas länger. Lesen Sie sie bitte aufmerksam durch. Sie können sie auch mit verteilten Rollen lesen.

1

— ¡Hola, buenas tardes!
¿Cómo te llamas?
— Pablo.
— ¿Y de apellido?
— Gómez.
— ¿Cómo se escribe?
— G-O-M-E-Z.
— ¿Cómo? ¿Puedes repetir, por favor?
— G-O-M-E-Z.
— ¿Está bien así?
— Sí.

2

— ¿Cómo se llama usted?
— Sánchez.
— ¿Y de nombre?
— Julio.
— ¿Cómo se escribe?
— J-U-L-I-O.
— ¿Está bien así?
— No. Se escribe con «j».

b) Mit Block und Stift in der Hand: Fragen Sie andere Kursteilnehmer nach ihrem Namen. Überprüfen Sie dann gemeinsam, ob Sie ihn richtig notiert haben. Lassen Sie sich die Namen, wenn nötig, diktieren.

10 ESPAÑOL INTERNACIONAL

a) Lesen Sie sich die Wörter, die Sie verstehen, gegenseitig vor.

b) Hören Sie jetzt die Cassette an und überprüfen Sie Ihre Aussprache.

c) Kennen Sie noch andere spanische Wörter? Schreiben Sie sie auf.

11 Nach dem Unterricht verabschieden Sie sich von den anderen auf spanisch:

¡Hasta mañana!
(Bis morgen!)

¡Hasta el lunes!
(Bis Montag!)

¡Hasta luego!
(Bis bald!)

¡Buenas noches!
(Gute Nacht!)

¡Adiós!
(Tschüs!)

Recuerda

COMUNICACIÓN

Guten Tag und auf Wiedersehen

¡Buenos días!
¡Buenas tardes!
¡Buenas noches!
¡Hola!

¡Hasta mañana!
¡Hasta luego!
¡Buenas noches!
¡Adiós!
¡Hasta el lunes!

Gestatten: Meier

¿Cómo te llamas?
¿Cómo se llama usted?
¿Cómo se llama?
¿Y él? ¿Y ella?

Me llamo Sara. ¿Y tú?
Me llamo Pérez. ¿Y usted?
Se llama Carlos. Se llama Juana.

Wie bitte?

¿Cómo se escribe?
No entiendo.
¿Puedes repetir, por favor? / ¿Puede repetir, por favor?
¿Está bien así? Sí. (Sí, está bien.) / No. (No, no está bien.)

GRAMÁTICA

llamarse (Singular)

(yo)	me	llamo
(tú)	te	llamas
(él)	se	llama
(ella)	se	llama
(usted)	se	llama

Die Präsensformen bildet man, indem man an den Stamm des Verbs die Endungen für die jeweiligen Personen anfügt.

⚠ Die Höflichkeitsform steht bei einer einzelnen angesprochenen Person im Singular, nicht wie im Deutschen im Plural: *¿Cómo se llama usted?* (Wie heißen Sie?)

Die Personalpronomen (Singular)

yo	(ich)
tú	(du)
él	(er)
ella	(sie)
usted	(Sie)

⚠ Das Personalpronomen wird im Gegensatz zum Deutschen nur gebraucht, wenn die Person, um die es geht, hervorgehoben werden soll: *Yo me llamo Paco y él se llama Fernando.* (Ich heiße Paco, und er heißt Fernando.)
Usted taucht in geschriebenen Texten sehr oft in der Abkürzung *Vd.* auf. (Diese stammt von der alten spanischen Anrede für Majestäten *«Vuestra Merced»*, also „Euer Gnaden“.)

2 ¿DE DÓNDE ES?

1 Mit welchen Ländern verbinden Sie diese Vornamen?

a) Paola
b) Carmen
c) Cécile
d) Ingemar
e) Helmut
f) Masako
g) Mohammed
h) Sally
i) João

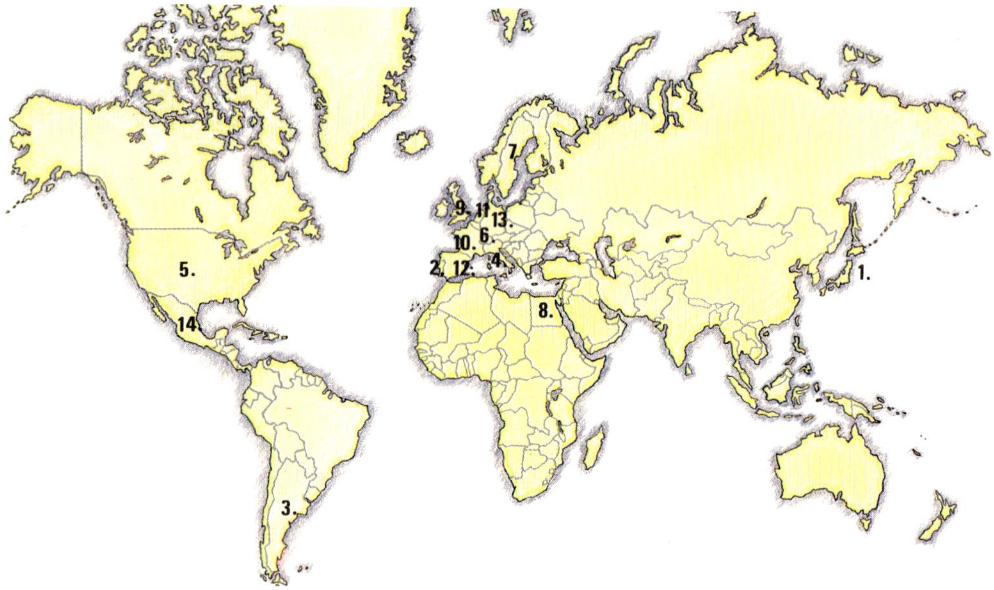

1. Japón	5. Estados Unidos	9. Inglaterra	13. Alemania
2. Portugal	6. Suiza	10. Francia	14. México
3. Argentina	7. Suecia	11. Holanda	
4. Italia	8. Egipto	12. España	

Beispiel: Paola → Italia.

2 **a)** Lesen Sie die folgenden Ländernamen.

Japón	Argentina	México
Portugal	Italia	
	Suiza	
	Suecia	
	Egipto	
	Inglaterra	
	Francia	
	Holanda	
	España	
	Alemania	
	Estados Unidos	

b) Hören Sie jetzt die Aufnahme und überprüfen Sie dabei Ihre Aussprache.

3 Länder und Nationalitäten – welches Adjektiv gehört zu welchem Land?

Países	Nacionalidades
1. México	a) sueca
2. Argentina	b) norteamericana
3. Italia	c) inglés
4. Estados Unidos	d) holandesa
5. Suiza	e) mexicano
6. Suecia	f) japonés
7. Egipto	g) española
8. Inglaterra	h) argentina
9. Francia	i) francesa
10. Japón	j) italiana
11. Holanda	k) portuguesa
12. Portugal	l) suiza
13. Alemania	m) egipcia
14. España	n) alemán

4 Geben Sie jeweils die richtige Form der fehlenden Nationalitätsadjektive an.

PAÍS	NACIONALIDAD	

Argentina	argentino	argentina
Bolivia	boliviano	boliviana
Chile	chileno	chilena
Colombia	colombiano	colombiana
Italia	italiano	italiana
México	mexicano	mexicana
Perú	peruano	peruana
Suiza	suizo	suiza
Nicaragua	nicaragüense	nicaragüense
Alemania	alemán	alemana
España	español	espanola
Francia	francés	francesa
Holanda	holandés	holandesa
Inglaterra	inglés	inglesa
Japón	japonés	japonésa
Portugal	portugués	portugüesa

5 Woher kommst du? / Woher kommen Sie?

—¿De dónde eres?
—Soy francesa. ¿Y tú?
—Alemán.

—¿De dónde es usted?
—Soy chileno. ¿Y usted?
—(Yo soy) Alemán, de Francfort.

Wählen Sie sich einen Vornamen aus der Liste (Aufgabe 1) aus. Stellen Sie sich gegenseitig entsprechende Fragen. Woher „kommen" Sie nun?

6 Woher kommt er / sie?
Unterhalten Sie sich zu zweit über die Herkunft der Personen auf den Fotos.

Beispiel: —¿De dónde es Boris Becker?
—Es alemán. ¿Y Felipe González?
—Es español. *oder:*
No sé (de dónde es).

BORIS BECKER

FELIPE GONZÁLEZ

JULIA ROBERTS

TRACY CHAPMAN

LUCIANO PAVAROTTI

CATHERINE DENEUVE

7 **a)** Hören Sie die folgenden Dialoge:

—¿Qué lenguas hablas?
—(Hablo) Español y francés.
¿Y tú?
—(Yo hablo) Español y aprendo inglés.

—¿Qué lenguas habla usted?
—Español y algo de alemán.
¿Y usted?
—Yo, catalán, español y algo de brasileño.

b) Wissen Sie, welche Sprachen die anderen Kursteilnehmer sprechen?
Finden Sie es heraus.

8 Welche Sprache spricht man in Jamaica?

—¿Qué lengua se habla en Jamaica? —(Se habla) Inglés. *oder:* No sé.

¿Y qué lengua se habla en ...?

Mónaco	Nueva Zelanda	Uruguay
Nicaragua	San Marino	Australia
Brasil	Colombia	Luxemburgo

luxemburgués

9 **a)** Worum geht es hier?

b) Hören Sie zu und sprechen Sie nach.

¿Cómo se dice «danke» en español?

No sé.

Más despacio, por favor.

Más alto, por favor.

FÍJATE

> ¿Qué lengua **se habla** en Colombia?
> ¿Cómo **se escribe**?
> ¿Cómo **se dice**?
> = man spricht, man schreibt, man sagt

10 Hören Sie zu und stellen Sie sich vor, daß diese Personen mit Ihnen sprechen. Es kann gut sein, daß Sie nicht gleich alles verstehen. Reagieren Sie entsprechend.

11 Wählen Sie ein deutsches Wort. Fragen Sie einen anderen Kursteilnehmer, wie es auf spanisch heißt, und versuchen Sie es richtig aufzuschreiben.
Folgende Ausdrücke können Ihnen dabei helfen:

SE DICE ...

¿CÓMO SE ESCRIBE?

NO.

SÍ.

¿CÓMO SE DICE .... EN ESPAÑOL?

¿ESTÁ BIEN ASÍ?

NO SÉ.

MÁS DESPACIO, POR FAVOR.

MÁS ALTO, POR FAVOR.

12 **a)** Hören Sie zu und lesen Sie mit:

0 cero	3 tres	6 seis	9 nueve	12 doce	15 quince	18 dieciocho
1 uno	4 cuatro	7 siete	10 diez	13 trece	16 dieciséis	19 diecinueve
2 dos	5 cinco	8 ocho	11 once	14 catorce	17 diecisiete	20 veinte

b) Hören Sie wieder zu und sprechen Sie nach.

13 **a)** Kennen Sie das Spiel „Bingo"?
Schreiben Sie zuerst in alle weißen Felder beliebige Zahlen zwischen 0 und 20.

b) Nun hören Sie Zahlen von der Cassette. Stimmen Ihre eigenen Zahlen mit den gehörten überein? Dann streichen Sie sie durch. Wer als erster keine Zahlen mehr übrig hat, ruft „Bingo" und hat gewonnen.

14 Notieren Sie acht Zahlen zwischen 0 und 20. Dann diktieren Sie sie Ihrem Nachbarn. Überprüfen Sie mit ihm seine Ergebnisse.

Y ahora ...

15 **a)** ¿VERDADERO O FALSO? Richtig oder falsch? Kreuzen Sie an, was Ihrer Meinung nach zutrifft.

	V	F
En todos los países de Sudamérica se habla español.		X
Más de trescientos millones de personas hablan español.	X	
El español es la tercera lengua más hablada del mundo.	X	
En España se hablan tres lenguas diferentes.		X

b) Lesen Sie jetzt den folgenden Text. Er hilft Ihnen, Ihre Antworten zu überprüfen.

El español, o castellano, es la lengua oficial de España, pero también se habla en muchos países de América: Argentina, Bolivia, Chile, Colombia, Cuba, Costa Rica, Ecuador, Guatemala, Honduras, México, Nicaragua, Panamá, Paraguay, Perú, El Salvador, Uruguay, Venezuela, así como en Puerto Rico y en algunas zonas de Estados Unidos. También se conserva todavía en Filipinas y entre los judíos sefarditas. Se calcula que el número de personas que hablan español en el mundo es superior a los trescientos millones y por eso es la tercera lengua más hablada del planeta, después del chino y el inglés. En el Estado español, además de español, o castellano, se hablan otras lenguas, como el catalán, el gallego y el vasco.

Recuerda

COMUNICACIÓN

Ist er Spanier?

¿De dónde eres? / ¿De dónde es (usted)?	Soy de París, soy francesa.
¿De dónde es Plácido Domingo?	Es español.

Welche Sprachen sprechen Sie?

¿Qué lenguas hablas?/¿Qué lenguas habla (usted)?	Hablo inglés y francés.
¿Qué lengua habla Boris Becker?	Habla alemán.
¿Qué lengua se habla en Nicaragua?	Se habla español.

Wie heißt das?

¿Cómo se dice «danke» en español?	(Se dice) «Gracias». / No sé.

Nicht so schnell, bitte.

¡Más despacio, por favor!	
¡Más alto, por favor!	¡Muchas gracias!

GRAMÁTICA

ser und *hablar* (Singular)

	ser	hablar
(yo)	soy	hablo
(tú)	eres	hablas
(él, ella)	es	habla
(usted)	es	habla

Die Formen von *hablar* werden gebildet wie die von *llamar* in Lektion 1. Wiederholen Sie sie noch einmal! Bei unregelmäßigen Verben wie *ser* lernt man die Formen am besten auswendig.

se habla, se dice, se escribe

En Perú **se habla** español.	(In Peru spricht man spanisch.)
¿Cómo **se dice** «danke»?	(Wie heißt „danke"?)
¿Cómo **se escribe**?	(Wie schreibt man das?)

Die unpersönliche Form „man" wird im Spanischen oft durch *se* + Verb in der 3. Person Singular ausgedrückt.

(Nationalitäts-)Adjektive: Singularformen

männlich (-o, -, -e)	weiblich (-a, -a, -e)
Paco es argentino.	Juana es argentina.
Markus es alemán.	Sabine es alemana.
Fernando es nicaragüense.	Pilar es nicaragüense.

Betonung und Akzentsetzung

Im Spanischen werden alle Wörter, die auf -n, -s und Vokale enden, auf der vorletzten Silbe betont, z. B. *eres italiano.*
Bei fast allen anderen Wörtern fällt die Betonung auf die letzte Silbe, z.B. *español.*
Trifft diese Regel für ein Wort nicht zu, so ist dies ein Hinweis für Sie, daß auf der betonten Silbe ein Akzent gesetzt werden muß: *alemán, inglés, francés.*

Fragewörter: *¿cómo?, ¿de dónde?, ¿qué?*

¿Cómo te llamas?	(wie?)
¿De dónde es?	(woher?)
¿Qué lenguas habla usted?	(welche/r/s?)

1 Schreiben Sie die zutreffenden Berufsbezeichnungen unter die Namen der Personen.

Ana Ruiz, ____________

Carlos Pérez, ____________

Javier Soto, ____________

Marta López, ____________

Luis Milla, ____________

periodista	profesora	camarero	secretaria	dependiente

2 Wer arbeitet wo? Ordnen Sie zu. Im Zweifelsfall nehmen Sie ein Wörterbuch zu Hilfe.

médico	bar
camarero	hospital
profesora	tienda
dependiente	escuela
secretaria	periódico
periodista	oficina

FÍJATE

MASCULINO		FEMENINO	
un	bar banco hospital restaurante	una	tienda escuela oficina universidad

3 **a)** Hören Sie die folgenden Dialoge.

—¿Qué haces? ¿Trabajas?
—No, no trabajo, estudio.
—¿Y qué estudias?
—Psicología. ¿Y tú?
—Yo soy camarero, trabajo en un bar.

—Yo soy secretaria, y usted, ¿qué hace?
—Soy periodista.
—¿Periodista? ¿Y dónde trabaja?
—En Televisión Española.

FÍJATE

¿Dónde trabaja usted? — En un bar. / una oficina.

b) Wie werden Ihr Beruf *(profesión)* bzw. Ihre Ausbildung *(estudios)* und Ihre Arbeitsstätte *(lugar de trabajo)* auf spanisch bezeichnet? Fragen Sie im Zweifel den Kursleiter.

c) Nun können Sie sich mit den anderen Kursteilnehmern auf spanisch darüber unterhalten. Nehmen Sie die Dialoge auf Seite 22 zu Hilfe. Anschließend füllen Sie die Tabelle aus.

	NOMBRE	PROFESIÓN / ESTUDIOS	LUGAR DE TRABAJO
1			
2			
3			
4			

4 ¿QUIÉN ES? (Wer ist das?) Ein Ratespiel im Spanischkurs.

5 a) Hören Sie zweimal diese Zahlen. Beim zweiten Mal sprechen Sie sie nach.

20 veinte	60 sesenta	21 veintiuno	22 veintidós
30 treinta	70 setenta	31 treinta y uno	32 treinta y dos
40 cuarenta	80 ochenta	41 cuarenta y uno	42 cuarenta y dos
50 cincuenta	90 noventa	51 cincuenta y uno	52 cincuenta y dos
	100 cien	61 sesenta y uno	62 sesenta y dos
		71 setenta y uno	72 setenta y dos
		81 ochenta y uno	82 ochenta y dos
		91 noventa y uno	92 noventa y dos

Stellen Sie Unterschiede zu den Zahlen im Deutschen fest?

b) Suchen Sie sich einen Partner und lesen Sie sich abwechselnd die folgenden Zahlen vor:
25 – 44 – 83 – 96 – 37 – 58 – 69 – 75

6 Sie hören acht Minidialoge. Unterstreichen Sie die Zahlen, die genannt werden.

a) 50 – 15	b) 14 – 41	c) 2 – 12	d) 30 – 13
e) 91 – 19	f) 76 – 67	g) 18 – 80	h) 16 – 60

7 **a)** Lesen Sie die Anschriften auf den folgenden Briefen und unterstreichen Sie die Abkürzungen für: *calle, plaza, avenida, paseo, número.*

b) ¿VERDADERO O FALSO? Richtig oder falsch? Kreuzen Sie an, was zutrifft.

	V	F
El Instituto ABC está en la calle Buenos Aires.		X
La dirección de Silvio es calle Ruiseñores, 25, 4.° C		X
Iñaki vive en el número 30 de la avenida de Miraflores.	X	
Gloria no vive en Bilbao.	X	
El código postal de Iñaki es el 48040.		X

8 **a)** Hören Sie den Dialog.

—¿Dónde vives?
—(Vivo) En la calle Libertad.
—¿En qué número?
—En el 25. Y tú, ¿dónde vives?
—En la calle Galileo, número 40.

b) Fragen Sie sich gegenseitig, wo Sie wohnen.

—¿Dónde vives? /
¿Dónde vive (usted)?

FÍJATE

el número
la calle

9 **a)** Wieder eine häufige Gesprächssituation. Lesen Sie den Text in den Sprechblasen.

FÍJATE

el teléfono ...
- de Iberia
- del aeropuerto
- de la policía

b) Sie hören vier Telefongespräche. Notieren Sie die Telefonnummern.

NOMBRE	NÚMERO DE TELÉFONO
A. Aeropuerto	~~0222 / 1789~~ ~~42 583 43~~ 205 83 43
B. Estación de autobuses	468 8 42 00
C. Luis Martínez Castro	412 56 25 18
D. Hospital Ramón y Cajal	336 80 00

10 Hier geht es um wichtige Telefonnummern. Jeder von Ihnen hat einige Nummern, andere aber nicht. Decken Sie die Informationen Ihres Partners ab und fragen Sie Ihren Partner nach denjenigen, die Ihnen fehlen. Anschließend vergleichen Sie Ihre Ergebnisse.

A

B

11 **a)** Hören Sie zu:

—¿Qué número de teléfono tienes?
—No tengo teléfono. ¿Y tú?
—El 428 41 46.

—¿Qué teléfono tiene usted?
—El 312 50 52. ¿Y usted?
—El 565 35 30.

b) Nun können Sie sich gegenseitig nach Ihren eigenen Telefonnummern fragen und eine entsprechende Liste erstellen.

12 Hören Sie sich an, welche Angaben Miguel Ruiz über sich macht. Ergänzen Sie mit ihrer Hilfe die fehlenden Daten auf der Karteikarte.

CENTRO DE ESTUDIOS FOTOGRÁFICOS			
NOMBRE	Miguel	DIRECCIÓN	
APELLIDOS	Ruiz	CIUDAD	Madrid
NACIONALIDAD		CÓDIGO POSTAL	
PROFESIÓN		TELÉFONO	213 53 54

Y ahora ...

13 **a)** Hier finden Sie zum ersten Mal einen Text eines spanischen Schriftstellers. Lesen Sie ihn.

Die beschriebene Szene spielt in der Nähe von Almería (Südspanien), und der Autor ist in Begleitung eines älteren Mannes («el viejo»). Die beiden waren in einer Bar, und der Wirt, hier bezeichnet als «el hombre», sagt zum Abschied «au revoir». Daraufhin entspinnt sich der folgende Dialog zwischen «el viejo» und dem Autor. «El viejo» redet den Autor mit «usté» an, der Höflichkeitsform im dortigen Dialekt.

– Au revoir – dice el hombre –. Muchas gracias.
– Sí. Adiós. Au revoir – digo yo –.
El viejo y yo continuamos por la carretera. El sol aprieta fuerte ...
– Habla usté muy bien español – dice el viejo –.
– Soy español.
– ¿Usté?
– Sí, señor.
– ¡No! Usté es francés.
– Hablo francés, pero soy español.
El viejo me observa con sorpresa. Un francés que habla perfectamente diez lenguas sorprende menos que un español que habla francés.
– Mire, aquí está mi pasaporte.
– ¿Dónde dice que vive usté?
– En París.
– Ah, ¿lo ve? – exclama triunfalmente –. Entonces es usté francés.
– Español.
– Bueno. Español de París.

(Juan Goytisolo, adaptación del libro «Campos de Nijar», 1959)

b) Können Sie anhand des Textes die fehlenden biographischen Angaben ergänzen?

FICHA DE AUTOR	
NOMBRE	Juan
APELLIDO	Goytisolo
NACIONALIDAD	
PROFESIÓN	escritor
CIUDAD	
PAÍS	
LENGUAS	

Recuerda

COMUNICACIÓN

Was machen Sie beruflich?

¿Qué haces? / ¿Qué hace (usted)?	Soy médico.
¿Qué hace Carlos?	Es camarero.
¿Qué estudias? / ¿Qué estudia (usted)?	Estudio Psicología.
¿Dónde trabajas? / ¿Dónde trabaja (usted)?	Trabajo en un hospital.

Wo wohnen Sie?

¿Dónde vives / vive?	Vivo en la calle del Oso.
¿En qué número vives / vive?	Vivo en el (número) 23.

Haben Sie Telefon?

¿Qué número de teléfono tienes / tiene?	(Tengo) El 318 25 69.
¿Tienes / Tiene teléfono?	No tengo teléfono.
¿Cuál es el (número de) teléfono de María?	María no tiene teléfono.

Vielen Dank!

¡(Muchas) gracias!	De nada.

GRAMÁTICA

Das Präsens (Singular)

Die regelmäßigen Verben auf -ar, -er, -ir

	trabajar	aprender	vivir
(yo)	trabajo	aprendo	vivo
(tú)	trabajas	aprendes	vives
(él/ella/usted)	trabaja	aprende	vive

Vergleichen Sie mit Lektion 1. Nun haben Sie alle Konjugationsgruppen (Verben auf -ar, -er, -ir) kennengelernt!
Erinnern Sie sich: Die Verbformen werden gebildet, indem man an den Stamm des Verbs die Endung für die jeweilige Person anhängt.

tener und *hacer*

	tener	hacer
(yo)	tengo	hago
(tú)	tienes	haces
(él/ella/usted)	tiene	hace

Wiederholen Sie auch das unregelmäßige Verb *ser* aus Lektion 2.

Die Verneinung: *no*

¿Trabajas? / ¿Trabaja (usted)?	No, **no** trabajo.
¿Tienes teléfono?	No, **no** tengo.

⚠ Im Gegensatz zum Deutschen steht im Spanischen das verneinende *no* immer vor dem Verb.

Der bestimmte Artikel (Singular): *el / la*

el camarero	**la** profesora

del / de la

El número **del** aeropuerto, por favor.	El número **de la** policía, por favor.
de + el → del	de + la → de la

De und *el* werden zusammengezogen, *de* und *la* dagegen nicht.

Der unbestimmte Artikel (Singular): *un / una*

männlich	weiblich
un bar	**una** tienda
un periodista	**una** cantante

Die Substantive (Singular)

männlich	weiblich	m./ w.
el camarero	la camarera	-o / -a
el estudiante	la estudiante	-e / -e
el profesor	la profesora	- -/ -a
el periodista	la periodista	-a / -a (fast nur bei Berufen)

Diese Endungen gelten für die große Mehrheit der Substantive. Einige Wörter haben jedoch auch andere Endungen, wie z.B. *la mujer.* Am besten lernen Sie die Artikel gleich mit.

Die Fragewörter: *¿dónde?, ¿qué?, ¿cuál?, ¿quién?*

¿Dónde vives?	(wo?)
¿Qué dices?	(was?)
¿Cuál es el teléfono del aeropuerto?	(welche/r/s?)
¿Quién es Juan Goytisolo?	(wer?)

Mierda tiempo – Dreckwetter

Tenéis unos precios de la hostia! –

1 Sehen Sie sich die Zeichnungen an: Auf welcher Zeichnung begegnen sich die Beteiligten eher förmlich?

2 Hören Sie zu:

— Buenos días, señora López. ¿Qué tal está?
— Muy bien, gracias. ¿Y usted?
— Bien también. Mire, le presento a la señorita Molina, la nueva secretaria. La señora López.
— Encantada.
— Mucho gusto.

FÍJATE

Le presento **al** señor Gómez.
Le presento **a la** señorita Molina.

— ¡Hola, Isabel! ¿Qué tal estás?
— Bien. ¿Y tú?
— Muy bien.
— Mira, éste es Alberto, un compañero de trabajo.
— ¡Hola! ¿Qué tal?
— ¡Hola!

FÍJATE

Éste es Alberto.
Ésta es Isabel.

3 In Dreiergruppen: Verwenden Sie die Dialogmuster und stellen Sie jemanden vor.

a) formell,

b) informell.

4 a) Lesen Sie die Dialoge und schreiben Sie die dazugehörigen Kurzdialoge unter die entsprechenden Zeichnungen.

1. —¿Es usted la señorita Plaza?
   —Sí, soy yo.

2. —Adiós, señorita Rubio.
   —Hasta mañana, señor Costa.

3. —¿El señor Cortés, por favor?
   Soy Antonio Gallego, de S.D.E.
   —Un momento, por favor.

4. —Hola, buenos días, señor Sánchez.
   —Buenos días, señora Durán.

a)

— ______________________

— ______________________

b)

— ______________________

— ______________________

c)

— ______________________

— ______________________

d)

— ______________________

— ______________________

b) Hören Sie zu und vergleichen Sie mit Ihren Lösungen.

5 Nun sind Sie wieder an der Reihe. Spielen Sie folgende Szene zu dritt (A, B und C):

A begrüßt C und stellt B und C einander vor.

Rolle A: La Sra. Salinas, directora de «Motesa»

Rolle B: La Sra Ruiz, secretaria de la Sra. Salinas

Rolle C: El Sr. Puerta, cliente de «Motesa»

6 Gehen Sie die Dialoge dieser Lektion noch einmal durch und überlegen Sie gemeinsam mit einem anderen Kursteilnehmer, wann man *el señor, la señora, la señorita* verwendet, und wann *señor,* bzw. *señora* oder *señorita.*

FIJATE

TÚ	USTED
¿Cómo **te** llamas?	¿Cómo **se** llama?
¿De dónde **eres**?	¿De dónde **es**?
Estudia**s** español, ¿verdad?	Estudia español, ¿verdad?
¿Dónde vive**s**?	¿Dónde vive?
¿Tiene**s** teléfono?	¿Tiene teléfono?

7 Vergleichen Sie die Formen der beiden Kästchen und ordnen Sie die folgenden Sätze der jeweils richtigen Spalte zu.

¿Dónde trabajas?
¿Habla alemán?
¿Y usted?
Eres americano, ¿no?
¿Qué estudia?
Hablas francés, ¿verdad?
¿Qué tal está?
¿Es usted la señorita Alonso?
¿Qué haces?
¿Qué tal estás?
¿Eres estudiante?

TÚ	USTED

8 Hören Sie sich die fünf folgenden Dialoge an und notieren Sie für jeden Dialog, ob er in der *tú*-Form oder in der *usted*-Form geführt wird.

	1	2	3	4	5
TÚ					
USTED					

9 Trainieren Sie Ihre Aussprache …

a) Was haben diese Wörter gemeinsam?

Madrid Israel perro toro alrededor
corre rosa arte Roma Enrique
Argentina señor Perú pero señorita

b) Sind alle *r* gleich?

c) Unterstreichen Sie die Wörter, die Sie hören.

Y ahora …

10 Eine typische Gesprächssituation:
Stellen Sie sich vor, Sie seien bei einem offiziellen Empfang eingeladen, wo Sie niemanden kennen. Machen Sie „small-talk":

¿Cómo …? ¿Dónde …? ¿De dónde …? ¿Cuál es …? ¿En qué …? ¿Quién es …? ¿Qué tal …?

11 **a)** Lesen Sie den Text:

¿Señora o señorita?

En muchos idiomas, por ejemplo en alemán, la expresión «señorita» se considera anticuada o pasada de moda. En castellano se utiliza todavía tanto en España como en Latinoamérica: es sinónimo de mujer soltera — incluso de 90 años — o muy joven, o que tiene cierta profesión: los niños en el colegio o en la escuela llaman a su profesora continuamente «¡Señorita, por favor!»
¿Y qué pasa con los «señoritos»? En España se habla a veces del «señorito andaluz», como sinónimo de hombre joven, generalmente soltero, que no necesita trabajar porque su familia es gente con dinero y tierras en Andalucía. Por extensión, se dice a veces irónicamente: «Eres un señorito», es decir, «Te gusta la vida fácil y no el trabajo.»

FÍJATE

Estado civil:

soltero/-a
casado/-a
separado/-a
divorciado/-a
viudo/-a

b) Kreuzen Sie an, was zutrifft. Z.T. sind mehrere richtige Antworten möglich.

Eine *señorita* ist …

- ☐ eine Lehrerin,
- ☐ eine unverheiratete junge Frau,
- ☐ eine unverheiratete ältere Frau.

Ein *señorito* ist …

- ☐ ein Lehrer,
- ☐ ein unverheirateter junger Mann,
- ☐ ein junger, nicht berufstätiger Mann aus wohlhabender Familie in Andalusien.

Recuerda

COMUNICACIÓN

Wie geht es Ihnen?

¿Qué tal estás? / ¿Qué tal?
¿Qué tal está usted?

(Estoy) muy bien, gracias.

Darf ich vorstellen?

Mira, te presento a Luisa, una compañera de trabajo.

¡Hola! ¿Qué tal?

Mire, le presento al señor Ortiz. / a la señora Ortiz.

Encantado. / Encantada.

Ist Herr Müller zu sprechen?

¿Está el señor Cortés, por favor?

Sí, un momento, por favor.
Lo siento, no está.

GRAMÁTICA

estar und *estudiar*

	estar	estudiar
(yo)	estoy	estudio
(tú)	estás	estudias
(él/ella/usted)	está	estudia

tú – usted

Hier noch einmal ein Überblick über die bisher gelernten Verbformen in der zweiten und in der dritten Person Singular:

	ser	hablar	trabajar	llamarse	tener	vivir
(tú)	eres	hablas	trabajas	te llamas	tienes	vives
(usted)	es	habla	trabaja	se llama	tiene	vive

ser und *estar*

⚠ Zwei Verben im Spanischen für „sein"? Ja, aber sie sind unterschiedlich in ihrem Gebrauch:
Ser drückt bleibende Eigenschaften aus: *Soy alemana. Es Alberto.*
Mit *estar* dagegen können Sie ausdrücken, wo sich etwas befindet oder wie es Ihnen geht: *La señora Ortiz no está.* (Sie ist – im Augenblick – nicht da.) *Estoy bien.* (Mir geht es – im Augenblick – gut.)

al / a la

Le presento **al** señor López.
a + el → al

Le presento **a la** señora López.
a + la → a la

Vergleichen Sie auch mit *del / de la* in Lektion 3!

éste / ésta

Éste es Alberto. (Das hier ist Alberto.)
Ésta es Juana. (Das hier ist Juana.)

⚠ Achtung, Akzente! Verwechseln Sie nicht *ésta* (diese hier) mit *está* (ist, befindet sich)!

5 MI FAMILIA

1 Hier sehen Sie ein Bild der Familie Chicote. Wie sind die Personen miteinander verwandt?

Unterstreichen Sie die Verwandtschaftsbezeichnungen und finden Sie heraus, was sie bedeuten. Tragen Sie die Übersetzungen in die folgende Liste ein.

La mujer de Pablo se llama Ana.
Carlos es hijo de Ana.
Marta y Gloria son hermanas de Carlos.
Gloria es tía de Mercedes.

Felipe es sobrino de Carlos y Gloria.
El nieto de Ana se llama Felipe.
Pablo es abuelo de Mercedes y Felipe.
El padre de Felipe y Mercedes se llama Juan.

el ...				la ...			
padre	VATER	tío	ONKEL	madre		tía	
marido	(EHE)MANN	sobrino	NEFFE	mujer		sobrina	
hijo	SOHN	abuelo	GROSSVATER	hija		abuela	
hermano	BRUDER	nieto	ENKEL	hermana		nieta	

2 **a)** Wer ist gemeint?
Nennen Sie den Namen der gesuchten Person.

- Es el marido de Ana.
- Es la madre de Mercedes.
- Es la abuela de Felipe.
- Tiene dos hermanas.

b) Spielen Sie mit den Verwandtschaftsbezeichnungen.
Notieren Sie einige Sätze, und fragen Sie dann einen anderen Kursteilnehmer, ob er weiß, wer gemeint ist.

—Es la hermana de Gloria. ¿Quién es?

—Marta.

3 Hier lernen Sie Familie Salazar kennen.
Lesen Sie den Text und ergänzen Sie anschließend den Stammbaum mit den angegebenen Namen.

Ángel Julia Lucía Javier Carmen Sara Diego

Antonio y Lucía tienen un hijo, Ángel, que es el mayor, y dos hijas: Carmen y Sara. Ángel y Sara están solteros. En cambio, Carmen está casada con Diego y tienen un hijo, Javier, y una hija, Julia, que son sobrinos de Ángel y Sara.

4 ¿QUIÉN SOY?

Hören Sie bitte zu. Können Sie sagen, welches Mitglied der Familie Salazar hier spricht?

5 Hören Sie sich dieses Interview an. Anschließend unterstreichen Sie im Text, was Sie verstehen. Versuchen Sie dann, den Rest mit anderen Kursteilnehmern zu klären.

Encuestadora: —¿Estás casado? usted

Ramón: —Sí.

Encuestadora: —¿A qué te dedicas? usted

Ramón: —Soy ingeniero.

Encuestadora: —¿Y tu mujer?

Ramón: —Es azafata.

Encuestadora: —¿Tenéis hijos?

Ramón: —Sí, tenemos una hija.

Encuestadora: —¿Cuántos años tiene?

Ramón: —Tres.

Encuestadora: —¿Tienes hermanos?

Ramón: —Un hermano y una hermana.

Encuestadora: —¿Y a qué se dedican?

Ramón: —Estudian periodismo los dos.

Encuestadora: —¿Y tus padres? sus

Ramón: —Mi padre es abogado y mi madre, enfermera.

FÍJATE

mi tu su	padre madre
mis tus sus	hermanos hermanas

6 Tragen Sie die fehlenden Verbformen ein.

SINGULAR	PLURAL
tengo	tenemos
tienes	
tiene	
es	
está	
estudia	
se dedica	

7 Hören Sie das folgende Interview, das im Rahmen einer Umfrage geführt wird, und ergänzen Sie die fehlenden Angaben. Klären Sie zuerst die vorhandenen Begriffe.

Estado civil		*casada*
Número de	hijos	1
	hijas	1
Profesión		*maestra*
Profesión	del marido	... INGLÉS
	de la mujer	
Edad de	los hijos	
	las hijas	
Número de	hermanos	
	hermanas	*dos*
Profesión de	los hermanos	
	las hermanas	
Profesión	del padre	*está jubilado*
	de la madre	

8 ¡ES MI FAMILIA!

a) Erstellen Sie eine Karteikarte wie in 7 und setzen Sie Daten über Ihre eigene Familie ein. Fügen Sie noch eine zusätzliche Spalte für das Alter an.
Sie können natürlich alle Angaben erfinden.

b) Befragen Sie einen anderen Kursteilnehmer zu seiner Person und seiner Familie. Notieren Sie Ihre Fragen und seine Antworten auf einem Zettel:

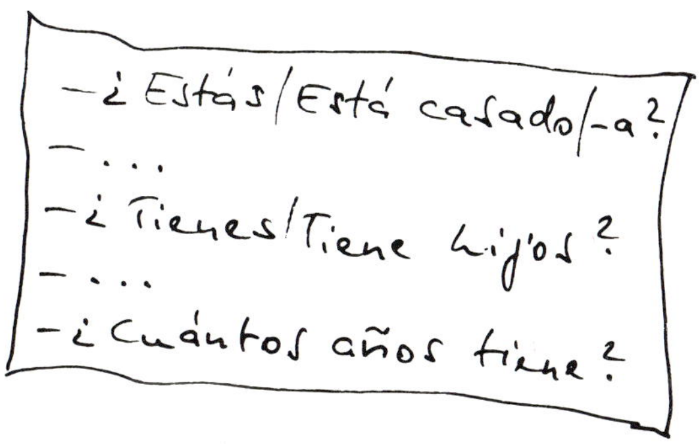

c) Die Zettel werden eingesammelt. Einer zieht einen Zettel und berichtet, was auf ihm steht. Der Kursteilnehmer, der seine Familie erkannt hat, macht dann weiter.

— Está casado, es profesor y tiene un hijo de 8 años. Tiene una hermana de 29 años.
Su mujer es periodista ...

— ¡Es mi familia!

9 Schreiben Sie den folgenden Brief zu Ende. Er ist an Paco, einen chilenischen Studenten, gerichtet, der in den Sommerferien zu Ihnen zu Besuch kommen wird.
Erzählen Sie ihm von Ihrer Familie.

España
padre, papá
madre, mamá
marido
mujer

Latinoamérica
viejo, papá
vieja, mamá
esposo
esposa

¡Hola, Paco!
Muchas gracias por tu carta. Me alegro de que vengas a mi casa el próximo verano.
- -
- -
- -
- -
- -
- -
Hasta pronto.
- - - - - - - - - -

10 **a)** Lesen Sie die folgenden Wörter. Verstehen Sie sie?

b) Diese beiden Personen können Sie jetzt auf spanisch beschreiben.

La mujer: Es alta, . . .
Tiene . . .
El hombre: Es bajo, . . .
Tiene . . .

11 Welches Foto paßt zu welcher Personenbeschreibung?

María Barranco, actriz

Francis Ford Coppola, director de cine

Mónica Seles, tenista

Prince, músico

1. Tiene el pelo rubio y los ojos marrones. Es muy joven.
2. Es joven y bastante delgado. Tiene el pelo negro, rizado y largo. Lleva bigote.
3. Es moreno y un poco gordo. Tiene el pelo corto y lleva gafas y barba.
4. De pelo negro y liso, tiene los ojos marrones. Es alta y delgada.

12 **a)** Ordnen Sie die Wörter aus der Aufgabe 11 den entsprechenden Verben zu.

Es	Tiene	Lleva

b) Beschreiben Sie einen Kursteilnehmer, ohne seinen Namen zu nennen. Erkennen die anderen ihn wieder?

FÍJATE

blanco/-a
negro/-a
rojo/-a

verde
azul
marrón
gris

5

Y ahora ...

13 **a)** Lesen Sie diese Schlagzeilen. Was ist passiert?

b) Verfolgen Sie nun das Gespräch zwischen Roberto und dem Butler.
Finden Sie unter diesen vier Männern Carmens Liebhaber heraus?

c) Wählen Sie eine Person aus der Aufgabe 13 b und beschreiben Sie sie einem anderen Kursteilnehmer. Findet er heraus, von wem Sie reden?

14 **a)** Lesen Sie die folgenden Wörter. Welche Eigenschaften sind gemeint?

inteligente	*tonto*	*serio*	*gracioso*	*simpático*	*antipático*

b) Sehen Sie sich die Herren noch einmal genau an. Wie schätzen Sie sie ein?
Schreiben Sie Ihre Beurteilungen auf und vergleichen Sie sie dann in der Gruppe.

Recuerda

COMUNICACIÓN

Haben Sie Kinder?

¿Tienes hermanos? / ¿Tiene usted hermanos? — Sí, tengo una hermana. / No.
¿Tenéis hijos? / ¿Tienen ustedes hijos? — Sí, tenemos una hija.

Wie alt ist der Kleine?

¿Cuántos años tiene su hijo? — Tiene cuatro años.

Was sind Sie von Beruf?

¿A qué te dedicas / se dedica? — Estoy jubilado.
¿Cuál es tu/su profesión? — Soy ingeniera.

Wie sieht er aus?

¿Cómo es tu profesor? — Es alto, tiene los ojos negros y lleva barba.
¿Cómo es su hija Lucía? — Mi hija Lucía es muy simpática y muy inteligente.

GRAMÁTICA

Das Präsens (Singular- und Pluralformen)

Singularformen verschiedener Verben haben Sie bereits in den Lektionen 2, 3 und 4 kennengelernt. Wiederholen Sie sie und betrachten Sie dann die neuen Pluralformen:

	estudiar	hablar	estar
(yo)	estudio	hablo	estoy
(tú)	estudias	hablas	estás
(él/ella/usted)	estudia	habla	está
(nosotros/-as)	estudiamos	hablamos	estamos
(vosotros/-as)	estudiáis	habláis	estáis
(ellos/ellas/ustedes)	estudian	hablan	están

	vivir	tener	ser
(yo)	vivo	tengo	soy
(tú)	vives	tienes	eres
(él/ella/usted)	vive	tiene	es
(nosotros/-as)	vivimos	tenemos	somos
(vosotros/-as)	vivís	tenéis	sois
(ellos/ellas/ustedes)	viven	tienen	son

⚠ Manche Verben, wie *tener*, verändern ihren Stamm: *tiene*, *tienes*, *tienen*.
In der 1. und 2. Person Plural bleibt der Stamm des Infinitivs erhalten: *tenemos, tenéis*.

Die Personalpronomen (Plural)

nosotros/nosotras	(wir)
vosotros/vosotras	(ihr)
ellos/ellas/ustedes	(sie/Sie)

Im Gegensatz zum Deutschen gibt es im Spanischen jeweils eine männliche und eine weibliche Form für „wir“, „ihr“ und „sie“ sowie einen Plural der Höflichkeitsform.
¿Dónde viven ustedes? (Wo wohnen Sie?) Sie = mehrere Personen.

Der bestimmte Artikel (Plural): *los/las*

los camareros　　las profesoras

Die Substantive (Plural)

el camarero	los camareros	-s
la camarera	las camareras	-s
el estudiante	los estudiantes	-s
la estudiante	las estudiantes	-s
el periodista	los periodistas	-s
la periodista	las periodistas	-s
el bar	los bares	-es
la mujer	las mujeres	-es
el señor	los señores	-es

Die Adjektive: Formen und Veränderlichkeit

Singular		Plural	
männlich	weiblich	männlich	weiblich
guapo	guapa	guapos	guapas
inteligente	inteligente	inteligentes	inteligentes
joven	joven	jóvenes	jóvenes

Das Adjektiv richtet sich immer in Geschlecht und Anzahl nach dem beschriebenen Substantiv!
Vergleichen Sie:

Mi hermano es muy alto.	(Mein Bruder ist sehr groß.)
Mi hermana es muy alta.	(Meine Schwester ist sehr groß.)
Sus hijos son muy altos.	(Seine/Ihre Kinder sind sehr groß.)

Die Possessivpronomen

Singular				Plural			
mi	hijo	mi	hija	mis	hijos	mis	hijas
tu	hijo	tu	hija	tus	hijos	tus	hijas
su	hijo	su	hija	sus	hijos	sus	hijas
nuestro	hijo	nuestra	hija	nuestros	hijos	nuestras	hijas
vuestro	hijo	vuestra	hija	vuestros	hijos	vuestras	hijas
su	hijo	su	hija	sus	hijos	sus	hijas

Die Possessivpronomen richten sich nach der Anzahl des Besitzgegenstandes, bei *nuestro* und *vuestro* auch nach dessen Geschlecht.
Su kann sich auf einen oder mehrere „Besitzer" beziehen:
su hijo bedeutet „sein Sohn" wie auch „ihr Sohn"; außerdem auch „Ihr Sohn" (Anrede) und „ihr Sohn" (Plural).
Entsprechendes gilt für den Plural *sus hijos:* seine Söhne, ihre Söhne, Ihre Söhne.

Die Fragewörter: *¿cuántos? / ¿cuántas?*

¿Cuántos hijos tienes? / **¿Cuántas** hijas tienes? (Wie viele?)

REPASO 1

1 **a)** Suchen Sie aus diesem Zeitungstext folgende Informationen heraus und notieren Sie sie:

> Juan Manuel Rojo es un empresario uruguayo afincado en Valencia que sólo da trabajo a personas mayores de 50 años, a jóvenes en busca de su primer empleo y a padres o madres de familias con más de 4 hijos. Su empresa, creada en 1984, está dedicada a la fabricación de bicicletas, con resultados «óptimos». Otra particularidad de la empresa es que todo trabajador que deja de fumar ve incrementado su salario en un 5 %.

- un nombre de persona
- el nombre de una ciudad
- un apellido
- una nacionalidad
- tres palabras relacionadas con la familia
- una profesión
- un lugar de trabajo.

b) Hören Sie zu, wie zwei Freunde den Zeitungstext kommentieren, und notieren Sie mit Ziffern die Reihenfolge, in der die Wörter auf Ihrer Liste erwähnt werden.

2 **a)** Lesen Sie die folgende Anzeige und errechnen Sie das Alter der genannten Personen.

> Llama el lunes a las cinco de la tarde al programa «Lo sé» de Radio Cero (Tel. 435 12 15), di la edad exacta de estas personas y gana ¡UN VIAJE DE TRES DÍAS PARA DOS PERSONAS A PARÍS CON TODO PAGADO!
>
> El problema es el siguiente:
>
> Elena, Carmen y Julio son hermanos.
> Carmen es la mayor.
> Elena tiene cincuenta y nueve años.
> Julio tiene ocho años más que Elena.
> La diferencia entre Carmen y Elena es de doce años.
>
> ¿Cuántos años tiene cada uno?

b) Hören Sie zu und vergleichen Sie.

c) Hören Sie noch einmal zu und beantworten Sie dann die Fragen über den Gewinner.

¿Cómo se llama?

¿De dónde es?

¿Cuántos años tiene?

¿Está casado?

3 **a)** Schlagen Sie in den Lektionen 1 – 5 nach und notieren Sie je sechs Wörter oder Ausdrücke,

— die im Deutschen ähnlich sind,

— die Ihnen besonders gefallen,

— die Sie persönlich am häufigsten verwenden,

— die etwas mit der Familie zu tun haben.

b) Vergleichen Sie Ihre Notizen mit denen eines anderen Kursteilnehmers. Gibt es Übereinstimmungen?

4 Suchen Sie sich einen Partner und lesen Sie sich abwechselnd die folgenden Wörter vor. Der Partner muß immer das gegenteilige Wort finden. Wenn er es schafft, gewinnt er einen Punkt, wenn nicht, bekommen Sie einen. Sieger ist, wer die meisten Punkte hat.

viejos *fea* *grande* *tontos* *sí* *guapa* *jóvenes*
antipático *no* *pequeño* *simpático* *inteligentes*

5 Spiel: Drei in einer Reihe

Bilden Sie Dreiergruppen. Jeder Mitspieler wählt reihum eine der Aussagen und nennt die zugehörige Frage. Hat er sie richtig formuliert, schreibt er seinen Namen in das Kästchen. Wer als erster drei Kästchen in einer Reihe (nebeneinander oder untereinander) „belegt" hat, hat gewonnen.

Soy yo	No sé	Medicina	Alto y lleva barba	Sí
De Málaga	No	Inglés y ruso	Es suizo	258 40 48
Estudio	En la calle de Jardines	Gloria	En una oficina	Bien, gracias. ¿Y usted?
Fernández	Sí, un hijo y una hija	25	T-O-N-T-O	Es maestra

6 LOGELEI: Was hat Ana mit Ernesto zu tun?

a) Lesen Sie die Texte. Zeichnen Sie die Stammbäume der beiden Familien und finden Sie heraus, in welcher Weise Ana mit Ernesto verwandt ist.

MI FAMILIA

¡Hola! ¿Cómo estás?

Me llamo Ernesto; soy moreno y muy serio. Vivo a las afueras de Caracas (Venezuela) con mi familia. Vivimos todos juntos en un departamento moderno: no tengo abuelos, pero con nosotros vive una tía muy simpática, soltera que se llama Mercedes, de cincuenta años. Es modista y trabaja cerca de casa. Tiene el pelo blanco y los ojos verdes; siempre lleva sombrero. Mi padre se llama Carlos. Es alto, delgado y rubio, lleva gafas. Es ingeniero. Mi madre se llama Carmen: es baja y morena. No trabaja fuera de casa (es ama de casa), pero estudia inglés y alemán. Tengo tres hermanos: dos viven en casa, Jaime y Juan. Son gemelos, pero muy distintos (Jaime es tranquilo, Juan es muy nervioso); los dos son muy listos y muy graciosos. El tercero se llama José: es alto, delgado y castaño; lleva gafas; es físico. Está casado con Segunda, que es muy atractiva y lleva el pelo corto y rubio. Tienen un hijo, Numerito, mi único sobrino, que es también muy listo.

MI FAMILIA

¡Hola!, ¿qué tal?

Me llamo Ana y soy una rubia despampanante. No vivo sola, sino con mi familia, que es muy divertida. Vivimos en Mérida (Venezuela), en el centro de la ciudad. Mi abuelo se llama Carlos; es ya mayor y está un poco sordo. Tiene el pelo más blanco que los Alpes suizos. Mi abuela se llama Luz; lleva siempre gafas y es muy activa, con sus setenta años. Mi padre se llama Juan, lleva bigote y es rubio como el sol. Es muy buen electricista. Mi madre se llama Rosa y es pelirroja. Trabaja muchísimo: es ama de casa, y, además, trabaja fuera, en una tienda de modas.
Tengo una hermana que se llama Segunda; es más alta que yo y más joven. Trabaja en una escuela y está casada con José que es físico. Su hijo, mi sobrino, se llama Numerito. Viven en Caracas, en casa de los padres de José.

b) Nehmen Sie Farbstifte und versuchen Sie einmal, Porträts der beiden Familien zu zeichnen. Vergleichen Sie dann Ihre „Kunstwerke", gemeinsam mit einem Partner, noch einmal mit den Texten.

1 Manche Bezeichnungen für diese Gegenstände kennen Sie vielleicht schon auf spanisch, oder Sie verstehen, was gemeint ist. Notieren Sie dazu die entsprechende Ziffer, und erfragen Sie anschließend die Wörter, die Ihnen fehlen.

Beispiel: ¿Cómo se dice «Tisch» en español?

2 una mesa
___ unos sobres
___ unos libros
___ una silla
___ un periódico
___ unos sellos
___ un bolso
___ una agenda
___ unas llaves
___ un cuaderno
___ una postal
___ un diccionario
___ unos bolígrafos
___ una lámpara
___ un mapa
___ unas cartas

2 **a)** Tragen Sie die Wörter, die Sie hören, in die entsprechenden Spalten ein.

Achten Sie auf die Anzahl der Silben.

□ □ mesa	□ □ □ agenda	□ □ □ □ periódico

b) Hören Sie weiter zu und unterstreichen Sie die betonten Silben.

c) Sprechen Sie jetzt die Wörter nach.

3 ¿Qué hay en la mesa?

Hay	un libro, un sobre. una agenda, una postal.	Hay	cartas. unas cartas. dos, tres ... cartas.

a) Notieren Sie – auswendig! – die Gegenstände auf dem Tisch, an die Sie sich noch erinnern.

Hay un ... / unos ... Hay una ... / unas ...

b) Wie viele Wörter haben Sie notiert? Suchen Sie sich einen Partner und lesen Sie sich gegenseitig Ihre Listen vor. So können Sie fehlende Gegenstände ergänzen.

c) Spielen Sie reihum „Kofferpacken":

1. En la mesa hay una lámpara.
2. En la mesa hay una lámpara y un ...
3. En la mesa hay una lámpara, un ... y un ..., etc.

4 a) Hören Sie zu.

100	cien	101	ciento uno
200	doscientos	210	doscientos diez
300	trescientos	321	trescientos veintiuno
400	cuatrocientos	432	cuatrocientos treinta y dos
500	quinientos	543	quinientos cuarenta y tres
600	seiscientos	654	seiscientos cincuenta y cuatro
700	setecientos	765	setecientos sesenta y cinco
800	ochocientos	876	ochocientos setenta y seis
900	novecientos	987	novecientos ochenta y siete
1.000	mil	1.098	mil noventa y ocho
1.100	mil cien	1.102	mil ciento dos
2.000	dos mil	2.323	dos mil trescientos veintitrés
3.000	tres mil	3.544	tres mil quinientos cuarenta y cuatro

b) Hören Sie wieder zu und sprechen Sie nach.

c) Suchen Sie sich einen Partner und lesen Sie sich abwechselnd die folgenden Zahlen vor. Stellen Sie Unterschiede zu den Zahlen im Deutschen fest?

103 – 215 – 562 – 741 – 954 – 1.035 – 2.103 – 5.374 – 6.599 – 9.953

5 In diesen Dialogen geht es um Preise, Nummern und andere Angaben. Hören Sie sich die Dialoge an und markieren Sie die Zahlen, die Sie hören.

a)	270	☐	127	☐
b)	130	☐	1.300	☐
c)	912	☐	92	☐
d)	66	☐	616	☐
e)	500	☐	50	☐

6 FANG DEN BALL

Rufen Sie eine zwei- oder dreistellige Zahl und werfen Sie den Ball weiter. Wer ihn fängt, nennt die Zahl, die sich ergibt, wenn man die gehörte Zahl rückwärts liest.

7 Aus welchen Ländern stammen diese Geldscheine? Notieren Sie die Namen des Landes und der Währung.

país	moneda
1)	
2)	

país	moneda
3)	
4)	

1)

3)

2)
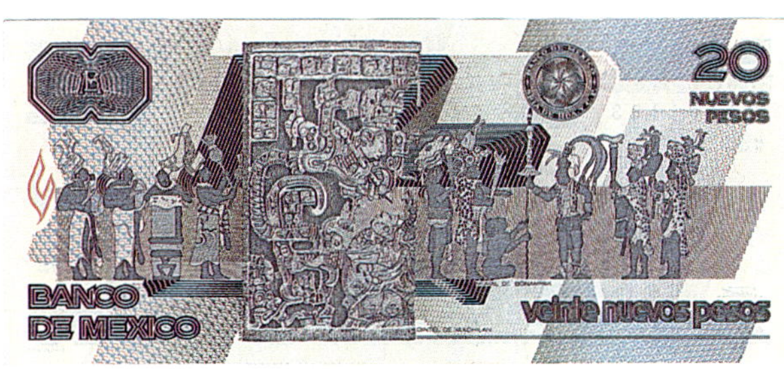

4)

Kennen Sie weitere Währungen aus Lateinamerika?

Die Währungen der deutschsprachigen Länder auf spanisch? Hier sind sie:

1 Mark = un marco alemán; 1 Schweizer Franken = un franco suizo; 1 Schilling = un chelín austríaco

8 **a)** Sehen Sie sich die Fotos an. Wissen Sie, wo man in Spanien Briefmarken und Kugelschreiber kaufen kann?

Beispiel: En una librería **se venden** libros. En un estanco **se vende** tabaco.

b) Und was gibt es in diesen Geschäften sonst noch zu kaufen?

FÍJATE

Se vend**e** tabaco.
Se vend**en** libros.

España:	*Latinoamérica:*
estanco	quiosco de cigarrillos
dinero	plata

9 **a)** Hören Sie zu. Lesen Sie dann den Dialog zu zweit.

Cliente: —¿Tienen cuadernos?
Vendedor: —Sí. Mire, aquí están. Tenemos todos éstos.
C.: —¿Puedo ver ése rojo?
V.: —¿Éste?
C.: —Sí, sí, ése. ¿Cuánto cuesta?
V.: —Ciento ochenta pesetas.
C.: —Vale. Me lo llevo.

FÍJATE

(El libro) Me **lo** llevo.
(La agenda) Me **la** llevo.

b) Diese Dialoge sind durcheinandergeraten. Bringen Sie sie in Ordnung.

—Sí, ésas.
—¿Éstas?
—¿Puedo ver esas gafas negras?

—¿Éste?
—Doce mil cuatrocientas.
—¿Cuánto cuesta ese reloj?
—Sí.

FIJATE

este	libro	esta	agenda
estos	libros	estas	agendas

ese	libro	esa	agenda
esos	libros	esas	agendas

Finden Sie heraus, wann *este / esta* und *ese/esa* einen Akzent tragen und wann nicht?

10 Legen Sie fest, wer Kunde ist und wer Verkäufer, und spielen Sie den Dialog mit einem anderen Kursteilnehmer.

Sie können ein solches Gespräch so beginnen:

Deseo ... / Quería ... / Quisiera ...

und so beenden:

Vale. / De acuerdo. / Sí, muchas gracias.

oder: Gracias.

FIJATE

— ¿Cuánto cuesta este libro?
— Doscient**as** pesetas. / Doscient**os** pesos.

11 Hören Sie die Dialoge an und ergänzen Sie die Tabelle.

	¿Qué desea?	¿Cuánto cuesta?	¿Lo / La compra?
1			
2			

Y ahora ...

12 Kaufen oder nicht kaufen — das ist hier die Frage ... Spielen Sie zu zweit.

A: Sie brauchen einen Kugelschreiber und einen Terminkalender, können aber nicht mehr als 1000 Peseten ausgeben.
B: Sie arbeiten in einem Schreibwarengeschäft. Überlegen Sie sich die Preise für Ihre Artikel. Es kommt ein Kunde ...

Spielen Sie anschließend weitere Dialoge in anderen Geschäften und mit anderen Gegenständen.

6 Recuerda

COMUNICACIÓN

Wieviel kostet das?

¿Tienen agendas?	Sí, tenemos estas agendas.
¿Puedo ver ésa roja?	
¿Cuánto cuesta este libro?	(Cuesta) cien pesetas.
¿Cuánto cuestan estos diccionarios?	Quinientas (pesetas).

GRAMÁTICA

se vende / se venden

En un estanco **se vende** tabaco.
Aquí **se venden** libros.

⚠ Hier übersetzt man die unpersönliche Form am besten mit „wird/werden verkauft".

hay

En la mesa **hay** un libro nuevo.	*hay* + unbestimmer Artikel + Substantiv
En la silla **hay** dos (libros).	*hay* + Zahlwort + (Substantiv)
¿Dónde **hay** libros?	*hay* + Substantiv im Plural

⚠ *Hay* bleibt immer unverändert, gleichgültig ob ein Substantiv im Singular oder Plural folgt. Vgl. auch mit dem deutschen „es gibt".

Der unbestimmte Artikel (Plural): *unos/unas*

männlich	weiblich
unos libros	**unas** cartas
unos sellos	**unas** postales

⚠ Anders als im Deutschen gibt es im Spanischen eine Pluralform des unbestimmten Artikels. Sie kann oft mit „einige" wiedergegeben werden.

Die direkten Objektpronomen: *lo/la*

(el libro)	Me **lo** llevo.	No, no **lo** compro.
(la agenda)	Me **la** llevo.	No, no **la** compro.

Die Demonstrativpronomen

○ *este/esta, ese/esa*

Singular		Plural	
este bolso	**esta** revista	**estos** bolsos	**estas** revistas
ese bolso	**esa** revista	**esos** bolsos	**esas** revistas

Die adjektivischen Demonstrativpronomen begleiten ein Substantiv und richten sich in Geschlecht und Anzahl nach ihm. *Este* bzw. *esta* werden dabei für nahe, direkt greifbare Gegenstände gebraucht (diese hier), *ese* und *esa* für entferntere Gegenstände (diese dort, jene).

éste/ésta, ése/ésa

–¿Puedo ver esa agenda?; –¿**Ésta**? (*statt:* ¿Esta agenda?) –Sí, **ésa**. (*statt:* esa agenda)

Alle substantivischen Demonstrativpronomen können auch alleine stehen und ein Substantiv vertreten, das man nicht wiederholen möchte. In diesem Fall tragen sie einen Akzent.

Die Fragewörter: *¿cuál?* und *¿cuánto?*

¿**Cuál** es la moneda de tu país? (welche/r/s?)
¿**Cuánto** cuesta este bolígrafo? (wieviel?)

Cuál bildet auch einen Plural: *¿Cuáles son los países / las monedas ... ?*

1 **a)** Schauen Sie sich die Fotos an. Was wissen Sie über Toledo und Barcelona? Suchen Sie im Wörterbuch nach Ausdrücken, um sie zu beschreiben.

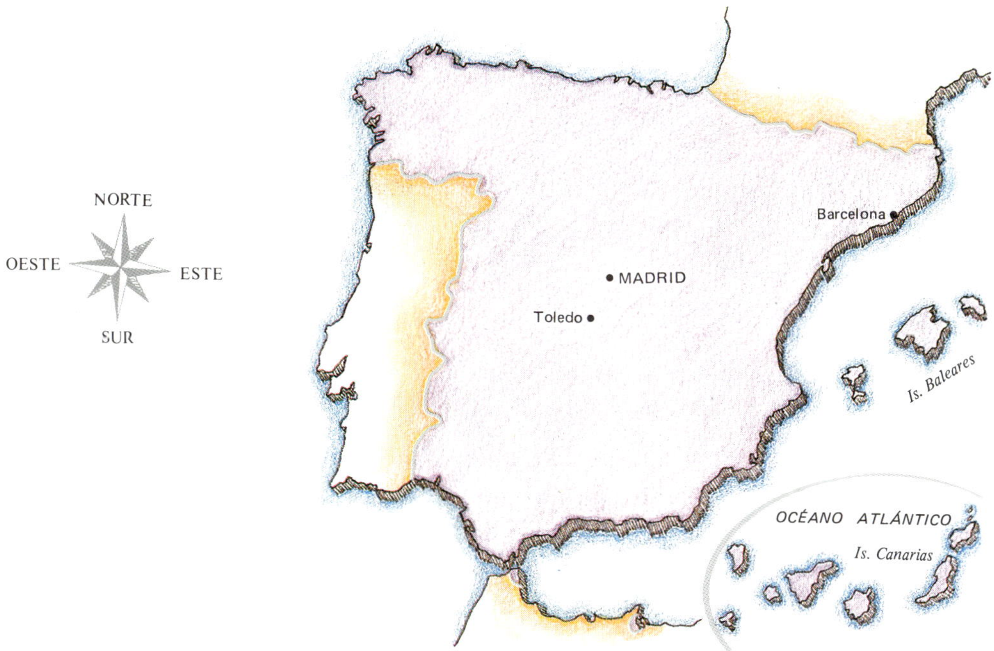

b) Welcher Text bezieht sich auf welches Foto?

1. Es una ciudad antigua, muy bonita y tranquila, que está en el centro de España, cerca de Madrid. Es bastante pequeña, pero tiene un río importante y muchos monumentos históricos de diferentes estilos artísticos. Es famosa por la mezcla de tres culturas diferentes: árabe, judía y cristiana.

2. Está en el nordeste de España, no muy lejos de Francia, en la costa mediterránea. Tiene un puerto importante y playa. Es una ciudad de origen antiguo, pero también es muy moderna y dinámica. Es muy grande y tiene monumentos y museos que son famosos en el mundo entero.

c) Was wird auf der vorigen Seite über Toledo und Barcelona ausgesagt im Hinblick auf

die geographische Lage?	die Beschreibung und den Charakter der Stadt?

2 Erstellen Sie zu zweit eine Liste von Städten mit den folgenden Eigenschaften. Anschließend tragen Sie vor der Gruppe Ihre Ergebnisse vor.

1. Una ciudad muy grande.
2. Una ciudad turística.
3. Una ciudad que está en la costa.
4. Una ciudad moderna.
5. Una ciudad que está en el sur.
6. Una ciudad con una playa muy bonita.
7. Una ciudad que tiene un museo muy famoso (y el nombre del museo).
8. Una ciudad con un monumento muy famoso (y el nombre del monumento).
9. Una ciudad aburrida.
10. Una ciudad que tiene un parque muy grande (y el nombre del parque).

FÍJATE

una ciudad **que** está en el sur
(eine Stadt, die im Süden liegt)
una ciudad **que** tiene un museo famoso
(eine Stadt, die ein berühmtes Museum hat)

3 **a)** Hören Sie sich die Namen einiger spanischer Städte an und schreiben Sie sie in die richtige Spalte.

/θ/ (za-ce-ci-zo-zu)	/k/ (ca-que-qui-co-cu)
Zamora	Mallorca

b) Suchen Sie diese Städte auf der Landkarte und überprüfen Sie, ob Sie sie richtig geschrieben haben.

c) Hören Sie zu und wiederholen Sie.

4 Suchen Sie drei Städte auf der Karte und fragen Sie einen anderen Kursteilnehmer, wo diese Städte liegen.

Beispiel: —¿Dónde está Alicante?
—(Está) En el sudeste de España, en la costa mediterránea, cerca de Murcia, al sur de Valencia.

5 **a)** *Es* oder *está*? Setzen Sie die richtige Form ein.

________ muy antigua.
________ en el sur de España.
________ cerca de Sevilla.
No ________ una ciudad muy importante.
________ en la costa atlántica.
________ famosa por sus playas.
________ lejos de Madrid.
________ bastante pequeña.
No ________ en el centro de España.

b) Welche Stadt ist wohl gemeint?

6 Spielen Sie in Dreier- oder Vierergruppen: Einer denkt sich eine Stadt aus, und die anderen stellen Fragen, um sie zu erraten. Es darf aber nur mit «*sí*» oder mit «*no*» geantwortet werden.

Beispiel: —¿Está en España?
—Sí.
—¿Está al sur de Madrid?
—Sí.
—¿Está al norte de Ciudad Real?
—Sí.
—¿Es una ciudad antigua?
—Sí.

FÍJATE

Está	lejos de / cerca de en el sur / norte / centro de al sur / norte / . . . de

Toledo está **en el** centro de España, **al** sur de Madrid.
(im Zentrum Spaniens, südlich von Madrid)

Es	**bastante** pequeño/-a. **muy** antiguo/-a.

7 **a)** Hören Sie zu und lesen Sie mit.

10.000	diez mil	1.000.000	un millón
100.000	cien mil	1.400.000	un millón cuatrocientos mil
150.000	ciento cincuenta mil	2.000.000	dos millones
200.000	doscientos mil	12.800.000	doce millones ochocientos mil
960.000	novecientos sesenta mil	13.970.000	trece millones novecientos setenta mil

b) Hören Sie zu und sprechen Sie nach.

c) In Zweiergruppen! Jeder notiert sich fünf Zahlen (ab fünf Stellen) und diktiert sie seinem Nachbarn. Vergleichen Sie dann, ob die Zahlen übereinstimmen.

8 ¿Cuántos habitantes tiene ... ?

Kreuzen Sie die richtige Antwort an. Wenn Sie nicht sicher sind, fragen Sie andere Kursteilnehmer oder den Kursleiter.

Madrid	
1.230.000	☐
4.200.000	☐
3.100.000	☐

París	
5.900.000	☐
3.340.000	☐
2.100.000	☐

Roma	
1.100.000	☐
2.800.000	☐
4.780.000	☐

Santiago de Chile	
4.300.000	☐
5.200.000	☐
7.650.000	☐

Berlín	
3.456.890	☐
1.500.000	☐
5.339.000	☐

Buenos Aires	
9.900.000	☐
5.425.250	☐
2.920.000	☐

Londres	
6.740.000	☐
8.000.000	☐
2.540.000	☐

9 Ordnen Sie den Zahlen die entsprechenden Angaben zu.

1.970.000	**unos** tres millones y medio.
3.507.000	dos millones **aproximadamente.**
460.000	**más de** cuatro millones.
4.112.000	**casi** tres millones.
2.910.000	**menos de** medio millón.

10 Zu zweit. Hier geht es um Hauptstädte und Einwohnerzahlen. Jeder von Ihnen hat einen Teil der Informationen. Fragen Sie sich gegenseitig und tragen Sie die Ergebnisse in Ihre Karte ein.

A

¿Cuál es la capital de ... ?

¿Cuántos habitantes tiene ... ?

B

¿Cuál es la capital de ... ?

¿Cuántos habitantes tiene ... ?

11 Welcher Ort, welcher Landstrich ist wofür berühmt?

Beispiel:

Colombia es famosa por el café.

Colombia	vino
La Rioja	café
Pamplona	monumentos aztecas
La Mancha	fiestas de San Fermín
Málaga	flamenco
Cuba	Don Quijote
Andalucía	playas
México	lago de Titicaca
Perú	tabaco

Y ahora ...

12 **a)** Hören Sie sich die Unterhaltung an. Erkennen Sie den erwähnten Ort auf einem dieser Fotos?

A

B

C

b) Hören Sie noch einmal zu, um die Liste auszufüllen.

NOMBRE	
SITUACIÓN	
NÚMERO DE HABITANTES	
¿CÓMO ES?	
ES FAMOSA POR	
¿QUÉ TIENE?	

7

13 Pedro hat zwei Postkarten von zwei deutschen Bekannten bekommen. Beim ersten Lesen wundert er sich, denn irgendwas scheint nicht zu stimmen. Warum?

¡Hola, Pedro!
Estoy en Córdoba desde hace una semana. Es una ciudad bastante grande, de 1,5 millones de habitantes, más o menos. Practico mucho español. El acento aquí me gusta mucho, pero hay muchas nuevas palabras. ¡Estoy fascinada: el tango, el paisaje – la famosa "pampa"! ¡Hasta pronto! Me espera un viaje muy largo de vuelta ...
Petra

encotel
$ 00,76
REPUBLICA ARGENTINA

Pedro Alonso
c/ Buganvilla 7, 1º
28036 MADRID

Querido Pedro:
Te escribo desde Córdoba. Paso el mes de vacaciones de verano con unos amigos. Esto es precioso: es una ciudad mediana y la gente es muy simpática. Hablo español todo el día. Tengo muchos amigos: salimos todas las noches a bailar flamenco, a tomar finos ... ¡Qué vacaciones! Mañana vamos a Sevilla. ¡Hasta pronto!
Susanne

ESPAÑA
Correos 45
IGUALADA · 1893-1993 · MARTORELL

Pedro Alonso
C/Buganvilla 7, 1º
28036 MADRID

14 Fragen Sie einen Kursteilnehmer, woher er kommt. Erzählen Sie ihm dann, woher Sie kommen. Zeigen Sie ihm vielleicht ein Foto oder eine Postkarte.

— ¿De dónde es (usted)? /

¿De dónde eres?

— De ...

15 Beschreiben Sie eine bekannte Stadt, ohne ihren Namen zu nennen. Lesen Sie dann Ihre Beschreibung den anderen in der Gruppe vor. Wer die Stadt erkennt, macht mit seinem Text weiter.

Recuerda

COMUNICACIÓN

Wo liegt eigentlich Toledo?

¿Dónde está Toledo?	Al sur de Madrid, en el centro de España.
¿Dónde está Barcelona?	En el nordeste de España, no muy lejos de Francia.
¿Cómo es Barcelona?	Es una ciudad moderna. Tiene playa.
¿Cuál es la capital de Cuba?	Es La Habana.
¿Cuántos habitantes tiene tu/su ciudad?	Tiene 50.000 habitantes. Es famosa por su catedral.

GRAMÁTICA

Gebrauch von *ser* und *estar*

Toledo **es** una ciudad muy antigua. Bogotá **es** la Capital de Colombia.
San José **está** en Costa Rica. Madrid **está** muy lejos de Berlín.

Erinnern Sie sich: *Ser* (sein) wird u.a. gebraucht, um einen Gegenstand oder eine Person zu charakterisieren und zu definieren. *Estar* (sein, sich befinden) dient u.a. dazu, eine Lage anzugeben, z.B. eine geographische, oder einen vorübergehenden Zustand, wie z.B. körperliches Befinden.
Die Konjugationen von *ser* und *estar* kennen Sie bereits seit Lektion 5!

Ortsangaben

En América, **en** el sur de España, **en** el centro de España.	(in)
Segovia está **cerca de** Madrid.	(in der Nähe von)
Madrid está **lejos de** Managua.	(weit entfernt von)
Toledo está **al sur de** Madrid.	(südlich von)

Mengenadverbien: *muy, mucho, bastante*

El Prado es **muy** famoso.	(sehr)
En Madrid se vive **muy** bien.	(sehr)
Practico **mucho** español.	(viel)
El acento me gusta **mucho**.	(sehr)
Sevilla es **bastante** grande.	(ziemlich)

mucho/-a/-os/-as

En Madrid hay **muchos** monumentos. (viele)

Mucho/-a ist auch ein Adjektiv und kann ein Substantiv begleiten. Dann richtet es sich in Geschlecht und Anzahl nach diesem.

Das Relativpronomen *que*

Es un pueblo **que** está en el centro del país.
Es una ciudad **que** tiene un parque muy grande.

Que (der/die/das) ist ein Relativpronomen für männliche und weibliche Sachen und Personen, im Singular wie im Plural.

8 MI CASA Y MI HABITACIÓN

1 Welcher Raum ist auf welchem Foto zu sehen? Ordnen Sie den Fotos die richtigen Bezeichnungen zu.

[A]	salón	[ ]	dormitorio
[ ]	cuarto de baño	[ ]	comedor
[ ]	cocina	[ ]	estudio

A

B

C

D

E

F

2 **a)** Verstehen Sie dieses Inserat? Nehmen Sie im Zweifel Ihr Wörterbuch zu Hilfe.

> SE VENDE PISO
>
> Plaza Luna (zona céntrica), nuevo, exterior, de unos 80 m^2, dos dormitorios, calefacción, ascensor, garaje, trastero, aire acondicionado. Mucha luz, bien comunicado.
> Precio excepcional: 10.000.000,– Ptas.
> Tel. 275 85 90

b) Schreiben Sie nun auf, was Sie über diese Wohnung wissen.

Beispiel: Es nuevo.
Está en …
Tiene …
Cuesta …

3 Rosa spricht mit einem Freund über ihre neue Wohnung.
Hören Sie zu und unterstreichen Sie, was Sie hören.

El piso de Rosa tiene:	dos, tres, cuatro habitaciones.
Está:	en el centro, cerca del centro, lejos del centro.
Es:	interior, antiguo, tranquilo, bonito, pequeño, grande.
Da a una calle:	ancha, estrecha, con mucho tráfico.
Tiene:	teléfono, calefacción, aire acondicionado, mucha luz.
No tiene:	garaje, ascensor, terraza.

4 Beschreiben Sie einem anderen Kursteilnehmer Ihre Wohnung.
Anschließend notieren Sie, was er über seine Wohnung erzählt.

5 **a)** Welche Wörter der folgenden Liste verstehen Sie?

- sofá
- frigorífico
- bañera
- ducha
- sillón
- lavabo
- lámpara
- armario
- cama
- televisor
- estantería
- lavadora
- mesilla
- cocina eléctrica

b) Fragen Sie nach der Bedeutung der übrigen Wörter
¿Qué significa ... ?

c) Schreiben Sie die entsprechenden Wörter mit dem Artikel unter die Zeichnung.

la ducha

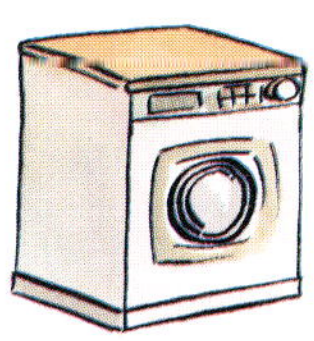
______

______

______

______

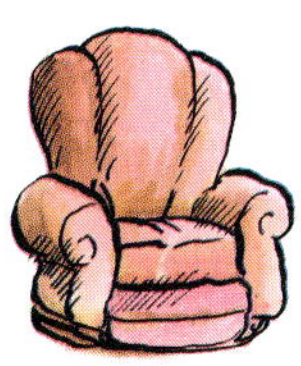
______

______

______

______

______

______

______

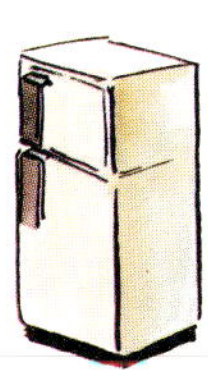
______

______

6 a) Achten Sie auf die Anzahl der Silben der Wörter, die Sie hören. Tragen Sie die Wörter in die richtige Spalte ein.

□ □ sofá	□ □ □ lámpara	□ □ □ □ dormitorio	□ □ □ □ □ frigorífico

b) Hören Sie noch einmal zu, um nun die betonte Silbe zu unterstreichen.

7 Wählen Sie ein Zimmer aus der Aufgabe 1 und beschreiben Sie es Ihrem Nachbarn. Er soll raten, um welches Zimmer es sich handelt.

Beispiel: —Hay una mesa, unas sillas, …

—¿Es la cocina?

—No. También hay …

—¿Es … ?

8 Welches Bild gehört zu welcher Ortsangabe?

- [3] Delante del televisor
- [ ] Entre el lavabo y el wáter
- [ ] A la derecha del gato
- [ ] Debajo del sofá
- [ ] En el frigorífico
- [ ] Encima de / sobre la mesa
- [ ] Al lado de / junto a la lavadora
- [ ] Detrás de la mesilla
- [ ] A la izquierda del perro

9 Hören Sie zu und finden Sie heraus, von welchem Zimmer hier die Rede ist.

A

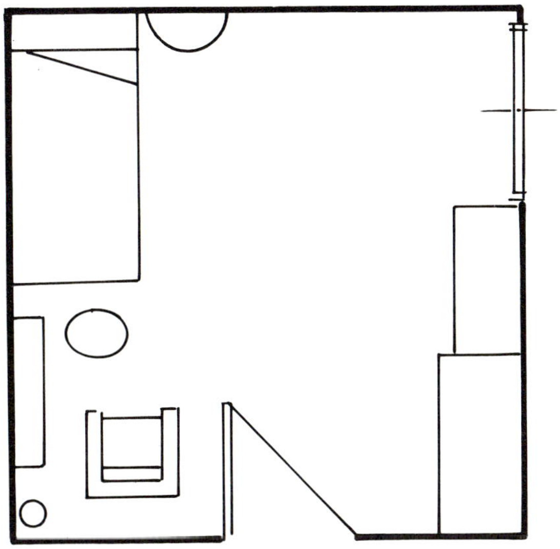

B

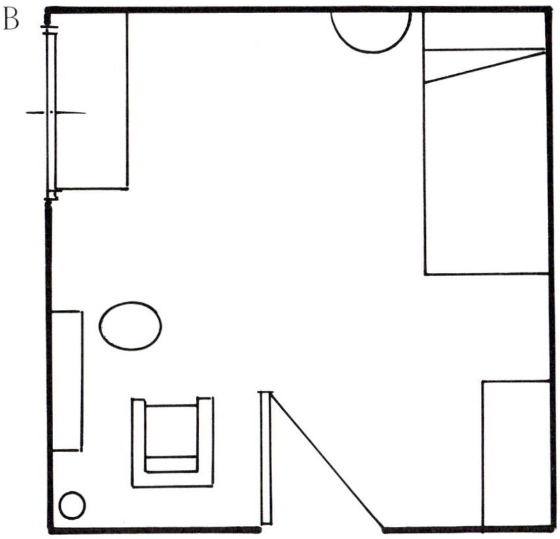

C

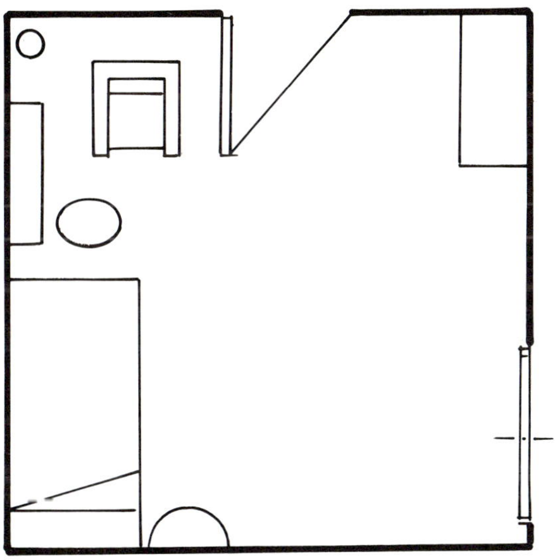

D

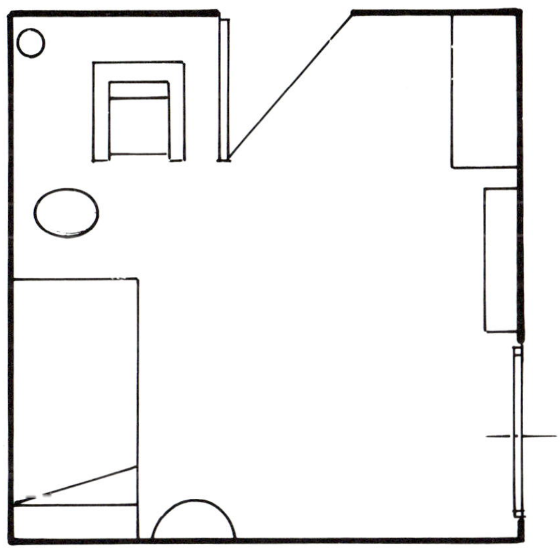

FIJATE

hay	está
En la cocina **hay** un frigorífico.	El frigorífico **está** en la cocina.

Mit *hay* fragt man bzw. gibt man an, **ob** etwas vorhanden ist. Mit *está* dagegen, **wo** sich etwas befindet.

FIJATE

colores	formas
rosa	cuadrado, cuadrada
lila	redondo, redonda
amarillo, amarilla	rectangular
naranja	triangular

10 Zu zweit: Fragen Sie sich zunächst gegenseitig, welche Möbel bzw. Gegenstände sich auf der Zeichnung des Partners befinden und welche Form und Farbe sie haben. Notieren Sie alles.

¿Qué hay en su/tu dibujo? ¿Qué forma tiene? ¿De qué color es?

Fragen Sie dann, wo sich diese Möbel bzw. Gegenstände befinden, und zeichnen Sie die fehlenden ein.

¿Dónde está el … / la … ?

Anschließend vergleichen Sie: Haben Sie jetzt zwei identische Bilder?

A

B

España	*Latinoamérica*
bonito/-a	lindo/-a
el apartamento/piso	el departamento
el cuarto	la pieza
el ascensor	el elevador
el ordenador	el computador
el despacho	el buró

11 Fragen Sie einen Partner, wie seine Wohnung aussieht: Welche Möbelstücke hat er und wo stehen sie? Zeichnen Sie nach seinen Angaben einen Plan.

12 Setzen Sie sich in Gruppen zusammen und notieren Sie, was Sie über spanische Häuser und über das Wohnen in Spanien wissen: Da sind zum Beispiel die kleinen Fenster. Und was noch?

Y ahora ...

13 **a)** Mafalda und Susanita — beide hat der argentinische Zeichner Quino erfunden — spielen „Veo-veo" („Ich sehe was, was du nicht siehst"). Mafaldas Reaktionen sind dabei, wie übrigens immer, philosophischer Natur.

b) Wie wär's, wenn Sie nun zu zweit „Veo-veo" spielten? Fragen Sie

a) nach der Form: ¿Qué forma tiene?

b) nach der Farbe: ¿De qué color (es)?

c) nach der Lage: ¿Dónde está?

14 Eine fünfköpfige Familie — Großmutter, Vater und Mutter, zwei Kinder — sucht eine Wohnung. Beide Eltern arbeiten und verdienen zusammen 300.000 Peseten im Monat.
Da die Großmutter krank ist, muß die Wohnung einen Aufzug haben. Die Kinder wünschen sich einen Balkon. Welche der Wohnungen kommt für sie in Frage?

1.
ÁTICO
Dúplex. Vistas panorámicas,
c/Arturo Soria, 5 dormitorios,
4 baños, terraza 50 m²., piscina,
jardín, garaje, ascensor.
250.000 ptas./mes.
☎ 778 25 73

2.
SE ALQUILA
CENTRO
Buhardilla, 65 m²,
2 dormitorios, muchísima luz,
salón 18 m², 100.000 ptas./mes.
☎ 431 71 70

3.
ALQUILO PISO
Plaza Cascorro, centro,
exterior, 4 dormitorios,
2 baños, amplísimo salón,
trastero, 150.000 ptas./mes.
☎ 431 71 70

4.
Se alquila:
Paseo Rosales, 100 m².,
3 dormitorios, 2 baños,
exterior (pequeño balcón),
calefacción, ascensor
150.000 ptas./mes.
☎ 578 98 05

8

Recuerda

COMUNICACIÓN

Was für eine Wohnung haben Sie?

¿Cómo es tu piso?	Es antiguo y bastante grande.
¿Cuántas habitaciones tiene?	Tiene tres habitaciones.
¿Dónde está su piso?	Está en el centro de Madrid.
¿Qué hay en el comedor?	Hay una mesa, cuatro sillas, un sofá ...

Ist es rot?

¿De qué color es su sofá?	Es rojo.
¿Qué forma tiene?	Es redondo.

Was bedeutet das?

¿Qué significa «perro»?

GRAMÁTICA

Der Gebrauch von *hay* und *estar*

En mi habitación **hay** un sofá.	(gibt es ...)
El sofá **está** al lado de la ventana.	(befindet sich ...)

Hay gibt an, daß etwas überhaupt vorhanden ist. Mit *estar* wird dagegen eine genauere Lage angegeben. *Hay* ist Ihnen bereits in Lektion 6 begegnet, *estar* in den Lektionen 4 und 5.

Ortsangaben

Delante de la mesa hay una silla.	(vor)
Detrás de la mesa hay un armario.	(hinter)
A la derecha de la cama hay una lámpara.	(rechts von)
A la izquierda de la cama hay una mesilla.	(links von)
Al lado de la cama hay un televisor.	(neben)
Junto a la cama hay un televisor.	(neben)
Entre la mesa y la cama hay un televisor.	(zwischen)
En la cama hay un niño.	(in)
Encima de la cama hay un libro.	(auf)
Sobre la mesilla hay un libro.	(auf)
Debajo de la cama hay un gato.	(unter)

Achten Sie darauf, ob die Präpositionen *de* oder *a* nach sich haben und lernen Sie diese Anschlüsse gleich mit.

1 Dies ist ein Ausschnitt aus dem Stadtplan von Madrid.
Können Sie die folgenden Fragen beantworten?

1. ¿Qué barrio es?
2. ¿Cuántas estaciones de Metro hay?
3. ¿Están señaladas las paradas de autobús?
4. ¿Dónde hay aparcamientos?
5. ¿Dónde está el palacio del Duque de Liria?
6. ¿Dónde hay hoteles?

2 **a)** Suchen Sie aus dem Stadtplan zwei Wörter heraus, in denen ein *g* vorkommt und zwei, in denen ein *j* vorkommt.
Wie werden sie ausgesprochen?

/x/	/g/
ja	ga
je, ge	gue
ji, gi	gui
jo	go
ju	gu, güe, güi

b) Suchen Sie weitere Wörter mit *g* bzw. *j* und tragen Sie sie in die richtige Spalte ein.

/x/	/g/
Giménez	Rodríguez

c) Sie hören jetzt weitere Wörter. Tragen Sie auch diese in die Spalten ein.

d) Fallen Ihnen noch mehr Wörter mit diesen beiden Lauten ein? Schreiben Sie sie dazu.

3 **a)** Hören Sie die folgenden vier Dialoge an.

1. *María:* ¿La calle San Andrés, por favor?
   Chico: Lo siento, no conozco este barrio. No soy de aquí.
   María: Gracias.
   Chico: De nada.

2. *María:* ¿La calle San Andrés, por favor?
   Chica: La primera a la derecha.
   María: Gracias.
   Chica: Adiós.

3. *María:* Oiga, perdone, ¿hay un banco por aquí?
   Señor: Sí, hay uno al final de esta calle, a la izquierda.
   María: ¿Está muy lejos?
   Señor: No, aquí mismo. A unos cinco minutos andando.
   María: Gracias.

4. *María:* Oiga, perdone, ¿hay un hotel por aquí?
   Señor: No, no hay ninguno cerca.

b) Hören Sie zu und wiederholen Sie.

—¿La calle San Andrés, por favor?
—Lo siento, no conozco este barrio.

—Oiga, perdone, ¿hay un banco por aquí?
—Sí, hay uno al final de esta calle,
a la izquierda. Está aquí mismo.
A unos cinco minutos andando.

FÍJATE

¿Hay *un banco* por aquí?	¿Hay *una farmacia* por aquí?
Sí, hay **uno**.	Sí, hay **una**.
No, no hay **ninguno**.	No, no hay **ninguna**.

4 Schauen Sie noch einmal den Stadtplan auf der vorigen Seite an. Stellen Sie sich vor, Sie stehen bei Buchstabe A (Olid-Fuencarral). Wie antworten Sie auf die folgenden Fragen?

1. —¿La calle Albuquerque, por favor?
   — ....
2. —Oiga, perdone, ¿hay una estación de Metro por aquí?
   — ....
3. —Oiga, perdone, ¿hay un aparcamiento por aquí?
   — ....

1.ª: primera
2.ª: segunda
3.ª: tercera
4.ª: cuarta
5.ª: quinta

5 **a)** Sehen Sie die folgenden Wegbeschreibungen an.

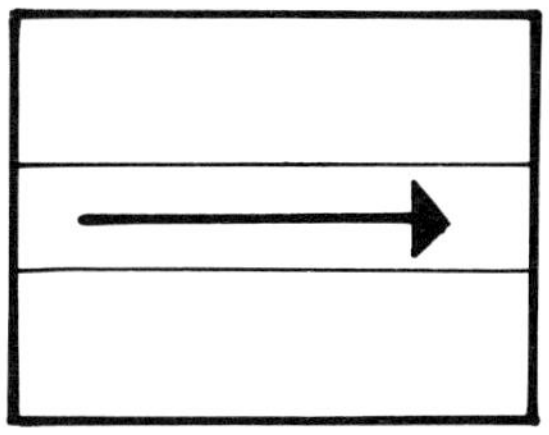

siga (todo) recto

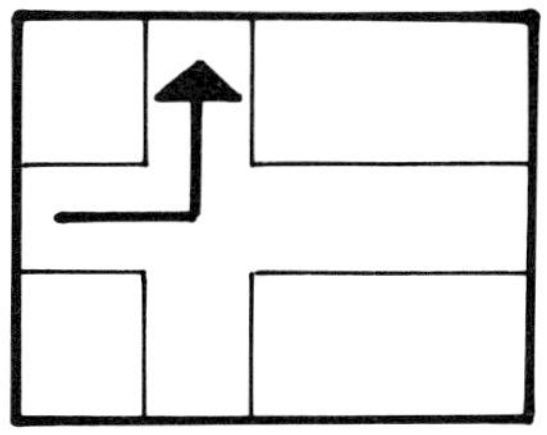

gire a la izquierda

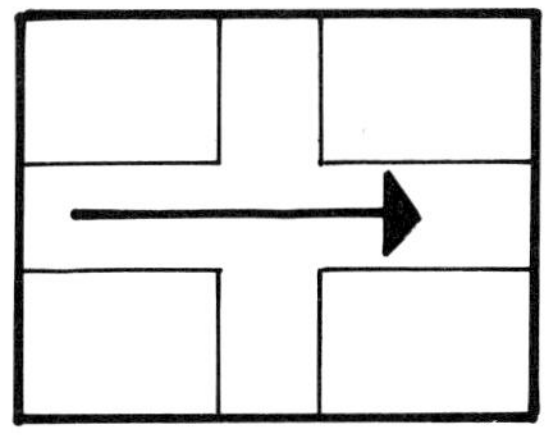

cruce

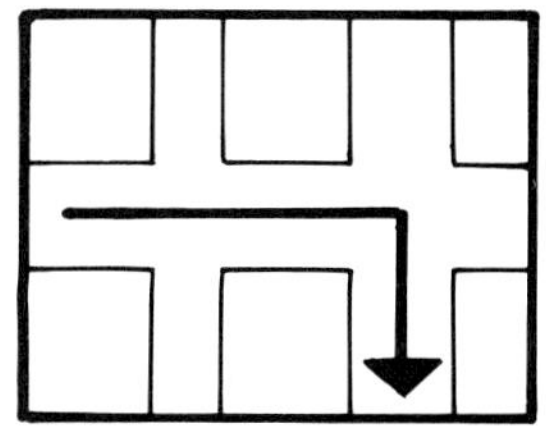

coja / tome | la segunda a la derecha

b) Schauen Sie wieder auf den Stadtplan:
Die beiden Personen, die sich hier unterhalten, befinden sich bei Buchstabe B (Rodríguez San Pedro — Plaza del Conde del Valle de Suchil).
Lesen Sie das Gespräch und zeichnen Sie den Weg auf dem Stadtplan ein.

— Oiga, perdone, ¿sabe dónde está la plaza del Dos de Mayo?

— Sí, siga todo recto y gire la primera a la derecha. Entonces tome la calle de ... San Bernardo y cruce la glorieta de Ruiz Giménez.

— ¿Cómo? ¿La glorieta de ...?

— Ruiz Giménez. Luego siga todo recto hasta ... la tercera a la izquierda. Al final de esa calle está la plaza del Dos de Mayo.

— Entonces ... cruzo la glorieta y cojo la tercera a la izquierda ...

— Exacto.

— Muchas gracias.

6 **a)** Sehen Sie sich noch einmal den Stadtplan an, und überlegen Sie sich, wie man vom Standort C (Vallehermoso-Meléndez Valdés) aus zu folgenden Punkten gelangt:
(Notieren Sie die Wegbeschreibung auf einem Zettel.)

— una estación de metro

— la plaza del Dos de Mayo

— un hotel

— el Museo Municipal

b) Üben Sie gemeinsam mit einem anderen Kursteilnehmer.

Oye, perdona, ¿hay una estación de metro por aquí?

Oiga, perdone ...

7 Hören Sie zu und tragen Sie den Weg auf dem Stadtplan ein.

8 GRANADA ...

Paca wohnt in Granada. Ihr Freund Hans verbringt die Ferien bei ihr und kennt sich in der Stadt noch nicht gut aus.
Die beiden haben die berühmte Alhambra besichtigt. Paca hat jetzt noch einmal Unterricht, und Hans muß deshalb allein nach Hause gehen.
Sie erklärt ihm den Rückweg, bei dem er sich auch den Albaicín anschauen soll.
Zeichnen Sie den Weg in den Plan ein. Wo wohnt Paca?

> Baja por la cuesta de Gomérez, sigue todo recto hasta el final. Para llegar al Albaicín, cruza la avenida y toma la calle que está a la derecha. Sigue todo recto y toma la calle pequeña que está enfrente. Muy cerca a la derecha está el Albaicín.
> Para volver a casa, toma otra vez la calle pequeña y luego gira a la derecha. Sigue todo recto y toma la tercera a la derecha. Es muy fácil, es la calle al lado de la Catedral. Al final de la calle gira a la izquierda, en el número 22 está mi casa, enfrente del Monasterio de San Jerónimo.

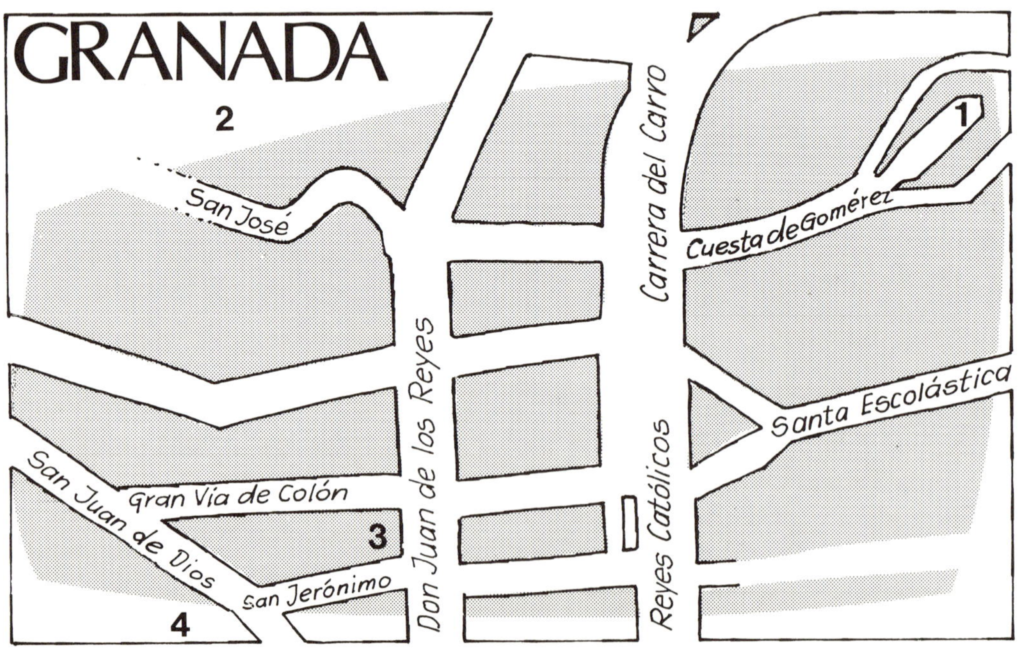

1 Alhambra
2 Albaicín
3 Catedral
4 Monasterio de San Jerónimo

9 Ergänzen Sie die fehlenden Imperativformen:

	bajar	girar	cruzar	tomar	perdonar	coger	seguir	oír
USTED	baje	gire	cruce	tome	perdone	coja	siga	oiga
TÚ								

10 Zu zweit. Lesen Sie zunächst die Anweisungen. Vergewissern Sie sich, daß Sie das Wesentliche verstanden haben, bevor Sie beginnen.

A

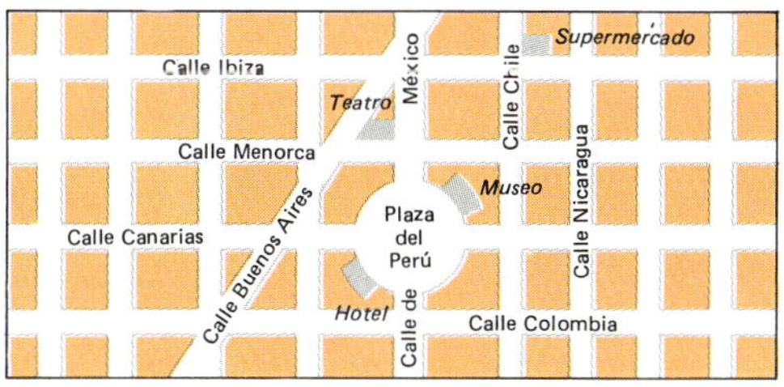

1. Marque en el plano:
   — una parada de autobús
   — el Café de la Ópera
   — un estanco
   — el Cine «Céntrico»
2. Está en la plaza del Perú. Pregunte a su compañero por:
   — una farmacia
   — el Restaurante «El Siglo»
   — una estación de Metro
   — una cabina de teléfono
3. Explique a su compañero cómo ir.
4. Compare su plano con el de su compañero.

B

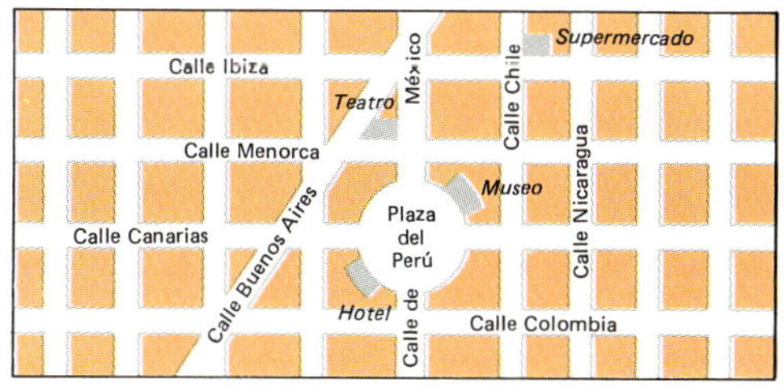

1. Marque en el plano:
   — una farmacia
   — el Restaurante «El Siglo»
   — una estación de Metro
   — una cabina de teléfono
2. Está en la plaza del Perú. Pregunte a su compañero por:
   — una parada de autobús
   — el Café de la Ópera
   — un estanco
   — el Cine «Céntrico»
3. Explique a su compañero cómo ir.
4. Compare su plano con el de su compañero.

11 „Blindekuh"

Zwei Freiwillige sollen mit verbundenen Augen und anhand mündlicher Anweisungen durch eine „Stadt" geführt werden. Während sie vor der Klassentür warten, bauen die anderen mit Tischen und Stühlen die „Stadt" auf. Dann werden die Freiwilligen von den anderen Kursteilnehmern „geführt":

Beispiel: Beate, gíra a la derecha. *oder:* Herr Müller, siga todo recto.

12 FÍJATE

¿Qué hora es?
(Es) La una en punto
¿Tiene hora?
Sí. Son las siete y diez.

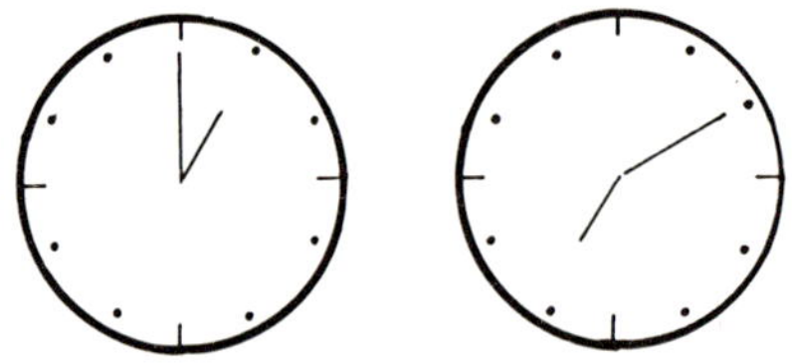

Las tres . . .

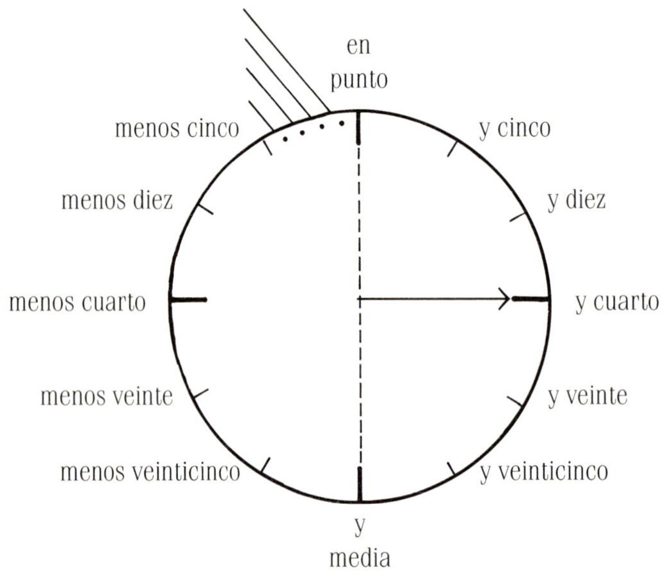

13 Tragen Sie die entsprechenden Buchstaben ein und ergänzen Sie die fehlenden Uhrzeiten:

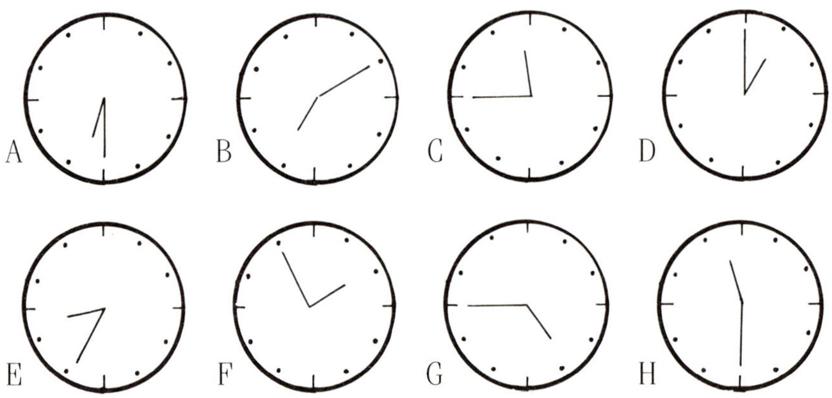

☐ la una en punto
☐ las nueve menos veinticinco
☐ las doce menos cuarto
☐ las seis y media
☐ las siete y diez
☐ ______________________
☐ ______________________
☐ ______________________

14 Unterstreichen Sie die Uhrzeit, die Sie hören.

a) 2.30 — 12.30
b) 8.15 — 8.40
c) 3.25 — 2.35
d) 6.10 — 5.50

15 Zu zweit. Sie sagen eine Uhrzeit. Ihr Partner vertauscht die Zeiger und nennt die Zeit, die sich dadurch ergibt.

16 **a)** Betrachten Sie zunächst das Kalenderblatt. Daneben finden Sie die Namen der Wochentage. Schreiben Sie diese in der richtigen Reihenfolge untereinander.

ABRIL

L	M	Mi	J	V	S	D
1	2	3	4	5	6	**7**
8	9	10	11	12	13	**14**
15	16	17	18	19	20	**21**
22	23	24	25	26	27	**28**
29	30					

jueves *martes* *viernes*
domingo *sábado* *lunes*
miércoles

____
____
____
____
____
____
____

¿Qué día es hoy?
(Hoy) Es lunes.

b) Hören Sie zu und sprechen Sie nach.

17 Hier sehen Sie ein Schild mit Öffnungszeiten. Beantworten Sie die folgenden Fragen.

¿A qué hora abre esta tienda por la mañana?
¿Y por la tarde?
¿A qué horas cierra?
¿Qué horario tiene los sábados?

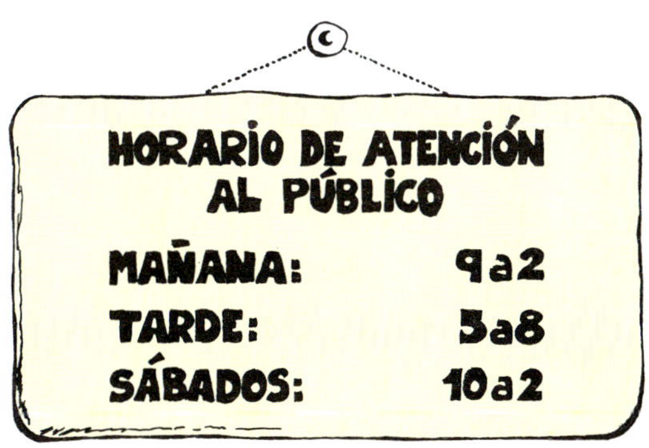

18 **a)** Lesen Sie den Text und füllen Sie die Tabelle aus.

Horarios públicos en España

Si quieres ir de compras, te conviene saber que la mayoría de las tiendas y supermercados abren todos los días, excepto los domingos. El horario normal es de 10 de la mañana a 2 de la tarde y desde las 5 hasta las 8 de la tarde. Sin embargo, algunos grandes almacenes tienen un horario continuo de 10 de la mañana a 9 de la noche y abren algunos domingos.

Al banco se puede ir de lunes a viernes entre las 8.30 de la mañana y las 2 de la tarde. Algunos también abren por la tarde, pero muy pocos. De octubre a mayo también están abiertos los sábados por la mañana, pero cierran una hora antes: a la una.

Si necesitas los servicios de algún centro oficial, también tienes que ir de 9 de la mañana a 2 de la tarde, y los fines de semana están cerrados.

	DE LUNES A VIERNES		FINES DE SEMANA	
	Abren	Cierran	Abren	Cierran
Tiendas				
Supermercados				
Grandes almacenes				
Bancos				
Centros oficiales				

b) ¿VERDADERO O FALSO? Richtig oder falsch?

	V	F
Los centros oficiales abren los sábados por la mañana.		
Los grandes almacenes están cerrados todos los domingos.		
Los martes, a las 8.45, los bancos están abiertos.		
Las tiendas cierran a la hora de la comida.		
Todos los supermercados están cerrados los domingos.		

c) Wo liegen die Unterschiede zu deutschen Öffnungszeiten?

Recuerda

COMUNICACIÓN

Wo geht's lang?

¿La calle Zurbano, por favor? — Es ésta.
¿Hay un banco por aquí? — No, no hay ninguno.
Sí, hay uno al final de esta calle, a la derecha.
Siga todo recto y coja la tercera a la izquierda.
Cruza la plaza y gira a la derecha.

Wie spät ist es?

¿Qué hora es? — Es la una. / Son las dos y media / las cuatro menos cuarto.

Wann machen sie auf?

¿A qué hora abren las tiendas por la tarde? — A las cinco.
¿A qué hora cierran? — A las ocho.
¿Qué horario tienen? — Abren por las mañanas de nueve a dos.

GRAMÁTICA

Der Imperativ (Singular)

	tomar	perdonar	cruzar	coger	seguir	oír
(tú)	toma	perdona	cruza	coge	sigue	oye
(usted)	tome	perdone	cruce	coja	siga	oiga

uno/una, ninguno/ninguna als Pronomen

¿Hay un banco cerca de aquí? — Sí, hay **uno** muy cerca de aquí. — No, no hay **ninguno**.
¿Hay una tienda cerca de aquí? — Sí, hay **una** en la calle Zurbano. — No, no hay **ninguna**.

Man verwendet *uno/una* und *ninguno/ninguna* als Pronomen, um in einer Antwort die Wiederholung eines Substantivs zu vermeiden.

Ortsangaben

Al final de la calle hay un banco. (am Ende von)
Enfrente del banco hay una tienda. (gegenüber von)

Zeitangaben

Las tiendas abren **a** las cinco. (um)
Las tiendas abren **de** cinco **a** ocho. (von ... bis)
También abren los sábados **por** la tarde. (am)

Während *a* einen genauen Zeitpunkt bezeichnet, steht *por* bei Tagesabschnitten bzw. Tageszeiten.

10 GUSTOS

1 Verstehen Sie diese Wörter und Ausdrücke? Fragen Sie notfalls andere Kursteilnehmer oder Ihren Kursleiter.

2 Sehen Sie sich die Zeichnungen an und lesen Sie die dazugehörigen Sätze.

Me gusta el fútbol.
Me gusta ir al cine.
Me gustan las motos.

Ne me gusta el tenis.
No me gusta ver la televisión.
No me gustan los ordenadores.

Warum heißt es manchmal *gusta* und manchmal *gustan*?

3 Kreuzen Sie an, was auf Sie persönlich zutrifft.

	ME GUSTA	ME GUSTAN	NO ME GUSTA	NO ME GUSTAN
los ordenadores				
el teatro				
ir a conciertos				
el tenis				
las motos				
bailar				

FÍJATE

MISMOS GUSTOS	GUSTOS DIFERENTES
 —Me gusta(n) —A mí también	 —Me gusta(n) —A mí no
 —No me gusta(n) —A mí tampoco	 —No me gusta(n) —A mí sí

4 **a)** Fragen Sie einen anderen Kursteilnehmer nach seinen Vorlieben und vergleichen Sie sie mit Ihren eigenen. Helfen Sie sich mit den Wörtern aus der Fotomontage der vorigen Seite (1).

—¿Te / Le gusta(n) . . . ?
—Sí, me gusta(n).
—A mí también.

b) Berichten Sie der Gruppe, was Ihr Gesprächspartner mag und was nicht. Fragen Sie noch einmal nach, falls Ihnen nicht mehr alles einfällt.

—A . . . (Peter / Anna) le gusta(n) . . . y . . . ,
pero no le gusta(n) ni . . . ni . . . .

5 Was gefällt Ihnen an Ihrem Spanischunterricht bzw. beim Spanischlernen und was nicht? Denken Sie in Dreiergruppen darüber nach, und nennen Sie je zwei Punkte.

Nos gusta(n) . . . y . . .
No nos gusta(n) . . . ni . . .

hablar · escuchar música · la gramática · leer · el profesor / la profesora · escribir · este libro · el horario · los deberes

10

6 Sehen Sie sich die Zeichnung an. Sie können die Meinungen nun ordnen, von „sehr" bis „überhaupt nicht".

¿Le/Te gusta ese cuadro?

1. Me encanta
2. ______________________________
3. ______________________________
4. ______________________________
5. ______________________________

Und wie gefällt Ihnen ganz persönlich dieses Gemälde?

7 Sie hören jetzt eine Reihe von Klängen und Musikstücken. Unterhalten Sie sich darüber, wie sie Ihnen gefallen.

8 **a)** Ergänzen Sie nun diese Sätze. Sie dürfen gern das Wörterbuch benutzen.

1. A mi compañero ______________________________
2. A mí ______________________________
3. A los hombres les encanta ______________________________
4. A las mujeres les ______________________________
5. A mi profesor ______________________________
6. A los estudiantes no ______________________________
7. ____________________ los estudiantes que no hablan español en clase.
8. ____________________ viajar fuera de mi país.

FÍJATE

(A mí)	me	gusta encanta	el cine jugar al fútbol
(A ti)	te		
(A él / a ella / a usted)	le		
(A nosotros / nosotras)	nos	gustan encantan	las motos
(A vosotros / vosotras)	os		
(A ellos / a ellas / a ustedes)	les		

b) Lesen Sie anderen Kursteilnehmern vor, was Sie geschrieben haben.
Gibt es Übereinstimmungen?

9 ¿VERDADERO O FALSO?
Richtig oder falsch? Hören Sie zu und kreuzen Sie an.

	V	F
A Carlos le gusta mucho el esquí.		
A María no le gusta nada el fútbol.		
A Carlos no le gusta leer.		
A los dos les encanta bailar.		
Carlos y María tienen los mismos gustos.		

10 Wie gut kennen Sie Ihren Nachbarn? Welche Vorlieben hat er wohl? Kreuzen Sie sie an.

	Le encanta(n)	Le gusta(n) mucho	Le gusta(n)	No le gusta(n)	No le gusta(n) nada
el fútbol					
ver la televisión					
cocinar					
las fiestas familiares					
la música clásica					
las excursiones al campo					
el tango					
leer					
las películas de ciencia-ficción					

Jetzt fragen Sie ihn. Hatten Sie ihn richtig eingeschätzt?

11 Was mögen Sie lieber? Und Ihr Partner? Suchen Sie jemanden, mit dem Sie bisher noch nicht oft gesprochen haben, und vergleichen Sie Ihre Vorlieben.

¿Qué te / le gusta más? Me gusta **más** ir al cine **que** ir al teatro.
Me gustan las dos cosas. / **No** me gusta **ninguna** de las dos cosas.
No me gusta **ni** el cine **ni** el teatro.

- ver videos | ir al cine
- pasear por el campo | pasear por la ciudad
- jugar al tenis | tocar la guitarra
- el día | la noche
- el tango | el flamenco
- la filosofía | la técnica
- viajar a países lejanos | viajar a países cercanos
- salir con amigos | quedarse en casa
- vivir en una gran ciudad | vivir en una ciudad pequeña
- ser alumno | ser profesor

12 CUESTIÓN DE LÓGICA — Logelei

Lesen Sie die Angaben und füllen Sie die Tabelle aus.

1. La enfermera vive en Barcelona.
2. Al abogado le gusta el esquí.
3. A Manolo le encanta el tenis.
4. Manolo no es abogado.
5. Javier vive en Valencia.
6. El que vive en Bilbao es periodista.
7. A Luisa le gusta mucho el fútbol.

NOMBRE	PROFESIÓN	CIUDAD	GUSTOS

Y ahora ...

13 Diese sechs Personen, drei Männer und drei Frauen, suchen Partner mit ähnlichen Freizeitinteressen. Wer paßt am besten zu wem? Bleibt jemand übrig? Wählen Sie eine Person aus, die Ihnen sympathisch ist, und schreiben Sie ihr.

1. Tengo 30 años, soy alto y rubio, serio, sincero y simpático. Estoy soltero, busco chica de 18 a 25 años, con iniciativa, soltera también. Soy abogado. Me gusta bailar, el deporte y salir por las noches. Escribe a Carlos, Apartado de Correos 65489.

2. Quisiera conocer a un hombre de 35 a 45 años, con situación económica estable. Soy algo bajita, morena y delgada. Tengo 32 años y una hija de cuatro. Me gustan los hombres serios e inteligentes. Mis aficiones son: el teatro, la música, bailar, el cine. Escribir a María. Correos 43456.

3. Tengo 18 años. Soy pelirrojo, alto y delgado. Me gusta muchísimo el deporte y busco chica de mi edad para jugar al tenis y al badminton los fines de semana. Escribe a Luis, Aptdo. de Correos 53241.

4. Señora de avanzada edad busca pareja de baile para un concurso en mayo en Barcelona, especialidad el vals y el chotis. Llame urgentemente a Manuela, tel. 7675741.

5. Soy una joven de 20 años, morena, delgada y alta. Soy muy activa. Me encantan todos los deportes. Estudio económicas. Me gusta mucho viajar, ir a conciertos, obras de teatro, el cine, fiestas. Mis hobbies son el tenis y escuchar música. Contactar por carta con Isabel, Correos 76901.

6. Deseo mantener correspondencia con una dama sincera, inteligente, romántica y culta. Soy chileno, tengo 45 años, soy arquitecto. Mis aficiones son: la lectura, la música, visitar museos y conciertos. Me gustan los niños. Escriba a Enrique, Correos 54678.

10 Recuerda

COMUNICACIÓN

Das gefällt mir!

Me gusta el tenis.
No me gustan las discotecas.
A Pepe le gusta mucho ver la tele(visión).
A Olga no le gusta nada el esquí.

A mí tambien. / A mí no.
A mí tampoco. / A mí sí.

A mí no me gusta ni el tenis ni el esquí.
A ella le gusta más el tenis que el esquí.

GRAMÁTICA

Die betonten und unbetonten indirekten Objektpronomen

betont	unbetont		
a **mí**	**me**	gusta el cine	(mir gefällt Kino)
a **ti**	**te**	gusta el cine	(dir gefällt Kino)
a **él** / a **ella** / a **usted**	**le**	gusta el cine	(ihm / ihr / Ihnen gefällt Kino)
a **nosotros** / a **nosotras**	**nos**	gusta el cine	(uns gefällt Kino)
a **vosotros** / a **vosotras**	**os**	gusta el cine	(euch gefällt Kino)
a **ellos** / a **ellas** / a **ustedes**	**les**	gusta el cine	(ihnen / Ihnen gefällt Kino)

Das indirekte Objektpronomen vertritt ein Dativobjekt (wem oder was?).
Das betonte Objektpronomen wird gebraucht, wenn die betreffende Person hervorgehoben werden soll: *A mí me gusta mucho el cine.* Mir gefällt Kino.
Zusätzlich zum betonten Objektpronomen oder zu einem Namen muß immer auch das unbetonte verwendet werden. *A Juana no le gusta el cine. A nosotros nos gusta el tenis.*

gusta / gustan

¿Te **gusta** esta discoteca?
¿Te **gustan** las discotecas?
Nos **gusta** la gramática.
Nos **gustan** las clases de español.

Der Vergleich: *más ... que*

Me gusta **más** Sevilla **que** Madrid.
Me gusta **más** bailar **que** ver la televisión.

Die Verneinung: *no ... ni ... ni ...*

A mí **no** me gusta **ni** el tenis **ni** el esquí.

Mit *no ... ni ... ni ...* können Sie das deutsche „weder ... noch ..." wiedergeben. Vergessen Sie das *no* vor dem Verb nicht!

REPASO 2

In diesem „Repaso“ sind die Arbeitsanweisungen zweisprachig: Spanisch und Deutsch – als Übergang zu rein spanischen Anweisungen in den nächsten Lektionen. Aber keine Angst: Sie sind nun so weit fortgeschritten, daß Sie damit zurechtkommen werden. Als „letzte Rettung“ gibt es ja auch noch das Glossar mit den Übersetzungen der wichtigsten einschlägigen Begriffe.
In den spanischen Arbeitsanweisungen werden Sie außerdem geduzt. Sehen Sie darin eine Annäherung an das „tú“, das in Spanien ganz allgemein, insbesondere aber unter Arbeitskollegen, Kursteilnehmern u. ä., stark verbreitet ist.

1 JUEGO DE FRASES

En grupos de cuatro. Juega con un dado y una ficha de color diferente a la de tus compañeros.
1. Por turnos. Tira el dado y avanza el número de casillas que indique.
2. Di una frase correcta con la(s) palabra(s) de la casilla donde estás.
3. Si tus compañeros dicen que está mal, retrocede a donde estabas.

Spielen Sie zu viert. Sie benötigen einen Würfel und vier Spielfiguren, für jeden Spieler in einer anderen Farbe.

1. *Sie würfeln reihum und rücken entsprechend der gewürfelten „Augen“ vor.*
2. *Bilden Sie jetzt einen Satz mit dem Wort oder Ausdruck in dem Feld.*
3. *Finden die anderen den Satz falsch, müssen Sie auf Ihr Ausgangsfeld zurück.*

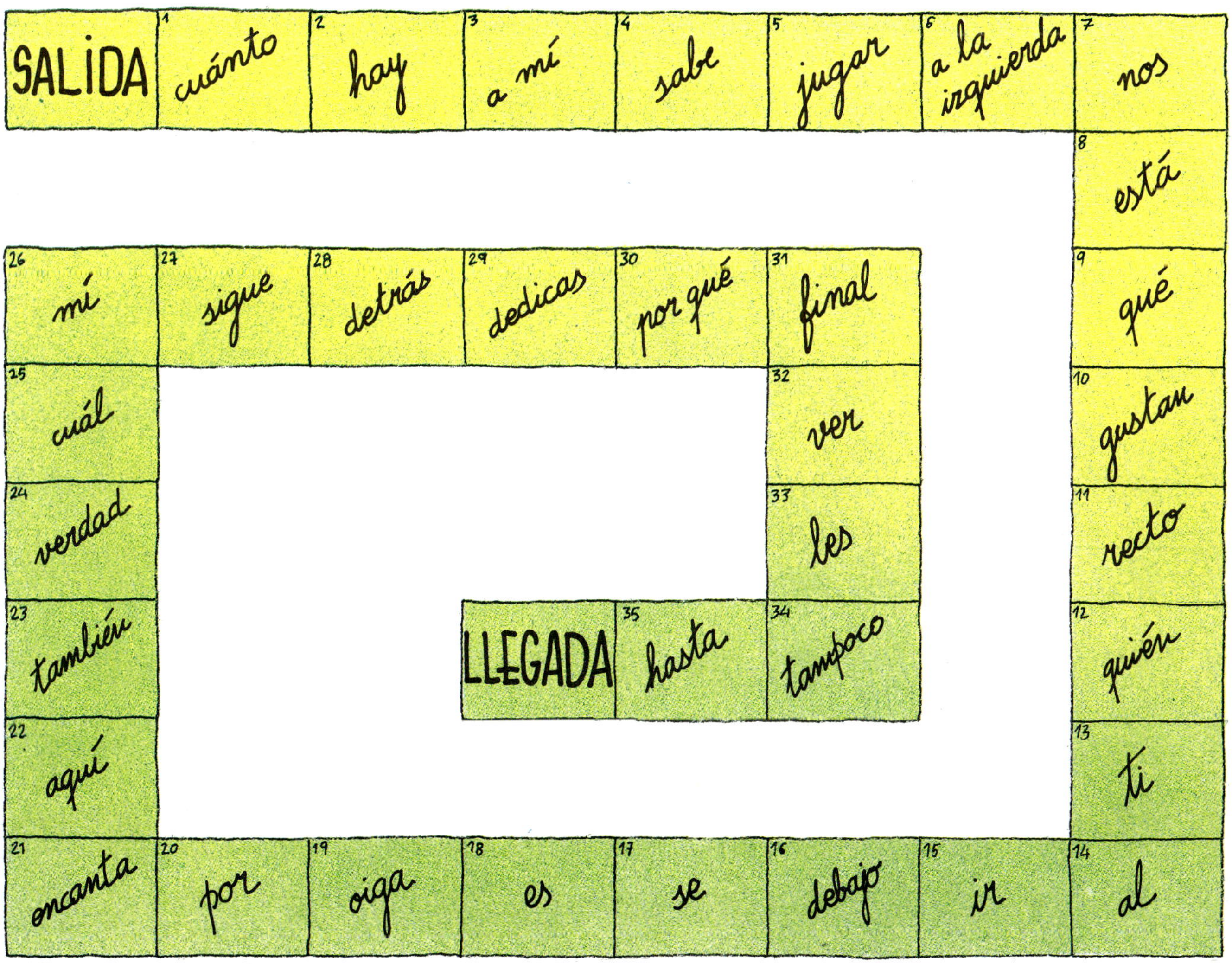

2 **a)** Escucha y haz una lista de los muebles que hay en la habitación de Alfonso.

Hören Sie zu und notieren Sie, welche Möbel in Alfonsos Zimmer stehen.

b) Escucha de nuevo y dibuja cada mueble (o escribe su nombre) en el lugar donde está.

Hören Sie noch einmal zu und zeichnen Sie die Möbelstücke (oder tragen Sie ihre Bezeichnung) in den Plan ein.

3 Dividíos en dos grupos. El profesor escribe algunos números en la pizarra; el grupo que dice antes el número gana un punto. Uno de los alumnos hace de árbitro, y el grupo con más puntos gana.

Sie bilden zwei Gruppen. Der Kursleiter schreibt nun Zahlen an die Tafel. Diese müssen laut gelesen werden, und zwar um die Wette: Wer eine Zahl als erster korrekt gesagt hat, darf für seine Gruppe einen Punkt notieren. Ein zuvor gewählter Schiedsrichter paßt auf. Die Gruppe mit den meisten Punkten gewinnt.

4 **a)** Quieres alquilar una habitación. Has comprado el periódico y aparece este anuncio. Léelo y marca verdadero o falso.

Sie wollen eine Wohnung mieten und haben in der Zeitung die folgende Anzeige gefunden. Kreuzen Sie an, was auf diese Wohnung zutrifft und was nicht.

ALQUILO

VILLALAR, C/, zona Retiro. Ático de tres habitaciones, a compartir con dos chicos, 50 m² de terraza, ascensor, teléfono, calefacción. 50.000 ptas./mes más gastos comunes. Tel. 419 93 12.

	V	F
1. Es un primer piso.		
2. Tiene tres habitaciones.		
3. Ahora sólo vive una persona en él.		
4. Es un piso de 50 metros cuadrados.		
5. No tiene ascensor.		
6. Cada persona paga 50.000 pesetas al mes.		

b) En parejas. Zu zweit.

A

Llamas por teléfono a ese piso:
Vas a ir a verlo a las seis de la tarde y preguntas
— la dirección exacta,
— cómo se va (estás en la esquina de las calles de Montalbán y Alfonso XII).
Marca el camino en el plano.

Sie sind an der Wohnung interessiert. Sie möchten sie am Nachmittag um 18 Uhr besichtigen. Deshalb rufen Sie an und erkundigen sich nach der genauen Adresse und dem Weg dorthin (Sie befinden sich an der Kreuzung Montalbán- und Alfonso XII.-Straße). Sie notieren den Weg auf dem Stadtplan.

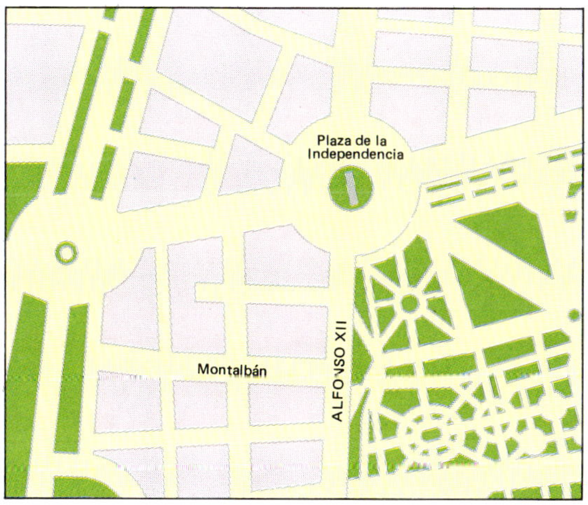

B

Eres el / la propietario / -a y vives en ese piso. A te llama por teléfono. Va a ir a verlo por la tarde.
Mira el plano y responde a sus preguntas sobre
— la dirección del piso,
— cómo se va desde la esquina de las calles de Montalbán y Alfonso XII.

Sie sind der / die Vermieter(in) und wohnen auch selbst in der Wohnung. A ruft Sie an, da er die Wohnung am Nachmittag besichtigen möchte. Schauen Sie auf den Stadtplan, sagen Sie ihm die Adresse und wie er hinkommt.

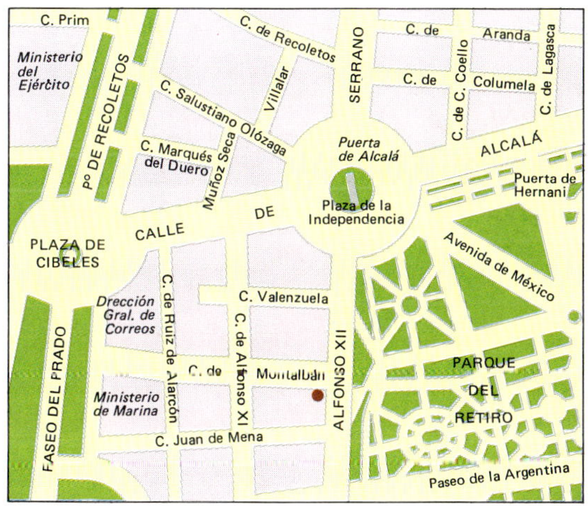

c)

A

El / La propietario / -a se interesa por tu situación personal.
Prepara unas respuestas y algunas preguntas sobre el piso.

*Der / Die Vermieter(in) wird Sie über Ihre Lebenssituation befragen.
Bereiten Sie Antworten vor, sowie einige Fragen über die Wohnung.*

B

Quieres saber quién es la persona que va a alquilar tu piso.
Prepara unas preguntas.

*Sie als Vermieter(in) möchten wissen, mit wem Sie Ihre Wohnung teilen werden.
Sie überlegen sich einige Fragen.*

d) A y B dialogan ahora sobre la persona de A y sobre el piso. ¿Se ponen de acuerdo?

A und B unterhalten sich nun über A und die Wohnung. Werden sie sich einig?

5 ¿VERDADERO O FALSO? Marca lo que crees en la columna «Antes de leer».

Richtig oder falsch? Kreuzen Sie in der linken Spalte an, was Ihrer Meinung nach zutrifft.

ANTES DE LEER
Bevor Sie den Text lesen

DESPUÉS DE LEER
Nach dem Lesen

V	F		V	F
		Sevilla está en el centro de España.		
		Está a unos 500 kilómetros de Madrid.		
		Por Sevilla pasa un río.		
		Tiene un millón de habitantes aproximadamente.		
		En muchas casas del centro de Sevilla sólo vive una familia.		

b) Ahora lee estos dos párrafos de un folleto turístico y marca en la columna «Después de leer». Compara tus respuestas con las anteriores.

Lesen Sie jetzt den Text und kreuzen Sie in der rechten Spalte an, was zutrifft.
Vergleichen Sie dies dann mit Ihren ersten Antworten.

Sevilla, la ciudad más importante de Andalucía, se halla situada al sur de Madrid, a 542 kilómetros por carretera. Por ella pasa el río Guadalquivir, al que los romanos llamaron Betis. Es puerto fluvial y escala de muchas compañías de navegación españolas y extranjeras. También está excelentemente comunicada por tierra y aire. Desde el aeropuerto (San Pablo) hay vuelos directos a Alicante, Barcelona, Bilbao, Canarias, Madrid, Málaga, Palma de Mallorca, Santiago de Compostela y Valencia.

La estructura urbana de Sevilla, cuya población supera los 600.000 habitantes, fue construida en la Edad Media pensando en cómo evitar el calor del verano. Por eso tiene tantas calles estrechas, pasajes y plazas pequeñas. Las casas, en gran parte habitadas por una sola familia, suelen ser blancas, con flores en las ventanas, y muchas de ellas tienen un patio, herencia a la vez romana y oriental.

1 a) Son las ocho de la mañana de un día normal en el número seis de la calle Rosaleda.

b) Una persona de esta casa habla de su vida diaria. Subraya sus actividades.

«Todos los días me despierto, me levanto a las tres de la tarde y como a las cuatro, más o menos. Me ducho y me visto. Luego paso la tarde leyendo novelas policíacas o voy al cine. Ceno sobre las diez de la noche y empiezo a trabajar a las once. Me encantan la noche y mi trabajo. Termino de trabajar a las seis y media de la mañana y vuelvo a casa un cuarto de hora más tarde. Desayuno a las siete, leo el periódico y siempre me acuesto a las ocho.»

c) ¿Sabes quién habla?

2 Y tú, ¿a qué hora haces esas cosas normalmente? Escríbelo.

Me levanto a las . . .

3 Este señor habla de un día normal de trabajo. Escucha y repite si haces las mismas cosas a las mismas horas; en caso contrario no digas nada.

4 Escribe en el recuadro las formas verbales del presente de indicativo que faltan.

PRESENTE (SINGULAR)

-AR	desayunar	terminar	empezar	acostarse
yo	desayuno		empiezo	me acuesto
tú		terminas	empiezas	
él / ella / usted				

-ER	leer	comer	volver	hacer
yo	leo		vuelvo	hago
tú		comes		haces
él / ella / usted			vuelve	

-IR	vivir	salir
yo	vivo	salgo
tú		sales
él / ella / usted	vive	

	ir
yo	
tú	vas
él / ella / usted	va

FÍJATE

volver; acostarse	(o > ue):	vuelvo, vuelves; me acuesto, te acuestas
empezar	(e > ie):	empiezo, empiezas
vestirse	(e > i):	me visto, te vistes
hacer; salir	(> g):	hago, haces; salgo, sales

5 **a)** En grupos de cuatro: Escribe tu horario personal en la primera columna.
Luego habla con tus compañeros y completa el recuadro.

	Tú	Compañero A	Compañero B	Compañero C
Levantarse				
Desayunar				
Empezar a trabajar / las clases				
Comer				
Terminar de trabajar / las clases				
Volver a casa				
Cenar				
Acostarse				

FÍJATE

¿A qué hora te levantas normalmente?

A las siete en punto.
(Punkt sieben.)

Sobre las siete.
A eso de las siete. (Gegen sieben.)
A las siete, más o menos. (Ungefähr um sieben.)

b) Con la información del recuadro, responde a estas preguntas.

¿Quién de vosotros se levanta antes?
¿Quién se acuesta más tarde?
¿Quién come antes?
¿Quién cena más tarde?
¿Quién vuelve a casa más tarde?

6 **a)** Escucha la conversación de Eduardo con una amiga sobre su tía y escribe una lista de las horas.

b) ¿Qué hace la tía a cada una de esas horas? Escucha de nuevo y escríbelo.

7 **a)** En grupos. ¿Qué hacen en un día normal los otros vecinos de la calle Rosaleda? ¿Qué creéis? Eligid dos de ellos y decidid que hace cada uno.

Ejemplo: Yo creo que el señor del primer piso a la izquierda no trabaja.
Se levanta a ...

b) En parejas: ¿Están de acuerdo tus compañeros?

8 **a)** Observa el dibujo y lee el texto. Tu profesor te da la información que falta.

Se llama (1) ______________ y vive en (2) __________ con (3) ______________. Todos los días se levanta a las (4) ______________ y desayuna en casa. Luego va a trabajar. Es (5) ______________. Por las mañanas trabaja en (6) ______________. Por las tardes (7) ______________. Vuelve a casa a las (8) ________, cena con (9) ______________ y se acuesta a las (10) ________.

b) Escribe las preguntas correspondientes al texto 8a y compruébalas con tu compañero.

1. *¿Cómo se llama?*
2. ______________
3. ______________
4. ______________
5. ______________
6. ______________
7. ______________
8. ______________
9. ______________
10. ______________

FÍJATE

¿Cuándo?	
regelmäßig	**an einem bestimmten Tag**
por las mañanas (jeden Morgen)	por la mañana (am Morgen)
por las tardes (jeden Nachmittag)	por la tarde (am Nachmittag)
todos los días (jeden Tag)	todo el día (den ganzen Tag)

9 En grupos de tres. Cada alumno escoge uno de estos personajes y piensa qué hace todos los días y a qué hora. Los demás adivinan quién es.

Ejemplo: Se levanta a ...
— Ya sé. Es ... / Creo que es ... / No sé quién es.

Y ahora ...

10 **a)** ¿Conoces este chiste?

Forges: *El Mundo*, 26-3-91.

b) En parejas. Responded a estas preguntas.

1. ¿Dónde trabaja el señor del chiste?
2. ¿Qué profesión tiene?
3. ¿Qué hora crees que es? ¿Por qué?
4. ¿Es normal tener una clase de yoga en el trabajo?
5. ¿Qué problema plantea el autor del chiste?

c) Comenta tus respuestas con la clase.

11 HORARIOS EUROPEOS

a) ¿Verdadero o falso?

	V	F
En España se come sobre las 12.00.		
Los ingleses almuerzan a las 13.00.		
Los griegos duermen una siesta por las tardes.		
Los alemanes terminan de trabajar sobre las 5.00.		
Los griegos trabajan sólo por las tardes.		
Todos los países europeos tienen el mismo horario laboral.		

b) Lee el texto y comprueba las respuestas anteriores.

SOMOS INCOMPATIBLES

Muchos expertos en economía se preguntan si Europa puede tener un mercado unitario antes de llegar a una unificación en horarios de comidas y de entrada a las oficinas entre los distintos países. El problema es enorme: mientras los españoles comen alrededor de las dos y media, los ingleses almuerzan a la una y los alemanes a las doce. Si un hombre de negocios, por ejemplo, quiere contactar con sus colegas de otros países para llegar a un acuerdo, debe conocer su horario.

El problema no termina aquí, ya que en los países mediterráneos se tiene la «buena costumbre» de tomarse después de comer una hora o algo más para hacer una pequeña siesta. Si un griego, que termina la siesta a las cinco, quiere ponerse en contacto con un alemán, que termina su horario laboral a esa misma hora, tienen que hablar por teléfono por la mañana. Si no, no hay negocios. Por eso, según los expertos, es necesario buscar un acuerdo europeo para la unificación de los horarios y las formas de vida de los distintos países, antes de llegar a un acuerdo económico.

(adaptado de *Actualidad económica*; Madrid / Barcelona, 26 de junio de 1988)

c) ¿Estás de acuerdo con la opinión del autor?

Recuerda

COMUNICACIÓN

Was machen Sie immer so?

¿A qué hora te levantas normalmente? — Normalmente me levanto a las ocho.
¿Comes en casa todos los días? — No, como en el trabajo.
¿Qué hace por las tardes? — Voy (todas las tardes) a clase de música.

Ich glaube, daß Eduardo...

¿Qué crees que hace Eduardo por las tardes? — Creo que trabaja.

GRAMÁTICA

Das Präsens (Singular)

Unregelmäßige Verben

	ir	salir
(yo)	voy	salgo
(tú)	vas	sales
(él/ella/usted)	va	sale

Verben mit Stammveränderung

	e → ie empezar	o → ue volver
(yo)	empiezo	vuelvo
(tú)	empiezas	vuelves
(él/ella/usted)	empieza	vuelve

Reflexive Verben

	levantarse	despertarse	vestirse
(yo)	me levanto	me despierto	me visto
(tú)	te levantas	te despiertas	te vistes
(él/ella/usted)	se levanta	se despierta	se viste

Die Singularformen der reflexiven Verben sind Ihnen bereits in Lektion 1 begegnet: *me llamo*.
Auch unter den reflexiven Verben gibt es solche mit Stammveränderung, wie z.B. *despertarse* (e → ie) oder *vestirse* (e → i).

Zeitangaben

¿Quién de vosotros se levanta **antes**?	(früher, zuerst)
Siempre desayuno **antes de** salir de casa	(bevor)
Eduardo se levanta **más tarde** que yo.	(später)
Por la mañana / Por las mañanas como a las siete.	(morgens)
Todos los días me levanto a las siete.	(jeden Tag)
Todo el día trabajo en la oficina.	(den ganzen Tag)
Me levanto **sobre** las siete.	(ungefähr um)

(Vgl. auch die Präpositionen der Zeit *a*, *de* und *por* in Lektion 9.)

12 EL FIN DE SEMANA

1 **a)** ¿Conoces estas palabras y expresiones? ¿Cuál de estas actividades corresponde a un dibujo?

ir de compras — ir a conciertos — lavar ropa — hacer la limpieza — pasear
montar en bicicleta — cocinar — ir al campo — esquiar — comer / cenar fuera
hacer deporte — hacer la compra — ir de copas — ver exposiciones

______________ ______________ ______________

______________ ______________ ______________

b) ¿Te gustan estas actividades? ¿Y a tu compañero? Coméntalo con él.

—A mí no me gusta ir de compras, ¿y a ti?

—A mí | tampoco.
sí.
me gusta mucho.
me encanta.

2 **a)** Escucha estas palabras y escríbelas en la columna correspondiente.

ai	ei
bailar	veinte

b) Escucha y comprueba.

c) Escucha y repite.

3 ¿QUÉ HACEMOS LOS FINES DE SEMANA?

a) Estas personas nos hablan de lo que hacen los fines de semana: ¿Qué actividades del recuadro 1a) mencionan?

Maite Larrauri y Juan Pozas, enfermera y arquitecto. Casados, 28 y 32 años.

«Los sábados nos levantamos tarde. Por la mañana hacemos la limpieza y la compra. Por la tarde leemos un poco o escuchamos música y por la noche cenamos fuera, vamos al cine o a algún concierto ... y luego de copas. Los domingos por la mañana normalmente vamos a ver alguna exposición y a veces comemos con la familia. Luego pasamos la tarde en casa y nos acostamos pronto.»

Concha Plaza, médica, divorciada. 51 años.

«Pues yo voy al campo muchos fines de semana. Los sábados que estoy en Madrid me levanto a la hora de todos los días y a veces voy de compras. Por la tarde siempre salgo con algún amigo y vamos al cine, al teatro, a bailar ... Los domingos son mucho más tranquilos: me gusta comer en casa y por la tarde no salgo. Es cuando realmente descanso.»

b) Dos fines de semana diferentes. ¿Cuál te gusta más?

4 Completa este esquema gramatical. Puedes consultar el texto de la actividad anterior.

PRESENTE (PLURAL)

-AR	cenar	levantarse	acostarse	empezar
nosotros / nosotras	cenamos	nos levantamos		
vosotros / vosotras	cenáis	os	os acostáis	empezáis
ellos / ellas / ustedes	cenan	se	se acuestan	empiezan

-ER	hacer	comer	leer	
nosotros / nosotras	hacemos		leemos	
vosotros / vosotras	hacéis	coméis		volvéis
ellos / ellas / ustedes				vuelven

-IR	vivir	salir
nosotros / nosotras	vivimos	
vosotros / vosotras		
ellos / ellas / ustedes	viven	

	ir
nosotros / nosotras	
vosotros / vosotras	vais
ellos / ellas / ustedes	van

5 **a)** ¿Qué expresiones de frecuencia aparecen en los textos de la actividad 3? Escríbelas.

b) ¿Qué haces los fines de semana, los sábados por ejemplo? Escríbelo.

Siempre ____________________

Normalmente ____________________

____________________ a menudo.

A veces ____________________

No ______ nunca ______________

FÍJATE

+ siempre
normalmente
casi siempre
a menudo
a veces
los sábados
casi nunca
– nunca

6 **a)** Sara y Alfonso hablan sobre lo que hacen con sus parejas los fines de semana. A Sara y a su marido les gusta mucho el campo; a Alfonso y a su mujer, la ciudad. Escucha y marca con una cruz en el recuadro quién hace qué:

	SARA Y SU MARIDO	ALFONSO Y SU MUJER
dar un paseo		
ir al campo		
trabajar en el jardín		
ir al cine		
salir		
ir al teatro		
hacer la limpieza		
montar en bici		
ir a conciertos		

b) Escucha y comprueba.

7 En parejas. Imaginad que vivís juntos. Escribid cinco cosas que hacéis juntos y tres que hacéis por separado los fines de semana.

Ejemplo: A veces vamos juntos al cine. Nunca cenamos fuera.

8 **a)** Pregunta a las demás personas de la clase y márcalo.

—¿Te acuestas siempre tarde?

— Sí. / No. ¿Y tú?

—Yo también. / no. / tampoco. / sí.

b) ¿VERDADERO O FALSO?

	V	F
1. Dos personas de esta clase se acuestan siempre tarde.		
2. Uno de vosotros no ve nunca la televisión.		
3. Todos vais al cine a menudo.		
4. Tres personas de esta clase no hacen nunca los deberes.		

12
Y ahora . . .

9 Lee este artículo y responde a las preguntas.

> **LOS ESPAÑOLES, LOS SEGUNDOS «TELEADICTOS» DE LA CE**
>
> Según los resultados de un informe elaborado por el Centro Italiano de Estudios de Tendencias Sociales, los españoles somos los segundos «teledependientes» de la Comunidad Europea (CE). Consumimos un total de 207 minutos diarios frente al televisor. Con estos datos podemos afirmar que la televisión o «caja tonta», como la llamamos muchos españoles, es uno de nuestros pasatiempos preferidos, o, incluso, uno de nuestros vicios secretos. Pero lo más preocupante de estas cifras es que el telespectador más adicto es el público infantil.
>
> Los españoles somos superados en la adicción televisiva sólo por los británicos, con 228 minutos diarios, y nos siguen los franceses (178), los irlandeses (145), los holandeses (140), los alemanes (137), los belgas (132), los italianos (129) y los daneses (113).
>
> (*El Independiente,* 8-12-90. Adaptado.)

a) ¿Qué es la CE?

b) ¿Cuántos minutos diarios ven los españoles la televisión?

c) ¿En qué país de la CE se ve más la televisión?

d) ¿Qué personas ven más la televisión en España?

e) ¿De qué dos formas llaman en este artículo a las personas que ven mucho la televisión?

f) ¿Cómo llaman muchos españoles a la televisión?

10 Y a ti, ¿te gusta la televisión?

—¿Qué personas crees que ven más la televisión?

—Y tú, ¿ves mucho la televisión? ¿Cuántas horas al día?

—¿La ves los fines de semana?

—¿Qué tipo de programas te gustan?

Coméntalo con tu compañero.

11 En parejas. Buscad los aspectos positivos y negativos que tiene la televisión.

12 **a)** Ellos también ven la televisión. Coméntalo con tu compañero.

Estilo, 4-11-90.

b) En parejas. Intentad dibujar otro chiste sobre la televisión.

Recuerda

COMUNICACIÓN

Endlich Wochenende!

¿Qué hacéis los fines de semana? — Normalmente nos levantamos tarde y luego hacemos las compras.
¿Y ellos qué hacen? — Ellos salen todos los sábados por la tarde.
¿Y ustedes? ¿Cenan fuera? — No, nunca cenamos fuera.

Jetzt oder nie!

¿Os levantáis siempre tarde? — Sí, casi siempre.
¿Vas a menudo al cine? — Normalmente voy todos los sábados.
¿No ves nunca la televisión? — No, nunca la veo.

GRAMÁTICA

Das Präsens (Singular und Plural)

Unregelmäßige Verben

	ir	salir
(yo)	voy	salgo
(tú)	vas	sales
(él/ella/usted)	va	sale
(nosotros/-as)	vamos	salimos
(vosotros/-as)	váis	salís
(ellos/ellas/ustedes)	van	salen

Verben mit Stammveränderung

e → ie	o → ue
empezar	volver
empiezo	vuelvo
empiezas	vuelves
empieza	vuelve
empezamos	volvemos
empezáis	volvéis
empiezan	vuelven

Sie haben bereits in Lektion 5 gelernt, daß Verben mit Stammveränderung in der 1. und 2. Person Plural den Stamm nicht verändern.

Reflexive Verben (Singular und Plural)

	levantarse	despertarse	vestirse
(yo)	me levanto	me despierto	me visto
(tú)	te levantas	te despiertas	te vistes
(él/ella/usted)	se levanta	se despierta	se viste
(nosotros/-as)	nos levantamos	nos despertamos	nos vestimos
(vosotros/-as)	os levantáis	os despertáis	os vestís
(ellos/ellas/ustedes)	se levantan	se despiertan	se visten

Die Reflexivpronomen

me	(mich)	nos	(uns)
te	(dich)	os	(euch)
se	(sich)	se	(sich)

Die Verneinung: *no ... nunca*

No veo **nunca** la televisión.
Nunca veo la televisión.

No ... nunca umschließt das Verb; *no* muß immer vor dem Verb stehen. Wenn *nunca* betont werden soll, stellt man es an den Satzanfang und läßt vor dem Verb das *no* weg.

Häufigkeitsangaben

Siempre voy a clase. (immer)
Paco va a clase **casi siempre**. (fast immer)
Normalmente me levanto a las ocho. (normalerweise)
Salgo a pasear **a menudo**. (häufig)
Los lunes voy a clase de español. (montags)
A veces duermo hasta las diez. (manchmal)
Casi nunca veo la televisión. (fast nie)
No llego **nunca** tarde. (nie)

1 **a)** ¿Conoces estas profesiones y actividades? Pregunta al profesor lo que significan las que no conoces.

taxista	fotógrafo	corta el pelo	toca la guitarra
hace fotos	profesora	conduce un taxi	azafata
da clases	atiende a los pasajeros	músico	peluquero

b) Completa estas frases con las expresiones del recuadro anterior.

Tomás es *músico. Toca la guitarra* en un grupo de rock.

Olga es ____________ . ____________ por Madrid.

Margarita es ____________ . ____________ de Matemáticas en un Instituto.

Elisa es ____________ . ____________ de un avión.

Nacho es ____________ . ____________ para revistas de moda.

Jaime es ____________ . ____________ en una peluquería unisex.

2 ¿QUÉ PROFESIÓN TIENES?

¿Cuáles son las actividades típicas de tu trabajo? Explica a tus compañeros lo que haces en tu trabajo. Aquí tienes algunas expresiones útiles:

arreglar aparatos	vender productos	atender a los clientes	
viajar al extranjero	cuidar niños	dar consejos	limpiar la casa
atender a los pacientes	cocinar	ordenar documentos	
hablar por teléfono	mandar fax	escribir cartas	escribir en el ordenador

3 a) ¿Qué medios de transporte utilizas en tu pueblo o en tu ciudad?

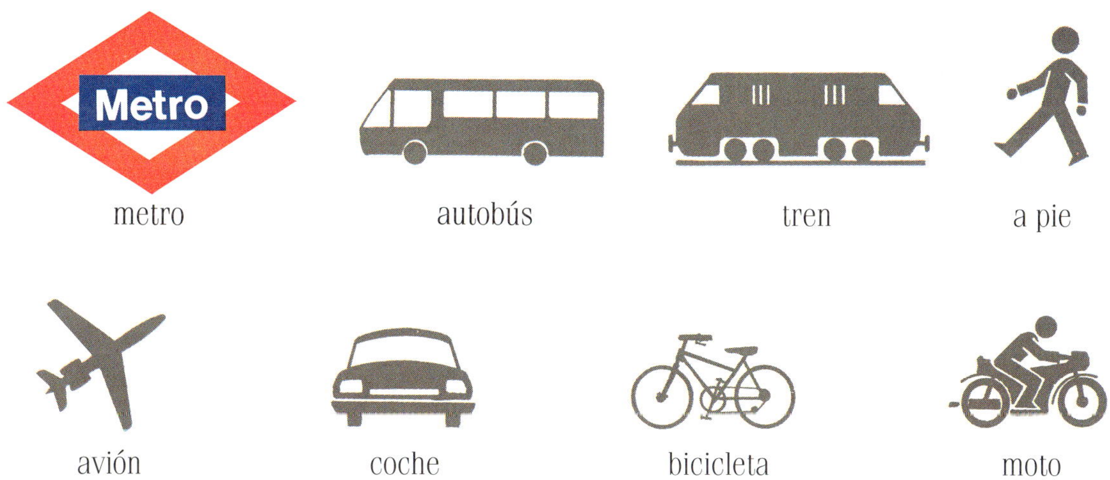

FÍJATE

<table>
<tr><td rowspan="2">ir
venir</td><td>en</td><td>coche
autobús
tranvía
Metro
moto
tren
taxi
bicicleta
avión</td></tr>
<tr><td colspan="2">andando
a pie</td></tr>
</table>

b) Escucha y lee.

—¿Cómo vas al trabajo?
—En coche.
—¿Cuánto tardas en llegar?
—Unos veinte minutos. Y tú, ¿cómo vienes a clase?
—Andando.
—¿Y cuánto tardas?
—Diez minutos.

c) Escucha y repite.

d) Y tú, ¿cómo vas al trabajo? ¿Por qué? ¿Cómo vienes al curso de español?

4 Habla con tus compañeros y descubre:

- Cuál es el medio de transporte más usado por la clase.
- Quién tarda menos en llegar a clase.
- Quién tarda más.

5 Ordena, de más a menos, estas expresiones de frecuencia:

una vez al día
muchas veces al día
tres veces al mes
una vez cada tres días
cuatro o cinco veces al año
una vez a la / por semana

1. *muchas veces al día*
2. ______________________
3. ______________________
4. ______________________
5. ______________________
6. ______________________

6 Infórmate sobre las actividades de tus compañeros y escribe en cada caso el nombre de uno de ellos:

¿Quién ...	NOMBRE
... coge el tren una vez a la semana?	
... estudia dos horas al día en casa?	
... tiene tres meses de vacaciones al año?	
... trabaja cuarenta horas a la semana?	
... coge el metro una vez cada dos días?	
... tiene un día libre por semana?	
... viaja en avión una vez cada tres o cuatro meses?	

—¿Cuántas veces coges el tren a la semana?
—¿Cuántas horas al día estudias en casa?

Algunas diferencias de léxico:

España	*Latinoamérica*
el autobús	el camión (México)
	la guagua (Cuba, Venezuela, Puerto Rico)
	el colectivo (Argentina)
	la góndola (Perú)
el coche	el carro (Colombia, Venezuela, Perú ...)
el metro	el subte, el subterráneo (Argentina)
el tranvía	el carro

Sobre todo en Argentina, no se puede usar la forma «coger», sino «tomar, agarrar»:

coger el tren, el autobús ... (España)

tomar el subte, el carro ... (Latinoamérica)

7 **a)** ¿Con qué frecuencia haces estas cosas en tu trabajo? Escríbelo en la columna correspondiente.

	TÚ	TU COMPAÑERO
Ir al extranjero		
Hablar con tu jefe		
Comer con clientes		
Hablar por teléfono		
Llegar tarde		

b) Ahora pregúntale a tu compañero y anota sus respuestas.

—¿Vas al extranjero a menudo?

Sí. (Una vez a la semana.)
(Dos veces al mes.)

Bastante. (Una vez al mes.)
(Una vez cada dos meses.)

Voy poco. (Una vez cada tres meses.)
(Dos veces al año.)

No, no voy nunca.

c) Comparad vuestras respuestas.

8 Olga y Nacho hablan de su trabajo. Lee lo que dicen:

9 **a)** Piensa en lo que más y en lo que menos te gusta de . . .

- tu piso
- tu pueblo o tu ciudad
- tu trabajo
- tus colegas
- el español
- el centro donde estudias
- la clase de español

b) Coméntalo con tus compañeros.

10 **a)** Relaciona preguntas y respuestas (sólo hay una posibilidad para cada caso).

—¿Trabajas los fines de semana?	—Un mes.
—¿Qué horario tienes?	—Ocho.
—¿Cuántas horas trabajas al día?	—El sueldo. No gano mucho.
—¿Cuántas vacaciones tienes al año?	—Que puedo conocer a mucha gente.
—¿Te gusta tu trabajo?	—Sí, los sábados por la mañana.
—¿Qué es lo que más te gusta de tu trabajo?	—De 9 a 2 y de 3 a 6.
—¿Qué es lo que menos te gusta de tu trabajo?	—Sí, me encanta.

b) Escucha y comprueba.

11 ONDA LIBRE hace una encuesta.
Escucha esta entrevista y completa el recuadro.

Profesión	
Horas de trabajo al día	
Días libres	
Vacaciones	
Lo que más le gusta de su trabajo	
¿Está contento con su trabajo?	

12 En parejas.

a) Preparad una encuesta sobre las condiciones de trabajo: ¿Qué vais a preguntar? Considerad estos aspectos:

Profesión — *¿A qué se dedica?*
Número de horas de trabajo a la semana
Horario
Días libres
Vacaciones
Lo que más le gusta
Lo que menos le gusta
¿Está contento con su trabajo?

b) ¿Cómo vas a responder a esas preguntas? (Si no tienes trabajo, elige uno e imagínate las condiciones.)

c) ¡Comienza la encuesta!

(A es el encuestador; B es el encuestado.)

¿Cómo empezar la encuesta ... ? — Soy de Radio ... y hago una encuesta sobre las condiciones de trabajo.
¿Puede contestar a unas preguntas?

¿Cómo terminar ... ? — Bien, muchas gracias por su colaboración.

Y ahora . . .

13 **a)** Lee este cuestionario y pregunta al profesor las palabras que no entiendes.

TU TRABAJO Y TÚ		
1. ¿Te gusta tu trabajo?		
a) Me encanta. ☐	b) Sí. ☐	c) No. ☐
2. ¿Cuántas horas trabajas al día?		
a) Menos de ocho. ☐	b) Ocho. ☐	c) Más de ocho. ☐
3. ¿Estás satisfecho con lo que haces en tu trabajo?		
a) Mucho. ☐	b) Sí. ☐	c) No. ☐
4. ¿Te sientes relajado/-a en él?		
a) Siempre. ☐	b) A veces no. ☐	c) Normalmente no. ☐
5. ¿Tienes buenas relaciones con tus compañeros?		
a) Excelentes. ☐	b) Normales. ☐	c) Malas. ☐
6. ¿Te llevas trabajo a casa?		
a) Casi nunca. ☐	b) A veces. ☐	c) A menudo. ☐
7. ¿Piensas mucho en tu trabajo cuando no estás en él?		
a) Muy poco. ☐	b) Ni mucho ni poco. ☐	c) Sí, mucho. ☐
8. ¿Piensas en tu trabajo cuando estás en la cama?		
a) Casi nunca. ☐	b) A veces. ☐	c) A menudo. ☐
9. ¿Fumas cuando trabajas?		
a) No. ☐	b) Un poco más que cuando no trabajo. ☐	c) A menudo. ☐
10. ¿Cuántas horas duermes al día?		
a) Ocho o más. ☐	b) Entre seis y ocho. ☐	c) Menos de seis. ☐

b) Ahora responde al cuestionario.

c) Averigua el resultado.

Puntuación:
a) = 2 puntos
b) = 1 punto
c) = 0 puntos

Interpretación:
0 – 8 puntos: ¡Cambia de trabajo inmediatamente!
9 – 14 puntos: No estás mal en tu trabajo.
15 – 20 puntos: ¡Enhorabuena! Estás muy bien en tu trabajo.

Recuerda

COMUNICACIÓN

Wie sieht Ihre Arbeit aus?

¿Qué haces en tu trabajo? — Atiendo a los clientes.
¿Cuántas horas trabajas al día? — Seis normalmente.
¿Qué horario tienes? — De nueve a tres.
¿Qué es lo que más le gusta en su trabajo? — Que gano mucho.
¿Habla por teléfono a menudo? — Sí, varias veces al día.
No, hablo muy poco por teléfono.
Una vez cada tres o cuatro días.
¿Cómo viene al trabajo? — En autobús o a pie.

Warum? – Darum!

¿Por qué no te gusta ir en metro? — ¡Porque prefiero ir en mi bicicleta!

GRAMÁTICA

venir (Präsens)

vengo
vienes
viene
venimos
venís
vienen

Mengenangaben

Pedro juega **mucho** al fútbol. (viel)
Marisol estudia **bastante**. (ziemlich viel)
Pero gana **poco**. (wenig)
A Juana **no** le gusta **nada**. (nichts)

Zeitangaben

Trabajo **de** ocho **a** tres. (von … bis)
Trabajo **desde** las ocho **hasta** las tres. (von … bis)
Coge el tren una vez **a** la semana. (pro)
Cenamos fuera una vez **por** semana. (pro)

De … a und *desde … hasta* sind fast gleichbedeutend. Dennoch steht *de … a …* im Sprachgebrauch für ungefähre Zeiten, *desde … hasta …* – mit Artikel! – dagegen für genaue Zeitangaben. Vergleichen Sie mit den Präpositionen in Lektion 9!

Häufigkeitsangaben

una vez al día (einmal am Tag)
dos veces por semana (zweimal pro Woche)
una vez cada tres días (alle drei Tage)

Das Fragewort *¿por qué?*

–¿**Por qué** no utiliza el autobús para ir al trabajo?
–**Porque** me gusta más ir en coche.

14 HA SIDO UN DÍA NORMAL

1 **a)** Lee el siguiente texto. ¿Dónde puedes encontrarlo?

en una agenda *en un periódico* *en una carta comercial* *en una revista*
en un diario *en un cartel* *en un folleto publicitario*

Hoy ha sido un día normal. Me he levantado a la hora de todos los días, pero he perdido el autobús, así que he llegado tarde a clase de Historia Contemporánea. Una pena, porque es una asignatura que realmente me interesa. Luego he tenido otras tres clases, muy aburridas todas. Tampoco he recibido hoy la carta de Marta. La verdad es que Correos funciona cada día peor. Por la tarde he estudiado poquísimo porque he ido al cine con Pepe. Hemos visto una película horrible –no quiero ni mencionar su título–; nos hemos tomado unas cañas y he vuelto a casa a las diez. Luego le he escrito a Marta. ¡Qué ganas tengo de verla!

b) Escribe cinco o seis cosas que ha hecho hoy esta persona.

Se ha levantado a la hora de todos los días.

____

____

____

____

____

____

FÍJATE

(yo)	he	estudiado
(tú)	has	tenido . . .
(él / ella / usted)	ha	salido
(nosotros)	hemos	
(vosotros)	habéis	
(ellos / ellas / ustedes)	han	

c) Lee de nuevo el texto de la actividad 1 y completa este recuadro.

	-AR	-ER	-IR
INFINITIVO	levantar llegar estudiar tomar	ser perder tener	recibir ir
PARTICIPIO (regular)	levant**ado** ________ ________ ________	s**ido** ________ ________	recib**ido** ________

INFINITIVO	ver volver escribir
PARTICIPIO (irregular)	**visto** ________ ________

Otras formas irregulares:

hacer → **hecho**	poner → **puesto**
decir → **dicho**	abrir → **abierto**

2 Este estudiante habla de lo que ha hecho hoy. Escucha y repite si has hecho las mismas cosas; en caso contrario, no digas nada.

3 Son las 8.30 de la mañana y Teresa sale en este momento de su casa para ir a la universidad. Observa el dibujo y escribe qué ha hecho y qué no ha hecho esta mañana en su casa. Usa los verbos y expresiones siguientes:

desayunar	recoger la mesa	abrir la puerta
apagar el televisor	lavarse los dientes	tomar un café
hacer la cama	ducharse	cerrar la ventana

Ejemplo: No ha recogido la mesa.

4 **a)** El profesor te va a hacer cinco preguntas sobre lo que has hecho hoy. *Antes,* escribe las respuestas («sí» o «no»).

1. ______________
2. ______________
3. ______________
4. ______________
5. ______________

Ahora contesta a las preguntas del profesor.

b) Repite el mismo juego en parejas.

5 **a)** Escucha esta conversación y escribe una lista de las horas que oigas.

b) ¿Qué ha hecho Marisa a esas horas? Escucha otra vez y escríbelo.

6 Concha y Félix son muy diferentes y no se conocen, pero los dos han hecho hoy cuatro cosas iguales. Habla con tu compañero y descúbrelas.

A

—Concha se ha levantado a las 7.30.

B

—Pues Félix (se ha levantado) a las 8.

7 **a)** ¿Qué has hecho hoy? Escríbelo.

b) En parejas. Y tu compañero, ¿qué ha hecho? ¿Cuántas cosas iguales habéis hecho?

8 En el bolso de algunas personas puedes encontrar de todo. Observa el bolso de Lucía: ¿Qué ha hecho este mes?, ¿y esta semana? Recuerda que hoy estamos a 23 de abril, viernes.

ESTA SEMANA	ESTE MES
Ha recibido una carta de Barcelona.	*Ha ido a San Sebastián en tren.*

9 **a)** ¿Qué crees que ha hecho tu compañero este año, este mes, esta semana? Escribe cinco cosas.

b) En parejas. Leed lo que habéis escrito. ¿Habéis acertado?

10 **a)** ¿Qué problema crees que tiene Roberto? Escucha el diálogo.

Roberto: Perdona por llegar tarde, pero es que he salido del trabajo a las siete ...
Sofía: ¡Bah! No te preocupes.
Roberto: Lo siento, de verdad.
Sofía: Tranquilo, hombre, no tiene importancia.

b) Escucha y repite.

11 **a)** Aquí tienes otras posibles causas de retraso:

perder el tren   dormirse
no oír el despertador   tardar en encontrar el sitio
tardar en encontrar aparcamiento
encontrarse con un conocido por el camino

b) Estas personas han llegado hoy tarde. ¿Qué excusas crees que han dado? Escríbelas.

— *Perdona por llegar tarde, pero es que no he oído el despertador.*

— *Siento mucho llegar tarde, pero es que ...*

— ______________________

— ______________________

Y ahora ...

12 ¿Qué tal el fin de semana en Pontevedra? ¡Vamos de tapas, de copas, de cafés!

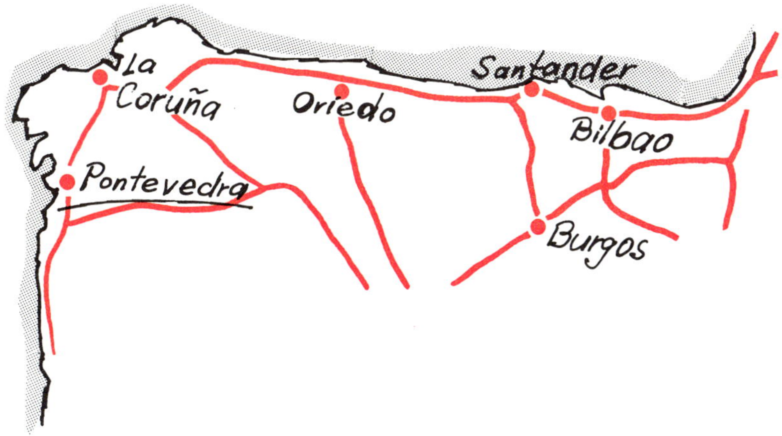

a) ¿Sabes dónde está Pontevedra? ¿Has estado alguna vez allí? ¿Te ha gustado Pontevedra?

b) En Pontevedra hay mucho que hacer. En esta página de una guía turística se proponen algunas actividades. Imagínate que has pasado allí el fin de semana.

— VISITAS

Museo de Pontevedra: obras de los siglos XIII y XIV: joyas prerromanas de oro. Sábados mañanas, cerrado.

Plaza de Santa María y Plaza de la Herrería: puntos más interesantes y típicos de la ciudad.

Convento de Santa Clara: en el barrio antiguo.

Iglesia de la Peregrina: bella creación del Barroco gallego.

— TAPAS

Tasca «O 'Quente»: buen vino gallego con marisco.
«La Chiruca» y «La Bodeguilla»: terrazas al aire libre; buen ambiente.
«O 'Cortello», «O 'Ertrodo», «O 'Rebusco»: muy buenas tapas y muy baratas.

— COPAS

«El Torero»: para los más jóvenes.
«La Cabaña»: jazz en directo.
«Bananas»: en verano, terraza, Música muy alta.

—CAFÉS

«Carabela»: para todas las edades.
«Universo»: último café antes de las copas.
«Los Castellanos»: muy buenos pasteles.

Marca en la columna correspondiente

lo que has hecho	lo que no has hecho

c) Tu compañero ha estado también en Pontevedra. Hablad sobre vuestras experiencias del fin de semana.

14 Recuerda

COMUNICACIÓN

Was habt ihr gemacht?

¿Qué has hecho hoy? — He escrito muchas cartas. / Hoy no he hecho nada especial.

¿A qué hora te has levantado hoy? — A las ocho.

¿Qué habéis hecho estas vacaciones? — Hemos estado en México.

Verzeihung ...

Perdona por llegar tarde. Lo siento, de verdad. — No te preocupes. / ¡No, no tiene importancia!

Es que he perdido el tren.

GRAMÁTICA

Das Perfekt

Formen

haber	+ (estar)	Partizip Perfekt (comer)	(vivir)
he			
has			
ha	estado	comido	vivido
hemos			
habéis			
han			

Verben auf -ar bilden das Partizip auf -ado, Verben auf -er und -ir das Partizip auf -ido. Dieses bleibt immer unverändert.

Unregelmäßige Partizipien

Verben auf -er	Partizip
hacer	**hecho** (getan)
poner	**puesto** (gelegt)
ver	**visto** (gesehen)
volver	**vuelto** (zurückgekommen)

Verben auf -ir	Partizip
abrir	**abierto** (geöffnet)
decir	**dicho** (gesagt)
escribir	**escrito** (geschrieben)

Beispiele: *He visto a Fernando. ¿Qué has dicho?*

Gebrauch

Esta semana he ido a Murcia. (enger Bezug zur Gegenwart)

No he vivido **nunca** en Perú. (keine Veränderung bis in die Gegenwart)

Das Perfekt wird gebraucht für Ereignisse in der Vergangenheit, die vom Sprechenden in engem Bezug zur Gegenwart gesehen werden bzw. noch in die Gegenwart hineinreichen.

Neus ha estado **muchas veces** en Alemania.

Das Perfekt wird außerdem gebraucht für Ereignisse, deren Zeitpunkt nicht näher bestimmt wird. Es steht dann häufig mit Ausdrücken wie *alguna vez, varias veces, muchas veces* etc.

es que ...

Siento mucho llegar tarde, pero **es que** he perdido el tren.

Es que leitet eine Begründung ein und bedeutet etwa „nämlich“.

1 ¿Cómo están estas personas? ¿Qué tienen? Completa las frases con las palabras siguientes.

cansado/-a	calor	sed	preocupado/-a
hambre	nervioso/-a	enfermo/-a	triste
sueño	contento/-a	frío	miedo

Está *contenta.*

Está ____________

Tiene ____________

Está ____________

Tiene ____________

Tiene ____________

Está ____________

Está ____________

Tiene ____________

Está ____________

Tiene ____________

Tiene ____________

2 Escucha estas palabras y escríbelas en la columna correspondiente.

ESTAR	TENER
enfermo	*hambre*

3 Elige una palabra de la actividad 1 y haz mimo. ¿Sabe tu compañero qué te pasa?

4 **a)** Observa estos dibujos.

b) Intenta decir las frases de los dibujos.

c) Escucha y comprueba.

FÍJATE

Estoy muy / un poco cansado/-a. Tengo mucho sueño. / mucha hambre.	—Yo también. (Ich auch.) —¿Sí? Pues yo no. (Ja? Ich aber nicht.)
No estoy nada cansado/-a. No tengo nada de sueño.	—Yo tampoco. (Ich auch nicht.) —¿No? Pues yo sí. (Nein? Ich schon.)

5 ¿VERDADERO O FALSO? Escucha las siguientes conversaciones y márcalo.

	V	F
1. a) El chico está muy nervioso.		
b) La chica no está muy nerviosa.		
2. a) La señora tiene mucha hambre.		
b) El señor no tiene mucha hambre.		
3. a) La niña no tiene mucha sed.		
b) El niño tiene mucha sed.		
4. a) El señor está muy preocupado.		
b) La señora no está muy preocupada.		

6 Y tú, ¿cómo te sientes? Cuéntaselo a tu compañero.

Ejemplo: — Tengo hambre.
— Yo también.

7 Ayuda a esta niña a escribir los nombres de las partes del cuerpo:

8 En parejas: ¡Ya están aquí los extraterrestres!
Cada uno de vosotros dibuja un ser extraño o un extraterrestre y lo describe a su compañero. Él lo dibuja.

9 **a)** ¿Qué les pasa a estas personas? Relaciona las frases con los números correspondientes.

- [3] Le duele el estómago.
- [ ] Le duelen las muelas.
- [ ] Está resfriado.
- [ ] Le duele la cabeza.
- [ ] Tiene fiebre.

b) ¿Por qué crees que no se encuentran bien? ¿Qué les ha pasado? ¿Qué han hecho? Relaciona otra vez las frases con los números:

- [ ] Ha comido mucho.
- [ ] Ha tomado demasiado chocolate.
- [ ] Ha jugado al fútbol con amigos bajo la lluvia.
- [ ] Ha salido a la calle sin abrigo.
- [ ] Ha trabajado demasiado.

FÍJATE

Me Te Le	duele	la cabeza. el estómago. la espalda.
Nos Os Les	duelen	las muelas. los oídos. los ojos.

Tengo Tienes	fiebre. tos. gripe.	
	dolor de	cabeza. muelas.

Estoy Estás	enfermo/-a. resfriado/-a.

10 **a)** Escucha este diálogo.

—¿Qué te pasa? ¿No te encuentras bien?
—Me duele muchísimo la cabeza.
—¿Quieres una aspirina?
—Es que no tomo nunca.
—¿Y por qué no vas al médico?
—Sí, si sigo así . . .

FÍJATE

Me encuentro	muy bien.	+
	bien.	↑
	regular.	
	mal.	
	muy mal.	↓
	fatal.	–

b) Escucha y repite.

11 **a)** En parejas. ¿Sabes para qué son estos remedios?

(tomarse)	una aspirina un vaso de leche con coñac un calmante una manzanilla algo caliente una pastilla
descansar darse un masaje hacer gimnasia quedarse en cama ir al médico	

b) ¿Cuándo utilizas estos remedios? Coméntalo con tu compañero.

12 Estas personas tampoco se sienten bien. Escucha los siguientes diálogos y completa el recuadro.

	¿Qué le pasa?	¿Qué le proponen?	¿Acepta?
1			
2			
3			
4			
5			

13 En parejas. Imagínate que no te encuentras bien. Tu compañero te va a preguntar qué te pasa y te va a ofrecer o sugerir cosas. Puedes aceptar o no. Di como te sientes.

Ejemplo: —¿Qué te pasa / le pasa? ¿No te encuentras / se encuentra bien?
—Me encuentro fatal.
—¿Quieres / Quiere una … ?

Y ahora …

14 Lee estas frases. ¿Entiendes todo?

	SÍ	NO
1. ¿Crees que duermes menos de lo que necesitas?		
2. ¿Te despiertas fácilmente por la noche?		
3. Cuando te despiertas por la noche, ¿tienes problemas para volver a dormirte?		
4. ¿Tienes a menudo la sensación de estar cansado sin motivo?		
5. ¿Te enfadas fácilmente?		
6. ¿Crees que te preocupas demasiado por las cosas?		
7. ¿Piensas que normalmente cometes demasiados errores?		
8. ¿Consideras que haces muy poco deporte?		
9. ¿Piensas que no descansas lo suficiente después de las comidas?		

Ahora responde al cuestionario y averigua el resultado.

Puntuación:
No = 1 punto Sí = 0 puntos

Interpretación:
0 – 3 puntos: ¡No continúes con este ritmo de vida!
4 – 6 puntos: Intenta cambiar algunos aspectos de tu vida.
7 – 9 puntos: ¡Muy bien! Sigue así.

15 **a)** Lee este texto:

EL ESTRÉS: UN MAL DE HOY

En muchas ocasiones, en el trabajo y la vida actual el individuo sufre presiones superiores a sus posibilidades y ello trae muchas consecuencias para la salud. El estrés es en realidad la experiencia interna de estar en una situación peligrosa, amenazante, de «alta tensión». Pero son muchas las causas de este mal: no sólo el exceso de trabajo, sino también un trabajo repetitivo, monótono y sin responsabilidad; las jornadas laborables demasiado largas, el exceso de control y supervisión, tener varios jefes, los frecuentes desplazamientos, ... Éstas y otras más son causa de trastornos orgánicos y de comportamiento.

¿Y qué se puede hacer contra el estrés?: el ejercicio físico, unas vacaciones anuales como mínimo, dormir al menos siete horas, resolver los problemas rápidamente – no esperar a mañana –, a lo largo del día hacer dos pausas con completa relajación, guardar un equilibrio entre horas de trabajo y de ocio, tomar vitamina C y magnesio.

En definitiva, cuidar un poco el cuerpo no está mal ... ya saben, «Mente sana en cuerpo sano». ¡Y es que los griegos y latinos sabían mucho! (adaptado de *Clara*, 13 de octubre de 1993)

b) Contesta a estas preguntas:

1. ¿Qué sientes cuando tienes estrés? ¿Qué síntomas tienes?
2. ¿Qué haces para evitar el estrés?
3. ¿Estás de acuerdo con los remedios que propone el texto?

c) En parejas. Escribid una lista con otras causas de estrés. ¿Podéis imaginar posibles remedios, usuales o extravagantes?

Ejemplo:

Trabajo excesivo: canta en el trabajo y ...

Exceso de control: cierra la puerta de tu oficina y cuelga un cartel con «¡No molestar!»

15
Recuerda

COMUNICACIÓN

Wie geht's?

¿Cómo te sientes?
¿Cómo estás? / ¿Cómo te encuentras?
¿Qué le pasa? / ¿Qué tiene?

Me siento mal. / Me siento muy bien.
Estoy enferma.
Tengo gripe y fiebre.
Me duele mucho la cabeza.

Brauchen Sie etwas?

¿Por qué no te tomas una aspirina?
¿Quiere una aspirina?

Sí, gracias.
No, gracias.

Hab' ich einen Hunger!

¡Qué hambre (tengo)!
¡Qué dolor (siento)!
¡Qué fiebre (tienes)!
¡Qué cansado estoy!

GRAMÁTICA

encontrarse und *querer* (Präsens)

o → ue		e → ie
encontrarse		querer
me	encuentro	quiero
te	encuentras	quieres
se	encuentra	quiere
nos	encontramos	queremos
os	encontráis	queréis
se	encuentran	quieren

Wie *querer*, so verändern auch die Verben *sentir*, *preferir*, *recomendar*, *comenzar* und *despertarse* ihren Stamm von e zu ie. Vgl. auch Lektion 11!

doler (Präsens)

Me **duele** la mano.
Me **duelen** los pies.

Die Ausrufesätze

¡**Qué** hambre tengo!	¡**Qué** hambre!	¡*Qué* + Substantiv (+Verb)!
¡**Qué** fiebre tienes!	¡**Qué** fiebre!	
¡**Qué** horrible es!	¡**Qué** horrible!	¡*Qué* + Adjektiv (+Verb)!

Ausrufesätze werden oft auch ohne Verb gebildet.

REPASO 3

1 a) **Juan Manuel Tardón nos habla de su vida, de un día normal de trabajo. El texto está incompleto. Añade las frases A – E.**

A. viernes, sábado y domingo
B. quiere dar clases en la universidad
C. tiene horario de noche
D. lo que menos, el horario
E. estudia Sociología

JUAN MANUEL TARDÓN
Recepcionista

Trabaja en la recepción de un hotel y ______________________: entra a las doce de la noche y sale a las ocho de la mañana. Tiene tres días libres por semana: ______________________. Normalmente duerme por la mañana. Por la tarde ______________________ en la universidad. Lo que más le gusta de su trabajo es que no ve mucho a su jefe: ______________________. No está muy contento con su trabajo y cree que gana muy poco, pero sabe que es un trabajo temporal. Después de terminar la carrera, ______________________.

b) **Escribe el horario normal de Juan Manuel en el recuadro con la información del texto anterior:**

1. Tarda quince minutos en llegar al trabajo.
2. Se acuesta cuando llega a casa.
3. Duerme siete horas diarias.
4. Come un cuarto de hora después de levantarse.
5. Empieza las clases a las cinco de la tarde.
6. Tiene cinco horas de clase al día.
7. Generalmente cena hora y media antes de empezar a trabajar.

	HORA
salir de casa	
acostarse	
levantarse	
comer	
empezar las clases	
terminar las clases	
cenar	

2 En este programa de EL PAÍS hay muchas actividades interesantes para el tiempo libre. ¿Qué han hecho estas personas? Lee sus comentarios y descubre cuál de estas actividades han realizado. Relaciona los nombres con la letra correspondiente:

Juana:
«La exposición me ha gustado mucho. Este pintor valenciano es de los mejores en este momento, creo yo.» ☐

Arturo:
«Un tema muy actual y muy filosófico. Me ha gustado el enfoque del tema. Pero prefiero el teatro al aire libre, ¡y más en Granada!» ☐

Pilar:
«No he dormido en todo el fin de semana. ¡Estoy cansadísima y me duelen los pies!» ☐

Joaquín:
«Es la etapa más difícil de la vuelta. Estoy esperando al fin ...» ☐

A

ANIMACIÓN
Maratón del espectáculo. Una sesión intensiva que une en dos frenéticas noches danza y teatro, mimo y canción, arte, circo y cabaré. Más de 200 actuaciones y artistas como Esteve y Ponce, Pep Bou, King-Kiss o Palo q'sea.
☐ Barcelona. Mercat de les Flors. A partir de las 20.00 horas. 1.000 pesetas. Abono: 1.600 pesetas.

B

TEATRO
Festival de Granada. Reza Abdoh, heredero de Robert Wilson, presenta *The law of remains,* una reflexión escénica sobre el canibalismo de la sociedad actual. Ur Teatro representa *Sueño de una noche de verano,* de Shakespeare.
☐ Granada. *Pabellón Municipal Veleta. 18.00 y 23.00 horas. 1.700 pesetas. «Sueño de una noche de verano»: teatro Alhambra Cinema C/ Molinos, 56. 21.00 horas. 1.200 pesetas.*

C

CICLISMO
Vuelta Ciclista a España. Última etapa. Padrón-Santiago de Compostela. Contrarreloj.
☐ La 2, a las 15.30 horas.

D

PINTURA
Manolo Valdés. Últimos trabajos en pintura y escultura de Manolo Valdés (Valencia, 1942), en la que el fundador del Equipo Crónica continúa explorando en su reencuentro con la textura y la materia.
☐ Madrid. Galería Marlborough, c/Orfila, 5. Hasta el 12 de junio.

3 En grupos de cuatro. Vamos a ver quién es el alumno medio de la clase.

a) Escribid la pregunta correspondiente a cada uno de estos temas.

Ejemplo: 1. ¿De dónde eres?

1. Lugar de procedencia
2. Lugar de residencia
3. Edad
4. Estado civil
5. Hijos
6. Gustos
7. ¿Trabaja o estudia?
8. Número de horas de trabajo al día
9. ¿Contento/-a con su trabajo?
10. Número de horas que estudia español al día
11. Lo que más le gusta de la clase de español
12. Lo que menos le gusta de la clase de español

b) Preguntad a varios de vuestros compañeros y anotad en la pizarra lo que os han dicho. Anotad también el sexo de la persona.

c) Cada grupo escribe un texto en el que describe al alumno medio de la clase y lo comenta con sus compañeros.

Ejemplo: El alumno medio de esta clase es una chica alemana que vive en ...

4 BLA, BLA, BLA . . .

En grupos de cuatro. Juega con un dado y una ficha de color diferente a la de tus compañeros.

1. Por turnos. Tira el dado y avanza el número de casillas que indica.

2. Habla del tema de la casilla en la que caigas.

3. Hay casillas en las que puedes hacer una pregunta a un compañero o te la pueden hacer a ti.

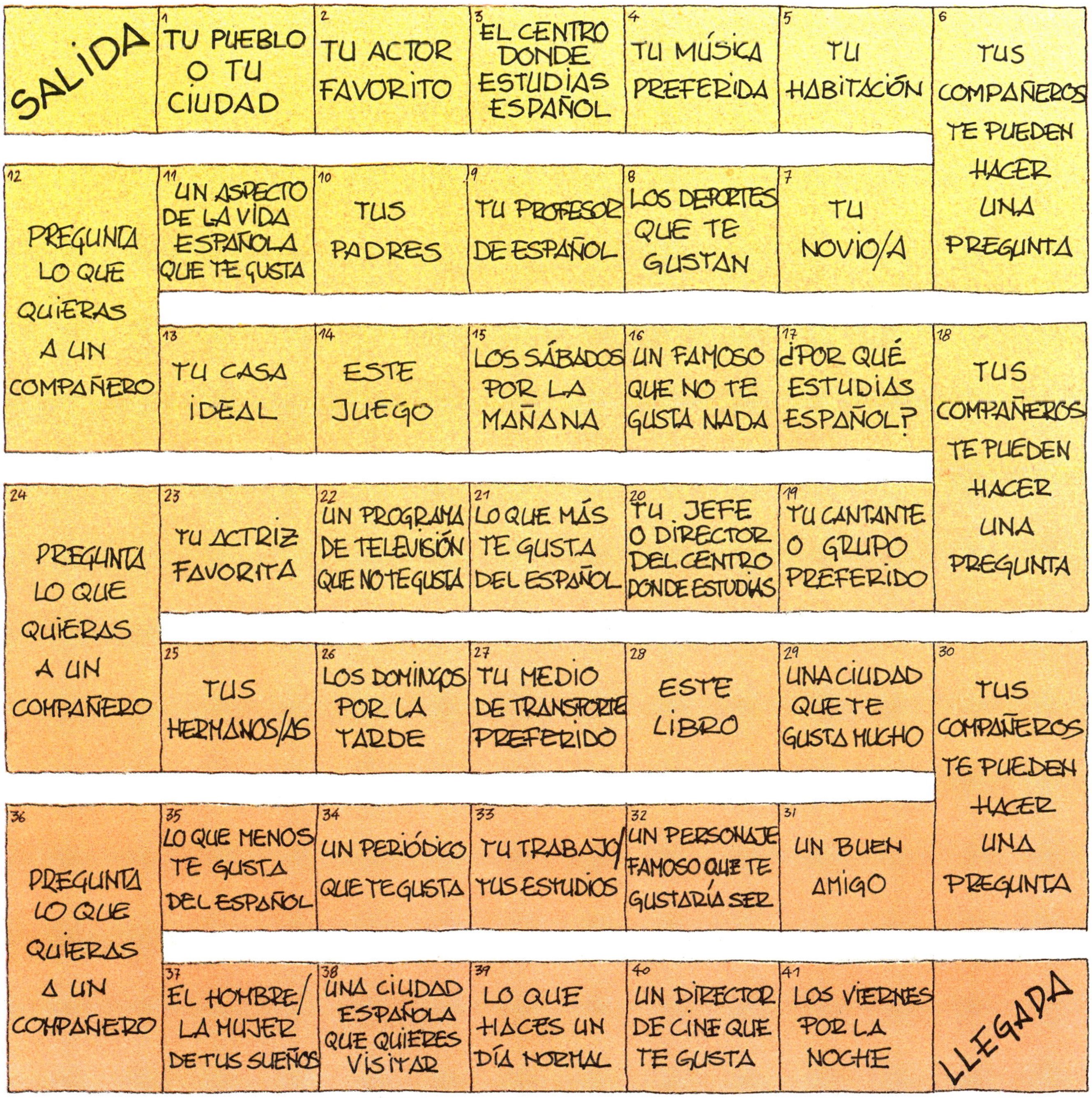

16 ¿CÓMO QUEDAMOS?

1 **a)** Observa los dibujos y completa los diálogos con las frases.

¿De parte de quién?
No, no está. Vuelve después de comer.
Sí, soy yo.
Ahora se pone.
Se ha equivocado.
En este momento no puede ponerse.

b) Ahora escucha los diálogos completos. ¿Has acertado?

2 Estas frases son típicas de las conversaciones telefónicas. Escucha y repite.

—¿Está Alberto?
—Sí, soy yo.
—No, no está.
—¿De parte de quién?
—Un momento, ahora se pone.
—No es aquí. Se ha equivocado.

3 UNA CONVERSACIÓN TELEFÓNICA

¿Qué dices por teléfono en estas situaciones?
Escribe la respuesta adecuada como en la actividad 1.

1. —¿Diga?
   — ¿Está Pablo? ______ *(Pregunta por Pablo)*

2. —¿Está Félix?
   — ______ *(Di que eres tú)*

3. —¿Está Juana, por favor?
   — ______ *(Vives solo en tu piso)*

4. —¿Está Jaime?
   — ______ *(Sí está, pero en el baño)*

5. —¿El señor Acosta, por favor?
   — ______ *(Pregunta quién le llama)*

6. —¿Sí?
   — ______ *(Pregunta por Ángeles)*

7. —¿Está Mario, por favor?
   — ______ *(Di que le vas a avisar)*

4 Escucha estos diálogos y marca en el recuadro lo que pasa en cada caso.

	Comunica	No contesta	No está en casa	No puede ponerse	Es esa persona	Se ha equivocado
1						
2						
3						
4						
5						
6						
7						

5 En parejas (A – B). Tapa las ilustraciones de tu compañero y lee sólo las que te corresponden. Luego habla por teléfono con tu compañero.

	A	B
1.	Contesta al teléfono.	Pregunta por un amigo común (Álvaro).
	Responde afirmativamente. Pregunta quién llama.	Responde.
	Saluda a B y di que Álvaro ahora se pone.	Da las gracias.
2.	Pregunta por Marisol.	Contesta al teléfono.
	Di que llama más tarde. Despídete.	Responde (Marisol está en clase).
		Despídete.
3.	Pregunta por Ernesto.	Responde (no conoces a ningún Ernesto).
	Pide perdón y despídete.	Despídete.

6 Mira estos anuncios y entradas y contesta a las preguntas.

- ¿Qué película ponen en el Cristal?
- ¿Qué exposición hay en la galería Jorge Mara?
- ¿Dónde dan la obra de teatro «Comedias Bárbaras»? ¿De quién es?
- ¿Qué es «El último de la calle»?

7 **a)** DICTADO:
En estos diálogos unas personas quedan para salir. Escucha y escribe.

b) En grupos. ¿Qué han escrito tus compañeros? Compruébalo.

—¿Vamos a tomar algo?
—Vale. De acuerdo.

—¿Quieres venir al cine conmigo?
—Lo siento, pero no puedo. Es que tengo que estudiar.

c) Ahora practícalos con tus compañeros.

8 **a)** ¿Qué te gustaría hacer hoy?
Lee las actividades y señala dos que te gustaría hacer y dos que no quieres hacer.

- Ver una película de terror.
- Ir a un concierto de jazz.
- Jugar al tenis.
- Ir a ver un partido de fútbol.
- Ir a un concierto de rock.
- Ver una obra de teatro.
- Dar una vuelta.

FÍJATE

me gusta = ich mag ...
me gustaría = ich würde gern ...

b) Invita a dos compañeros a hacer algo contigo. Si te invitan a ti, puedes aceptar o rechazar la invitación; en este último caso pon una excusa.

9 **a)** En este diálogo dos personas quieren salir juntas al día siguiente. Las frases en el diálogo estan desordenadas. Escríbelas en orden correcto.

—Vale. De acuerdo. ¿Y qué podemos hacer? ¿Hay algo interesante?
—Pues mira, hay una exposición de Miró en el Reina Sofía.
—Es que no me va bien tan pronto. ¿Qué te parece a las seis?
—¡Ah! Muy bien. Me encanta Miró. ¿Cómo quedamos?
—Oye, ¿nos vemos mañana por la tarde?
—Vale. Entonces quedamos a las seis.
—No sé ... podemos quedar a las cinco en la puerta.

b) Escucha y comprueba.

10 Escucha y repite.

¿Nos vemos mañana por la tarde?
¿Qué podemos hacer?
¿Hay algo interesante?

¿Cómo quedamos?
No me va bien tan pronto.
¿Qué te parece a las seis?

11 Escucha estas conversaciones entre amigos y completa el recuadro.

	¿Quedan?	¿Qué día?	¿A qué hora?	¿Dónde?	¿Para qué?
1			a las seis		no se sabe
2		el miércoles			
3					
4					
5	sí				

12 **a)** Consulta la cartelera de un periódico y busca tres actividades que te gustaría hacer esta semana. Apúntalas en tu agenda.

b) Llama a unos amigos para quedar con ellos.
Utiliza las frases de la actividad 10.

13 **a)** Lee estas invitaciones y estas respuestas. Empaméjalas.

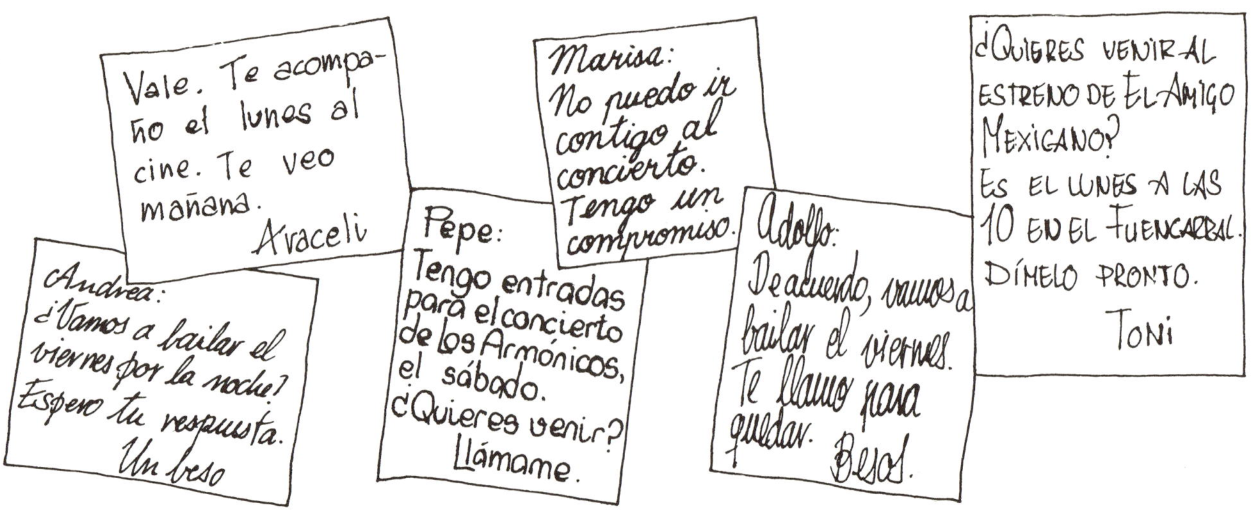

b) Ahora escribe una invitación. Luego dásela al profesor.

c) Lee la invitación que te ha dado el profesor y escribe una respuesta.

Y ahora . . .

14 **a)** Mira este cartel y escribe:

- El título de la película.
- Cómo lo traducirías al alemán.
- El nombre de la actriz principal.
- El nombre del director.
- El número de cines que la ponen.

b) ¿Conoces algunas películas españolas?
¿Recuerdas el título y el nombre de los actores?

15

Antes de cenar, una vuelta por el Madrid castizo

Esta «vuelta» antes de la cena, tal como la proyectamos, será muy importante para aquellos visitantes que desean «tomar el pulso» al Madrid popular. Así como el aperitivo del almuerzo suele tomarse en los establecimientos elegantes, desde las ocho de la tarde hasta las diez o las once de la noche — horas en que se cena en Madrid — se puede «tasquear» o «tabernar» por los lugares castizos.
El aperitivo es ahora de «chatos» (pequeños vasos de vino) con «pinchos» de pescado frito, ternera, gambas a la plancha, gambas con «gabardina», en escabeche, queso, mejillones, salchichas . . .

(Folleto «Turismo de Madrid», Secretaría General del Turismo)

El bar

bar. Nombre tomado del inglés, aplicado a ciertos establecimientos, variante moderna de la taberna, donde se toman bebidas y cosas de comer, especialmente de pie o sentándose en taburetes delante del mostrador, el cual tiene una barra donde los consumidores pueden apoyarse.

(Diccionario de uso del español, María Moliner)

a) Lee las siguientes expresiones y marca con una cruz las que son características del bar español.

Sólo bebidas	☐	Beber mucho alcohol	☐
Bebidas y cosas de comer	☐	Desayuno	☐
Sentárse en mesas	☐	Bailar	☐
Vuelta antes de la cena	☐	Después del trabajo	☐
Las tres de la mañana	☐	Chatos	☐
Entre las ocho y las once	☐	Tapas	☐

b) Ahora hablad de los bares, «bistros» y cafés en Alemania, en Austria y en Suiza.
¿Qué tipos de clientes tienen? ¿Cuáles os gustan y cuáles no os gustan?

16 Recuerda

COMUNICACIÓN

Wer ist am Apparat?

¿Diga? / ¿Dígame? / ¿Sí?
¿Está Ignacio?
Sí, soy yo. / No, no está.
¿De parte de quién?
De Arturo.
Un momento, ahora se pone.
Gracias.
En este momento no puede ponerse.
Llamo más tarde.

Was wird gespielt?

¿Qué exposición hay en la Galería Jorge?
Una exposición de Millares.
¿En qué cine ponen „El Sur"?
En el cine Alphaville.
¿Dónde dan las „Comedias Bárbaras"?
En el Teatro María Guerrero.

Gehen wir ins Kino?

¿Cuándo quedamos?
Podemos quedar mañana a las ocho.
¿Quedamos mañana por la noche?
Sí, de acuerdo. / Muy bien.
¿Qué le parece a las nueve?
No me va bien a esa hora. / Es que no puedo a esa hora.
¿Vamos al cine esta noche?
De acuerdo. / Vale. / Muy bien.
¿Quieres ir al teatro mañana?
Lo siento, pero no puedo. Es que tengo que estudiar.

GRAMÁTICA

poder (Präsens)

puedo	podemos
puedes	podéis
puede	pueden

Die Modalverben

○ *poder*

Mañana no **puedo** ir al teatro.
Podemos quedar el miércoles.

○ *querer*

¿**Quieres** ir al cine mañana?
¿**Queréis** cenar en el casco antiguo?

Querer haben Sie in Lektion 15 kennengelernt.

○ *tener que*

No puedo ir al cine, **tengo que** estudiar. Vgl. deutsch „ich habe zu lernen".

Wie im Deutschen haben die Modalverben *poder*, *querer*, *tener que* (können, wollen, müssen) ein Verb im Infinitiv nach sich.

conmigo, contigo, con él...

¿Vienes al cine **conmigo**? – Vale. ¿A qué hora quedamos? (mit mir)
¿Tienes unos minutos? Quiero hablar **contigo**. (mit dir)

Con + mí wird zu *conmigo*; *con + ti* zu *contigo*. Vor anderen Personalpronomen bleibt *con* unverändert: *con él, con ella, con usted* ...

1 ¿Entiendes los nombres de estos productos?

2 ¿Qué hay en esta estantería? Escríbelo:

Ejemplo: Hay huevos, una barra de pan, . . .

3 ¿Qué sílaba es más fuerte?

a) Escribe las palabras que oigas en la columna correspondiente.

□ ■	■ □	□ ■ □	■ □ □
arroz	vino	galleta	plátano

b) Escucha y comprueba.

c) Lee en voz alta las palabras y comprueba otra vez.

4 PASA LA PELOTA. Una persona dice un alimento en voz alta y pasa la pelota a otro compañero que dice cómo se vende ese alimento (por kilos, por gramos, por litros, por docenas ...), como en el dibujo.

5 Estas seis personas han comprado hoy cosas diferentes. Elige una de ellas y dile a tu compañero qué ha comprado. Tu compañero tiene que adivinar quién es:

FÍJATE

100 g = cien gramos	1 l = un litro
1 kg = un kilo	1/2 l = medio litro
1/2 kg = medio kilo	1/4 l = un cuarto de litro
1/4 de kg = un cuarto de kilo	1 1/2 ó 1,5 l = (un) litro y medio
1 1/2 ó 1,5 kg = (un) kilo y medio	2 l = dos litros
2 kg = dos kilos	

6 **a)** Escucha y haz una lista de lo que ha comprado este chico.

b) Escucha y escribe lo que cuesta cada cosa.

c) Calcula el total. Escucha y compruébalo con tu compañero.

7 **a)** Escucha este diálogo con el libro cerrado.

b) Uno de vosotros va a la pizarra y los otros le ayudan a escribir el diálogo.

c) Escucha y repite.

—¿Qué le pongo?
—Una docena de huevos.
—¿Qué más?
—Una lata de sardinas y un paquete de azúcar.
—¿Algo más?
—¿A cómo está este queso?
—A mil trescientas el kilo.
—Pues póngame un cuarto.
—¿Algo más?
—No, nada más. Gracias.

d) Practícalo con tu compañero.

8 Estás en una tienda y quieres comprar los productos de la lista.

a) Completa el diálogo.

Dependiente: Buenos días.
Tú: ______________________________
Dependiente: ¿Qué le pongo?
Tú: ______________________________
Dependiente: Son buenísimos estos plátanos.
¿Algo más?
Tú: ______________________________
Dependiente: Aquí tiene. Son nuevas.
Tú: ¿____________________________?
Dependiente: Lo siento, pero no me quedan.
Tú: ______________________________
Dependiente: ¿De litro o de litro y medio?
Tú: ______________________________
Dependiente: ¿Quiere algo más?
Tú: ______________________________
Dependiente: ¿Qué marca: Forges o Martorell?
Tú: ______________________________
Dependiente: El litro de Forges, 360 pesetas,
y el de Martorell, 375.
Tú: ______________________________
Dependiente: Aquí tiene. Es un poco más caro
pero es mejor. ¿Algo más?
Tú: ______________________________
¿____________________________?
Dependiente: Vamos a ver. Son ... 985 pesetas.

b) Ahora habla con el dependiente.

9 Ahora vosotros. En grupos de tres. A, B y C.

A y B trabajan en dos tiendas diferentes. Venden los productos que se pueden ver en la actividad 1 (pagina 131).

A y B deciden individualmente los precios de los productos de su tienda y escriben etiquetas con los nombres y precios de los productos.

C desea comprar un par de cosas para comer. Estamos al final del mes y C sólo lleva 1.800 ptas ... y una lista. ¿Qué compra? ¿Y en qué tienda?

10 **a)** Algunos platos son sólo típicos de España o Latinoamérica. ¿Sabes de qué países son?

café naranjas fríjoles chorizo mate ron paella
churrasco arroz a la cubana tortilla chile con carne

b) ¿Has tomado alguna vez estos alimentos? En caso afirmativo, descríbelos.

Sabores:	salado/-a	picante
	dulce	amargo/-a

c) ¿Conoces otras comidas y bebidas de Latinoamérica o España? ¿Cuáles? Escríbelas y pásaselas a tus compañeros.

11 **a)** El menú de un restaurante español:

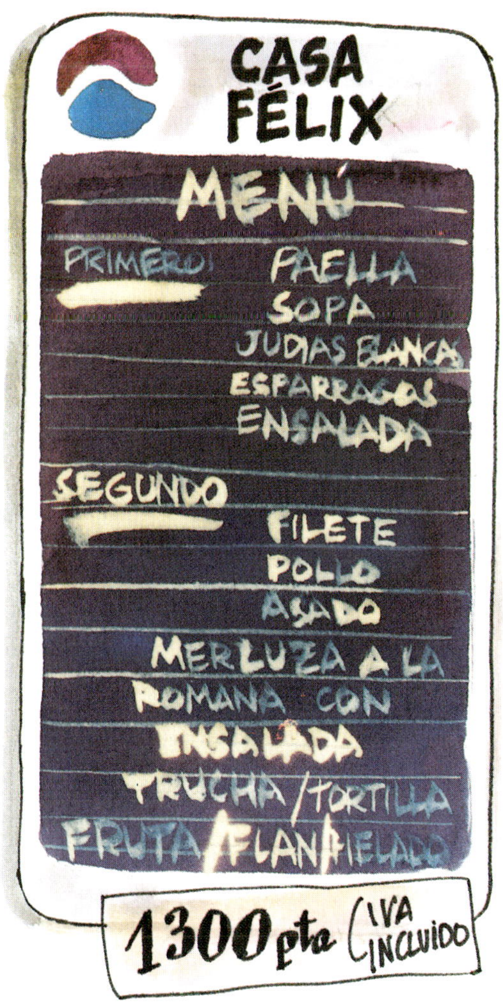

b) Una pareja come en este restaurante y habla con el camarero.
Los diálogos están desordenados. ¿Qué orden es el correcto?

A. —¿Qué tomarán de postre?
—Yo, helado.
—Y yo, un flan.
—¿Van a tomar café?
—Yo no.
—Yo sí, un café con leche.

B. —¿Nos trae un poco más de pan, por favor?
—Muy bien.

C. —¿Qué van a tomar?
—Yo, de primero, sopa y, de segundo, pollo.
—Para mí, judías blancas, y de segundo ... un filete, muy hecho.
—¿Y para beber?
—Vino.
—Yo, agua mineral con gas.

D. —La cuenta, por favor.

c) Escucha y comprueba.

d) Ahora practica estos diálogos con dos compañeros.

12 Imagina que estás en un restaurante y necesitas estas cosas. ¿Cómo las pides? Escríbelo.

Ejemplo: ¿Me trae un poco más de agua, por favor?

1. Agua.
2. Mayonesa.
3. Dos botellas de agua mineral con gas.
4. Arroz.
5. Vino.
6. Un plato.
7. Un vaso.
8. Un cuchillo.
9. Un tenedor.
10. Una cuchara.

FÍJATE

¿Me ¿Nos	trae	un tenedor, otra botella de vino, otras dos cervezas, más pan, un poco (más) de pan,	por favor?

13 Esta pareja va a un restaurante. ¿Qué come cada uno? Completa el recuadro.

	De primero	De segundo	¿Necesitan algo?	De postre	¿Toman algo más?
ELLA					
ÉL					

14 Ahora vosotros.

a) En grupos de tres (A, B y C). Escribid el menú del día de un restaurante.

A y B: Estáis en un restaurante. Mirad el menú y hablad con el camarero. ¿Qué vais a comer?

C: Eres el camarero de un restaurante. Atiendes a los clientes.

b) Ahora cambiad de papel.

Y ahora . . .

15 ¿VERDADERO O FALSO?

a) Señala en la columna «Antes de leer» lo que sabes sobre los hábitos de comida de los españoles:

ANTES DE LEER V	ANTES DE LEER F		DESPUÉS DE LEER V	DESPUÉS DE LEER F
		En España la comida más fuerte es la cena.		
		El desayuno no es muy importante.		
		En España se cena sobre las siete de la tarde.		
		Es normal tomar café después del almuerzo.		

b) Lee el texto.

Las comidas en España

En España, la primera comida del día —el desayuno— no es muy abundante. La mayoría de la gente suele tomar café con leche, tostadas, algún bollo o galletas.

La comida más importante —el almuerzo o comida— es la del mediodía, entre las 2 y las 4 de la tarde. Se come un primer plato, a base de verduras, legumbres, arroz ... y un segundo plato que suele ser carne o pescado. También se toma postre: fruta o algún dulce. Es habitual acompañar las comidas con vino y tomar café después del postre.

La última comida del día es la cena, entre las 9 y las 10 de la noche. Se toma algo ligero, como sopa, verdura, huevos, queso, fruta, etc.

También existe la merienda, una comida a media tarde, hacia las 6. Los niños suelen comer un bocadillo, fruta, o toman un vaso de leche con galletas.

c) Marca la columna «Después de leer» y compáralo con lo que has señalado antes. ¿Te sorprende?

d) Habla con la clase sobre los hábitos de comida de los alemanes.
¿Comen a las mismas horas que en España?
¿Se come y se bebe lo mismo?

16 ¿Sabes más o menos lo que es una paella? Entonces, ¡cuéntaselo a los otros!

Vais a ver que hay muchas paellas diferentes, porque se prepara la paella con lo que se tiene a mano (legumbres, pescado, mariscos, carne, … pero siempre con arroz).

Aquí tenéis una receta de la paella valenciana (Valencia es la tierra de las paellas):

La paella

Ingredientes

600 gr. de arroz
400 gr. de conejo
600 gr. de pollo
24 caracoles
1/4 kg de tomates
1/2 kg de judías valencianas
1/4 kg de judías verdes
6 cucharadas de aceite de oliva
un poco de azafrán o colorante
sal, cebolla y ajo
media cucharada de pimentón

Modo de preparar:

Calentar el aceite, la cebolla y el ajo en una paellera.
Echar el pollo y el conejo y freírlos lentamente.
Cuando empieza a dorarse, echar todas las judías y freírlas unos minutos y añadir el tomate.
Freírlo y añadir un poco de pimentón y agua (2,5 litros).
Cuando todo empieza a hervir, echar los caracoles (ya cocidos antes), el azafrán y sal.
Preparar el arroz (cocer unos 15 minutos) y después echarlo en la paellera y dejarlo cocer lentamente de 5 o 10 minutos más.

a) ¿Has leído la receta? Si no conoces algunas palabras, pregunta a los otros o al profesor.

b) Y ahora trata de rehacer la receta con la ayuda de tu compañero.
Tapa el texto de tu pareja y empieza hablando en frases completas.
Podéis comparar vuestra receta con la receta original.

A	B
¿Qué hacer primero?	*calentar el aceite con la cebolla y el ajo en una paellera*
echar el pollo y el conejo, y freírlos lentamente	¿Y después?
¿Y después?	*echar las judías y añadir el tomate*
freír y añadir un poco de pimentón y agua (2,5 litros)	¿Y ahora?
¿Y luego? Los caracoles, ¿cómo?	*después de hervir, echar los caracoles ya cocidos*
añadir azafrán y sal	¿Y qué mas?
¿Y el arroz?	*preparar el arroz (15 minutos) y echarlo en una paellera*
cocer de 5 a 10 minutos más	¿Y después?

c) Ahora escribid una receta típica de vuestra región.

Recuerda

COMUNICACIÓN

Was darf es sein?

¿Qué desea?	Un paquete de arroz.
¿Qué le pongo?	Póngame una barra de pan.
¿Algo más?	Sí, un litro de aceite.
Lo siento, pero no me queda.	

Wieviel macht das?

¿A cómo está este queso?	A mil pesetas el kilo.
¿A cómo están las naranjas?	A ciento cincuenta pesetas el kilo.

Haben Sie gewählt?

¿Qué van a tomar?	Yo, de primero, ... y de segundo, ...
	Para mí, ...
	¿Me trae otra botella de agua, por favor?
¿Que desean de postre?	Nada, gracias.
	La cuenta, por favor.

GRAMÁTICA

pedir und *poner*

e → i	-g-
pedir	poner
pido	pongo
pides	pones
pide	pone
pedimos	ponemos
pedís	ponéis
piden	ponen

Weitere Verben mit Stammveränderung wie bei *pedir* sind *repetir*, *seguir*. Das eingeschobene -g- der 1. Person Singular von *poner* findet sich auch bei *tener* (*tengo*), *hacer* (*hago*), *salir* (*salgo*), *venir* (*vengo*), *decir* (*digo*), *traer* (*traigo*).

otro/otra

männlich	weiblich
otro	otra
otros	otras

⚠ Das Adjektiv *otro/otra* (ein/e andere/r/s) steht ohne den unbestimmten Artikel: *El vino no es bueno. ¿Tiene usted otra botella?* (Der Wein ist nicht gut. Haben sie eine andere Flasche?)
Je nach Anwendung kann *otro/otra* auch die Bedeutung „noch einen/eine" haben: *Por favor, me da otro paquete de arroz / otra botella de vino.*

Mengenangaben

un paquete de arroz	(eine Packung)	**un poco de** vino	(ein bißchen)
una barra de pan	(eine Stange)	**un poco más de** vino	(etwas mehr)
un kilo de naranjas	(ein Kilo)	¿Quiere **algo** más?	(noch etwas)
una botella de vino	(eine Flasche)	No, **nada** más, gracias.	(nichts)

Zeitangaben: *después de, antes de* + Infinitiv

Antes de comer hemos ido a pasear.	(bevor ...)
Después de comer hemos ido al cine.	(nachdem ...)

18 ROPA

1 **a)** ¿Conoces estas prendas de vestir? Busca en el diccionario cinco que no conoces.
Pregunta a tus compañeros si saben lo que quiere decir . . .

vestido	vaqueros	abrigo	chaqueta	traje
medias	blusa	jersey	zapatos	camisa
bragas	camiseta	botas	corbata	calcetines
pantalones	calzoncillos	sujetador	falda	cazadora

b) ¿Qué se vende en esta tienda de ropa?
Mira el dibujo y subraya en el recuadro anterior los nombres de la prendes que ves.

2 ¿La sílaba más fuerte?

a) Copia todas las palabras de la actividad 1, para memorizarlas.

b) Escucha y subraya la sílaba más fuerte.

c) Escucha y repite.

3 **a)** Elige un compañero y anota todo lo que lleva puesto. Escríbelo.

¿De qué material es?		¿Cómo es?	
Es	de tela	Es	a rayas
	de lana		a cuadros
	de seda		
	de algodón		
	de piel		
	de cuero		
	de pana		

b) Lee tu texto en voz alta. ¿Saben tus compañeros quién es?

4 **a)** Mira otra vez el dibujo de la actividad 1. ¿Cuánto cuesta cada prenda?

b) Escucha este diálogo. ¿De qué se habla?

—Perdone, ¿cuánto cuesta esa blusa?

—Nueve mil quinientas pesetas.

—¿Y la blanca?

—Veinte mil. Es más cara, pero es mejor; es de seda.

c) Repite y practica con otras prendas.

5 FÍJATE

caro barato	más caro/barato tan caro/barato no tan caro/barato menos caro/barato	que como como que
bueno malo	~~más bueno~~ → mejor ~~más malo~~ → peor	que que

Ahora observa de nuevo el dibujo de la actividad 1 y escribe la palabra que corresponde.

1. Es más cara que el vestido. → la chaqueta.
2. Es más corta que el vestido. → ____________
3. Es tan caro como el traje. → ____________
4. No son tan caros como la corbata. → ____________
5. Son tan caros como el jersey. → ____________
6. No es tan cara como la camiseta. → ____________

6 **a)** Observa el dibujo. Luego busca los adjetivos necesarios para comparar las prendas.

largo/-a
corto/-a
moderno/-a
ancho/-a
estrecho/-a
bonito/-a
feo/-a
cómodo/-a
incómodo/-a
caro/-a
barato/-a

b) En parejas. Uno habla de una prenda del dibujo, y el compañero intenta adivinar qué prenda es.

Ejemplo: —Son más anchos que los vaqueros azules.
—Los vaqueros negros.

7 Escucha y lee.

—Buenas tardes. ¿Qué desea?
—¡Hola! Quiero un vestido para mí.
—¿Cómo lo quiere?
—Pues rojo y ... no sé ... Sí, de algodón.
—¿Qué talla tiene?
—La 38.
—Mire, tenemos estos modelos. ¿Le gusta alguno?
—Sí. ¿Puedo probarme éste?
—Por supuesto. El probador está al fondo, a la izquierda.
...
—¿Qué tal le queda?
—Muy bien. ¿Cuánto cuesta?
—14.600 pesetas.
—De acuerdo. Me lo llevo.
—Muy bien. Pase por caja, por favor.

8 Elige una prenda de la actividad 1 y practica con un compañero el diálogo de la actividad 7.

FÍJATE

¿Se lo lleva?

Este vestido es muy caro. No me **lo** llevo.
Esta falda es muy bonita. Me **la** llevo.
Estos vestidos me gustan mucho. Me **los** llevo.
Estas faldas no me gustan nada. No me **las** llevo.

9 **a)** Escucha este diálogo entre un cliente y el dependiente de una tienda. Escribe:

1. ¿Qué quiere? ____________
2. ¿Cómo la quiere? ____________
3. ¿Cuánto cuesta? ____________
4. ¿De qué talla? ____________
5. ¿Cómo le queda? ____________
6. ¿La compra? ____________

b) Escucha y comprueba.

10 ¿Cómo eres realmente: optimista o pesimista? Aquí tienes nueve conceptos abstractos (belleza, acción, armonía ...) y en cada uno dos parejas de colores. Debes elegir qué pareja te inspira ese concepto.

¿Es usted optimista o pesimista?

La vida es de color de rosa para los optimistas, los pesimistas, en cambio, lo ven todo negro. Los colores se relacionan continuamente con el estado de ánimo.

Asocie una idea a una pareja de colores

1 BELLEZA

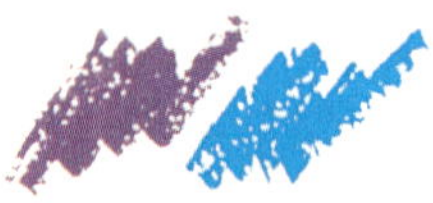

a/ VIOLETA - AZUL

b/ AMARILLO -GRIS

2 FELICIDAD

a/ ROJO - AZUL

b/ VERDE - AMARILLO

3 SOLIDARIDAD

a/ NEGRO-VERDE

b/ AZUL-AMARILLO

4 ACCIÓN

a/ AZUL - GRIS

b/ ROJO - AMARILLO

5 PAZ

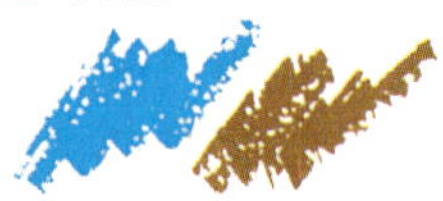

a/ AZUL - MARRÓN

b/ AMARILLO - NEGRO

6 TRISTEZA

a/ MARRÓN - NEGRO

b/ AZUL - NEGRO

7 ARMONÍA

a/ AZUL - ROJO

b/ VERDE - NEGRO

8 IMPULSIVIDAD

a/ ROJO - GRIS

b/ MARRÓN - VERDE

9 SINCERIDAD

a/ VERDE - AZUL

b/ MARRÓN-AMARILLO

Test cedido por Editorial De Vecchi, del libro "¿Cómo soy realmente?".

• Resultados

entre 0 y 6 puntos:
¿Está usted en una mala etapa? En este momento no siente usted ninguna confianza en el mañana. Si usted siempre se siente así, si es pesimista por naturaleza, quizás debería tratar de ver las cosas desde otro punto de vista.

entre 7 y 12 puntos:
Usted es básicamente una persona con la cabeza en su sitio. No lo ve todo negro, pero tampoco «de color de rosa». Es usted muy realista y racional.

entre 13 y 18 puntos:
Usted es un optimista incurable. Es una de esas personas que se levantan llenas de buen humor. Gracias a esta actitud en la vida, puede superar todos los problemas. A veces, sin embargo, está usted lejos de la realidad. Para usted, los días malos pasan rápido, siempre hay una solución.

Calcule 2 puntos por cada respuesta igual a las siguientes:

1: a	4: b	7: a
2: a	5: a	8: a
3: b	6: b	9: b

(Test adaptado de *Clara*, 12 de sept. de 1993)

Recuerda

COMUNICACIÓN

Dieses hier ist besser.

Este modelo es más barato que ése.
Esta falda es más cara que ésa.
Estos zapatos son tan baratos como ésos.
Este modelo es mejor que ése.
Esta falda es peor que ésa.

Ist die Größe richtig?

¿Qué desea?	Quiero un traje.
¿De qué color lo quiere?	Lo quiero negro.
¿De qué material lo quiere?	De lana.
¿Para quién es? ¿Para usted?	Sí, es para mí. ¿Puedo probarme éste?
Por supuesto. ¿Qué talla tiene?	Tengo la 40.
¿Qué tal le queda?	Me queda muy bien, gracias. No me queda bien. Me queda un poco ancho/estrecho.
¿Le gusta? ¿Se lo lleva?	Sí, me gusta. Me lo llevo.

GRAMÁTICA

Der Vergleich

Esta falda es **más** bonita **que** ésa.	(mehr ... als)
Este abrigo es **tan** ancho **como** ése.	(genauso ... wie)
Este vestido **no** es **tan** barato **como** ése.	(nicht so ... wie)
Esta falda es **menos** cara **que** ésa.	(weniger ... als)

bueno → mejor	Esta chaqueta es **mejor**.
malo → peor	Este abrigo es **peor** que ése.

Die direkten Objektpronomen: *los/las*

Me gustan estos zapatos. Me **los** compro.	(Mir gefallen diese Schuhe. Ich kaufe sie mir.)
¿Te gustan estas botas? Me **las** he comprado hoy.	(Gefallen dir diese Stiefel? Ich habe sie mir heute gekauft.)

Das direkte Objektpronomen vertritt ein Akkusativobjekt (wen oder was?).
Es steht im Präsens und im Perfekt direkt vor dem Verb bzw. vor dem Hilfsverb.

Zwei Objektpronomen im gleichen Satz

¿Se lleva el abrigo?	Sí, **me lo** llevo.
¿Te compras las corbatas?	Sí, **me las** compro.

Enthält ein Satz zwei Objektpronomen, so steht das direkte immer dem Verb am nächsten.

Se lo compro.	(Ich kaufe es ihm/ihr/ihnen/Ihnen.)

Le und *les* werden vor *lo/la* und *los/las* zu *se*.

19 ¡FELIZ CUMPLEAÑOS!

1 ¿VERDADERO O FALSO? Lola da una fiesta de cumpleaños. ¿Qué están haciendo los invitados?

	V	F
1. La chica de la falda amarilla está bebiendo vino.		
2. El señor del bigote está bailando.		
3. La señora del vestido verde está abriendo la puerta.		
4. El chico de la camisa blanca está sentándose.		
5. La chica de los pantalones rojos está hablando con otra chica.		
6. El chico de la cazadora marrón está comiendo algo.		
7. La señora del vestido rojo está mirando los discos.		
8. El chico de los pantalones marrones está escribiendo.		
9. El señor de las gafas está quitándose la chaqueta.		

FÍJATE

estar + gerundio

Estoy	bailando
Estás	
Está	comiendo
Estamos	
Estáis	escribiendo
Están	

2 **a)** Con la información de las frases de la actividad anterior, completa el recuadro.

	- AR	- ER	- IR	Verbos reflexivos
INFINITIVO	bail**ar** habl**ar**	com**er** beb**er** v**er**	escrib**ir** abr**ir**	sentarse quitarse
GERUNDIO	bailando __________	comiendo __________	escribiendo __________	sentándose __________

FÍJATE

Gerundio de algunos verbos irregulares

decir → diciendo
ir → yendo
leer → leyendo
dormir → durmiendo

b) Observa lo que están haciendo estas personas y descríbelo utilizando el gerundio.

3 ¿Qué tal tu memoria?

Tienes tres minutos para observar otra vez el dibujo de la actividad 1. Y ahora en parejas, sin mirar el dibujo: ¿qué están haciendo estas personas?

—la chica de la falda marrón

—el señor de las gafas

—la chica de la falda amarilla

—el chico de la camisa blanca

—la señora del vestido verde

Ejemplo:

—¿Qué está haciendo la chica de la falda marrón?

— | No me acuerdo.
| Está hablando con otra chica.

— | Sí.
| (Me parece que) No. (Creo que) Está ...

4 **a)** Escucha esta conversación. ¿Cuántos verbos dicen en gerundio?

1	2	3	4	5	6

b) Escucha y completa el recuadro:

	¿Dónde está?	¿Qué está haciendo?
La abuela		
Marta		
Carlitos		
Sonia		

5 UNA CLASE SIN PROFESOR

En parejas.

A: Mira el dibujo y escribe los nombres al lado de cada una de las personas. Luego responde a las preguntas de tu compañero.

Antonia Marisol David Laura Charo Miguel Olga Luis
Cristina Julio Javier Marisa Nuria

B: Quieres saber los nombres de estas personas.
Pregunta a A qué está haciendo cada una de las siguientes personas y escribe sus nombres al lado de cada una de ellas.

Antonia   Marisol   David   Laura   Charo   Miguel   Olga   Luis
Cristina   Julio   Javier   Marisa   Nuria

Ejemplo: B: ¿Qué está haciendo Antonio?
A: Está bebiendo agua.
B: ¡Ah! ya sé quién es. El chico de la izquierda.

6 **a)** Imagina que estás haciendo una cosa. Piensa también dónde la estás haciendo y escríbelo en un papel.

Ejemplo: nadar en el mar

b) Ahora haz mimo. Tus compañeros tienen que adivinar qué estás haciendo y dónde. Tú sólo puedes decir «sí» o «no».

Ejemplo: —¿Estás nadando?
—Sí.
—¿Estás nadando en un río?
—No.
—En una piscina?
—No.
—Estás nadando en el mar?
—Sí.

7 Paco llega a la fiesta de Lola.

a) Escucha el diálogo.

Paco: ¡Hola! ¡Felicidades!
Lola: ¡Hola! Gracias, Paco.
Paco: ¡Feliz cumpleaños!
Toma, esto es para ti.
Lola: Humm ... Muchas gracias.
A ver, a ver qué es ...
¡Unos pendientes! ¡Qué bonitos!
Paco: ¿Te gustan?
Lola: Me encantan.
Ahora te presento a la gente, pero antes vamos a comer algo.
Paco: ¡Buena idea!
Lola: Coge, coge.
Paco: Sí, gracias ... Humm ... ¡qué buenos!
Lola: ¿Quieres un poco de vino?
Paco: Sí, pero sólo un poco.
...
Lola: Coge un trozo de tarta, que está muy buena.
Paco: No, de verdad, gracias. Es que ya no puedo más.

b) Responde:

—¿Cuántas veces ofrecen cosas?
—¿Cuántas veces las aceptan?
—¿Cuántas las rechazan?

8 Éstas son frases típicas de las fiestas de cumpleaños.

Escucha y repite:

¡Felicidades!
¡Feliz cumpleaños!
Toma, esto es para ti.
¡Unos pendientes! ¡Qué bonitos!
¿Quieres un poco de vino?
Coge, coge un poco de tarta, que está muy buena.
No, de verdad, gracias. Es que ya no puedo más.

9 En parejas.

a) A: Tu compañero está en tu casa. Ofrécele alguna de estas cosas.

B: Estás en casa de tu compañero. Él te va a ofrecer cosas. Tú puedes aceptarlas o rechazarlas. Si rechazas algo, dile por qué.

| ¿Quieres ... ?
| Coge ...

b) Ahora cambiad de papel.

10 **a)** Observa este calendario y lee los meses del año.

ENERO

L	M	M	J	V	S	D
		1	2	3	4	5
6	7	8	9	10	11	12
13	14	15	16	17	18	19
20	21	22	23	24	25	26
27	28	29	30	31		

FEBRERO

L	M	M	J	V	S	D
					1	2
3	4	5	6	7	8	9
10	11	12	13	14	15	16
17	18	19	20	21	22	23
24	25	26	27	28	29	

MARZO

L	M	M	J	V	S	D
						1
2	3	4	5	6	7	8
9	10	11	12	13	14	15
16	17	18	19	20	21	22
23/30	24/31	25	26	27	28	29

ABRIL

L	M	M	J	V	S	D
		1	2	3	4	5
6	7	8	9	10	11	12
13	14	15	16	17	18	19
20	21	22	23	24	25	26
27	28	29	30			

MAYO

L	M	M	J	V	S	D
				1	2	3
4	5	6	7	8	9	10
11	12	13	14	15	16	17
18	19	20	21	22	23	24
25	26	27	28	29	30	31

JUNIO

L	M	M	J	V	S	D
1	2	3	4	5	6	7
8	9	10	11	12	13	14
15	16	17	18	19	20	21
22	23	24	25	26	27	28
29	30					

JULIO

L	M	M	J	V	S	D
		1	2	3	4	5
6	7	8	9	10	11	12
13	14	15	16	17	18	19
20	21	22	23	24	25	26
27	28	29	30	31		

AGOSTO

L	M	M	J	V	S	D
					1	2
3	4	5	6	7	8	9
10	11	12	13	14	15	16
17	18	19	20	21	22	23
24/31	25	26	27	28	29	30

SEPTIEMBRE

L	M	M	J	V	S	D
	1	2	3	4	5	6
7	8	9	10	11	12	13
14	15	16	17	18	19	20
21	22	23	24	25	26	27
28	29	30				

OCTUBRE

L	M	M	J	V	S	D
			1	2	3	4
5	6	7	8	9	10	11
12	13	14	15	16	17	18
19	20	21	22	23	24	25
26	27	28	29	30	31	

NOVIEMBRE

L	M	M	J	V	S	D
						1
2	3	4	5	6	7	8
9	10	11	12	13	14	15
16	17	18	19	20	21	22
23/30	24	25	26	27	28	29

DICIEMBRE

L	M	M	J	V	S	D
	1	2	3	4	5	6
7	8	9	10	11	12	13
14	15	16	17	18	19	20
21	22	23	24	25	26	27
28	29	30	31			

CALENDARIO 1992

b) Escucha los nombres de los meses y subraya la sílaba más fuerte.

11 Elige un día del calendario de la actividad 10. Tus compañeros tienen que averiguar cuál es.

Ejemplo:

— ¿Es en agosto?
— No, después.
— ¿En noviembre?
— No, antes.
— ¿En octubre?
— Sí.

— ¿Es un lunes?
— No.
— ¿Un jueves?
— Sí.
— ¿Es el día 24?
— No, antes.

12 Pregunta a tus compañeros por sus fechas de cumpleaños y haz una lista con los nombres y las fechas.

—¿Qué día es tu cumpleaños?

—El (veintiséis) de (junio). ¿Y el tuyo?

—El (cinco) de (marzo).

¡Ahora puedes felicitarles el día de su cumpleaños!

Y ahora ...

13 Ahora vosotros. En grupos de cuatro (A, B, C y D).

A

a) Es tu cumpleaños y has invitado a varios amigos y amigas a una fiesta en tu casa.
Piensa en la comida y bebida que vas a preparar.

b) Ofrece a tus invitados lo que has preparado.

B, C, D

a) Un amigo vuestro (A) os ha invitado a una fiesta de cumpleaños en su casa.
Decidid individualmente qué le vais a regalar.

b) Felicitad a vuestro amigo y entregadle los regalos.

14 **a)** Escucha y marca la frase que oigas.

1. A: Sólo tiene 10.000 habitantes.
   B: ¿Sólo tiene 10.000 habitantes?
   C: ¡Sólo tiene 10.000 habitantes!

2. A: Le gusta el vino.
   B: ¿Le gusta el vino?
   C: ¡Le gusta el vino!

3. A: Porque no quieres.
   B: ¿Por qué no quieres?
   C: ¡Porque no quieres!

4. A: Está leyendo la sección de deportes.
   B: ¿Está leyendo la sección de deportes?
   C: ¡Está leyendo la sección de deportes!

5. A: Va todos los días al cine.
   B: ¿Va todos los días al cine?
   C: ¡Va todos los días al cine!

6. A: Están durmiendo.
   B: ¿Están durmiendo?
   C: ¡Están durmiendo!

7. A: Está de vacaciones.
   B: ¿Está de vacaciones?
   C: ¡Está de vacaciones!

8. A: Porque no trabajas.
   B: ¿Por qué no trabajas?
   C: ¡Porque no trabajas!

b) Escucha y repite esas frases.

c) En parejas. Elegid una frase de la actividad 1 e incluidla en un diálogo entre dos personas. Luego escribid el diálogo.

d) Ahora representadlo. Vuestros compañeros tienen que decir qué frase es exactamente.

15

TEST: ¿ES USTED UN BUEN ANFITRIÓN?

Recibir, invitar ... ¡Todo un arte! Sin embargo no siempre nos manejamos bien como anfitriones. Lo importante es que los invitados se sientan cómodos y divertidos. ¿Consigue usted ser un buen anfitrión? ¿Cómo se comporta usted cuando invita a gente en su casa?: conteste «Sí» o «No» en cada una de estas preguntas para descubrir algo más de su carácter:

	Sí	No
1. —¿Le gusta cuidar cada detalle?		
2. —¿Observa usted que ninguno de los invitados esté solo o aislado?		
3. —¿Se enfada usted claramente si alguien llega tarde?		
4. —¿Sus invitados llegan a conocerse, a entenderse, a hacerse amigos en sus fiestas?		
5. —¿Prepara usted siempre la comida que a usted le gusta?		
6. —¿Llama usted a sus invitados con tiempo suficiente?		
7. —¿Quiere usted tener siempre la razón en las discusiones?		
8. —¿Invita usted a sus amigos cuando ellos le han invitado?		
9. —¿Dice usted a sus invitados cómo deben vestir?		
10. —¿Gasta usted demasiado en sus fiestas?		
11. —¿Sabe crear situaciones divertidas, relajadas?		
12. —¿Son sus fiestas muy formales?		
13. —¿Lo más importante para usted es que la gente se divierta?		
14. —¿Puede llevar conversaciones largas, incluso intrascendentes?		
15. —¿Puede usted sonreír con facilidad, a pesar del mal humor?		
16. —¿Es usted impuntual?		
17. —¿Es usted egoísta?		
18. —¿Se pone usted demasiado nervioso cuando tiene que organizar una reunión muy grande?		
19. —¿Es usted una persona sociable?		
20. —¿Le gusta el papel de anfitrión?		

Valoración. Cada contestación que coincide con esta tabla recibe un punto:

1 sí	2 sí	3 no	4 sí	5 no	6 sí	7 no	8 sí	9 sí	10 no
11 sí	12 no	13 no	14 sí	15 sí	16 no	17 sí	18 no	19 sí	20 sí

De 0 a 5 puntos. Mejor dedíquese a otra cosa. Ser anfitrión no es su habilidad más destacada. Es un papel que no le gusta nada. ¡No se preocupe! No es una obligación.

De 6 a 14 puntos. Usted es un anfitrión correcto: sus fiestas salen bien, pero no son brillantes. Depende de su humor: el papel de anfitrión le gusta unas veces más que otras.

De 15 a 20 puntos. ¡Es un anfitrión magnífico! Usted se divierte en sus fiestas como un loco y sus invitados, claro, también. En sus fiestas no hay nadie que se siente sola o aislada.

19
Recuerda

COMUNICACIÓN

- **Was machst du gerade?**

¿Qué está haciendo? — Estoy bebiendo. / No estoy haciendo nada.

- **Ist das schön!**

¡Qué buena (está la comida)!
¡Qué aburrida (es la fiesta)!

- **Möchten Sie etwas Wein?**

¿Qué quieres tomar?
¿Quiere un poco de vino? — Sí, gracias, pero muy poco.
Toma un poco más de pescado, que está muy bueno. — No, gracias, es que no puedo más.

- **Wann ist das?**

¿Qué día es tu cumpleaños? — El treinta y uno de octubre.

GRAMÁTICA

- ***estar* + Gerundium**

El señor del bigote **está bailando**.	(Der Herr mit dem Bart tanzt gerade.)
Estoy comiendo algo.	(Ich esse gerade etwas.)
Están abriendo la puerta.	(Sie öffnen gerade die Tür.)
Juana **está sentándose**.	(Juana setzt sich gerade hin.)

„Gerade etwas tun" wird mit *estar* und dem Gerundium eines Verbs ausgedrückt.
Verben auf -ar erhalten die Endung -ando, solche auf -er und -ir die Endung -iendo. Bei reflexiven Verben wird das Pronomen meistens noch an die Endung angehängt!

- **Der Gebrauch von *ser* und *estar***

○ ser

Este **es** Fernando. **Es** periodista.
Esta camisa **es** preciosa.
Mi cumpleaños **es** el dos de enero.

Ser wird gebraucht für feststehende Eigenschaften und Gegebenheiten wie Name, Beruf, Herkunft, Religion, Verwandtschaft etc. sowie für Angaben von Tageszeiten, Uhrzeiten und Daten.

○ estar

Luisa **está** bailando.
Fernando **está** enfermo.
Paco **está** en la cocina.
El vino **está** muy bueno.

Estar wird gebraucht für die Beschreibungen von vorübergehenden Zuständen: momentanes Geschehen (*estar* und Gerundium), Krankheit etc. Es wird außerdem gebraucht, um Speisen und Getränke zu bewerten.

- ***esto***

¿Qué es **esto**? – **Esto** es para ti. — (Was ist das? – Das ist für dich.)

Esto ist die sächliche Form des Demonstrativpronomens *este*.

- ***para***

¿Este regalo es **para** mí? – Sí, es **para** ti. — (für mich – für dich)

Nach einer Präposition, wie z. B. *para*, *de*, oder *a*, werden die betonten Formen des Personalpronomens gebraucht (Vgl. Lektion 10).

1 Observa este billete con atención. Luego lee las frases y marca la columna correspondiente.

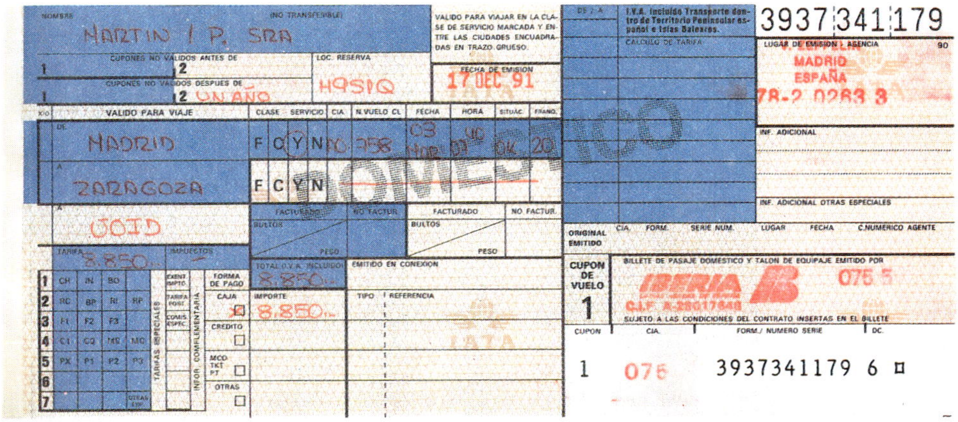

	Sí	No	No se sabe
1. Es un billete de ida y vuelta.			
2. Es para el día 17 de diciembre de 1991.			
3. Es un billete de Iberia.			
4. Este billete cuesta 8.850 pesetas.			
5. El vuelo 758 de Iberia sale de Madrid a las 7.40.			
6. El viaje de Madrid a Zaragoza dura una hora.			
7. Es un billete sin reserva.			

2 **a)** ¿Qué es para ti lo más importante cuando viajas?
Escribe estas palabras por orden de importancia:

la rapidez la seguridad la comodidad el clima el precio la puntualidad

¿Puedes añadir alguna más?

b) En parejas. Escribid un adjetivo relacionado con cada una de esas palabras y su contrario.

rapidez — seguridad — comodidad — puntualidad

rapidez → rápido/-a ≠ lento/-a

c) ¿Con qué transportes asocias cada uno de esos adjetivos?

rápido → avión

3 Comenta con tu compañero qué medio de transporte prefieres en cada caso y por qué. Luego pregúntale a él.

1. Para ir a otra ciudad, ¿el tren o el autobús?

   —Yo prefiero el tren porque es más cómodo que el autobús. ¿Y tú?

   —Yo también prefiero el tren | por lo mismo. / porque es más seguro. |

   —Pues yo prefiero el autobús porque es más rápido que el tren.

   —Pues a mí me da igual.
2. Para ir a un país cercano, ¿el tren o el avión?
3. Para distancias cortas en el campo, ¿el coche o la bicicleta?
4. Para ir a otro continente, ¿el avión o el barco?
5. Para moverte por la ciudad, ¿el metro o el autobús?

4 Escucha y lee. Luego responde a estas cuatro preguntas:

- ¿Adónde va la chica?
- ¿Cuándo quiere viajar?
- ¿Qué le ha pasado?
- ¿Cómo quiere viajar?

—Buenas. Un billete para el Talgo de Bilbao.
—Acaba de salir.
—¿Que acaba de salir?
—Sí, ha salido hace cinco minutos.
—¿Y qué otros trenes hay?
—Hay uno a las 21.20 y otro a las 23.40.
—¿A qué hora llega el de las 21.20?
—A las 6.35.
—¿Lleva literas?
—Sí.
—Pues deme un billete con litera.

5 **a)** Observa este horario de autobuses y responde a las preguntas.

1. ¿Cuántos autobuses hay para León?
2. ¿A qué hora llega el último a León?
3. ¿Cuántos salen de Madrid por la mañana?
4. ¿Cuánto dura el viaje de Valladolid a Palencia?
5. ¿Para algún autobús en Astorga?
6. ¿A qué hora sale el primero que va a Valladolid por autopista?

EMPRESA
FERNANDEZ-RES, S.A.
LEON

HORARIOS de los Servicios de: LEON, VALLADOLID, ASTORGA y PALENCIA con MADRID

DOMINGOS Y FESTIVOS

SALIDAS DE MADRID

Madrid	Valladolid	Astorga	Palencia	León
9,00	11,30 *	—,—	12,30	—,—
10,00 (4)	—,—	—,—	—,—	14,00
10,00	12,30 *	—,—	—,—	14,30
10,30 (3)	13,00	—,—	—,—	—,—
15,00 (3)	17,30	—,—	—,—	—,—
16,00 (4)	—,—	—,—	—,—	20,00
16,00	18,30 *	—,—	19,30	—,—
19,00	21,30 *	—,—	—,—	23,30
20,00	22,30 *	—,—	23,30	—,—
21,00 (3)	23,30	—,—	—,—	—,—
23,00	1,30 *	—,—	2,30	—,—
24,00	2,30 *	—,—	—,—	4,30

(*) No se despachan billetes con antelación
(3) Directo por Autopista
(4) Servicio Preferente

FÍJATE

¿Para **algún** autobús en Astorga?	—Sí, para **uno**.
	—Sí, paran **algunos**.
¿No hay **ningún** autobús para Astorga?	—No, no hay **ninguno**.
¿Tienes **alguna** foto de Palencia?	—Sí, tengo **una**.
	—Sí, tengo **algunas**.
¿No tienes **ninguna** foto de Palencia?	—No, no tengo **ninguna**.

6 Esta persona también quiere viajar en tren. Escucha la conversación y completa el cuadro.

¿Adónde quiere ir?	
¿A qué hora llega el tren de las 10.20?	
¿Y el de las 11.10?	
¿Para qué tren es el billete que compra?	
¿Fuma o no fuma?	

7 ¿Qué tiempo hace?

Lee las palabras y expresiones de la lista y escribe debajo de cada dibujo la(s) que corresponde(n). Puedes usar el diccionario.

1. Hace viento.

2. ....

3. ....

4. ....

5. ....

6. ....

- hace calor
- hace frío
- hace sol
- hace viento
- hace buen tiempo
- hace mal tiempo
- llueve
- nieva
- está nublado
- hay niebla

8 **a)** Las estaciones del año: la primavera – el verano – el otoño – el invierno

b) ¿En qué estación o estaciones del año te hacen pensar los dibujos de la actividad 7? Díselo a tus compañeros.

—A mí el dibujo número 1 me hace pensar en ...

—A mí también ...

—A mí, en ...

9 Un amigo extranjero que has conocido en otro país va a venir a tu casa a pasar una semana con tu familia.
Escríbele y habla del clima de tu región.
Dile también qué ropa necesita.

FÍJATE

Hace	(mucho) (bastante)	calor. frío. sol. viento.

Llueve Nieva	(mucho). (bastante). (poco).

10 **a)** ¿Qué tiempo hace en España? ¿Qué estación del año es?

EL TIEMPO

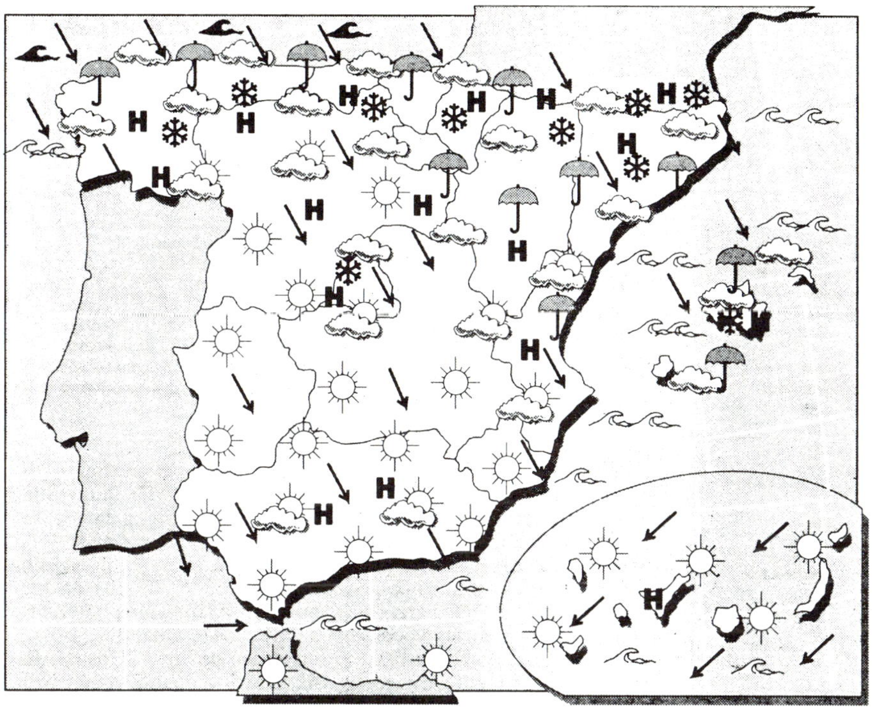

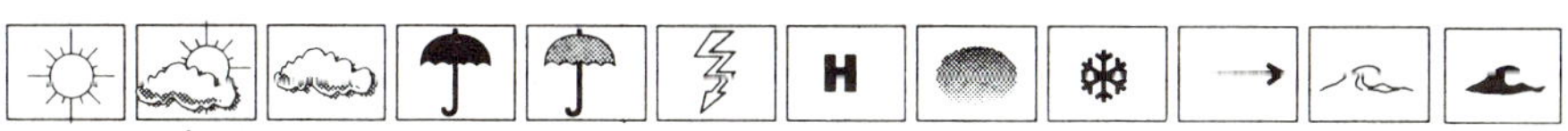

ESPAÑA		MÁX.	MÍN.			MÁX.	MÍN.
Albacete	f	8	−2	Madrid	T	11	1
Alicante	P	16	5	Mahón	P	12	1
Almería	T	15	8	Málaga	D	15	6
Ávila	Q	6	2	Melilla	D	16	11
Badajoz	T	13	2	Murcia	P	13	3
Barcelona	P	14	8	Orense	P	11	7
Bilbao	P	10	7	Oviedo	P	8	7
Burgos	P	12	6	Palencia	Q	6	1
Cáceres	T	12	6	Palma	Q	16	4
Cádiz	D	14	7	Palmas, Las	T	17	14
Castellón	P	16	5	Pamplona	P	6	2
Ceuta	D	14	12	Pontevedra	P	11	9
Ciudad Real	Q	9	0	Salamanca	Q	8	4
Córdoba	Q	9	−4	San Sebastián	P	8	7
Coruña, La	P	12	11	S. C. Tenerife	Q	17	15
Cuenca	Q	7	−1	Santander	P	11	10
Gerona	P	12	1	Santiago de C.	P	10	4
Gijón	P	10	8	Segovia	Q	6	3
Granada	Q	7	−4	Sevilla	T	12	1
Guadalajara	Q	11	−3	Soria	Q	6	1
Huelva	T	15	4	Tarragona	P	15	10
Huesca	P	7	1	Teruel	P	8	−6
Ibiza	P	14	3	Toledo	Q	11	0
Jaén	Q	9	1	Valencia	Q	14	4
Lanzarote	Q	16	14	Valladolid	Q	10	3
León	Q	7	3	Vigo	P	11	9
Lérida	Q	12	3	Vitoria	P	6	5
Logroño	P	9	6	Zamora	Q	10	5
Lugo	P	9	2	Zaragoza	Q	10	−2

EXTRANJERO		MÁX.	MÍN.			MÁX.	MÍN.
Amsterdam	P	5	4	México *			
Atenas	Q	18	9	Miami *			
Berlín	P	4	2	Moscú	N	−1	−3
Bruselas	P	3	−1	Nueva York *			
Buenos Aires *				Oslo	N	−1	−7
Cairo, El	P	22	12	París	P	5	2
Estocolmo	P	3	0	Rabat	D	15	11
Francfort	P	6	3	R. de Janeiro *			
Ginebra	P	3	1	Roma	P	16	13
Lisboa	D	15	9	Tokio *			
Londres	P	10	9	Viena	P	5	2

A, agradable / C, mucho calor / c, calor / D, despejado / F, mucho frío / f, frío / H, heladas / N, nevadas / P, lluvioso / Q, cubierto / S, tormentas / T, templado / V, vientos fuertes.
* Datos del día anterior.

b) ¿Qué tiempo crees que hace en esta misma época en Buenos Aires o en México, o en Brasil? Mira los datos con atención. ¿Qué estación del año es allí en diciembre?

11 Ahora vosotros. En parejas.

A:

Son las 2.45 y estás en la estación de Córdoba. Quieres comprar un billete para llegar a Málaga antes de las 8.30.
Pregunta también si hay coche cama, si tienes que pagar suplemento, etc.

B:

Eres un empleado de RENFE y trabajas en la estación de Córdoba. Atiende a A y consulta este horario si lo necesitas. Luego véndele un billete, si te lo pide.

Córdoba		7 50	16 15	19 08	4 01	5 10	3 01
Montilla		|	16 53	|	4 43	|	3 43
Aguilar de la Frontera		|	17 00	|	4 53	|	|
Puente Genil		8 44	17 16	19 53	5 16	6 06	4 04
Casariche		|	17 26	|	|	|	|
La Roda de Andalucía		|	17 35	|	5 41	|	|
Bobadilla	○	9 17	17 50	20 21	6 05	6 41	4 35
Bobadilla		|	|	|	|	|	4 53
Ronda		|	|	|	|	|	6 17
San Roque-La Linea		|	|	|	|	|	8 04
Algeciras	○	▼	▼	▼	▼	▼	8 25
Bobadilla		9 21	17 51	20 22	6 10	6 46	■
Alora		9 53	18 28	|	6 51	|	
Málaga	○	10 30	19 00	21 20	7 40	8 00	

Tipo de tren	Estrella	Diurno	Talgo P.	Estrella	Talgo C.	Estrella
Número circulación	942	11512	140	844	840	344
Número ordenador	942	512	140	844	840	344
Plazas sentadas	1-2	1-2	1-2	1-2		1-2
Plazas acostadas						
Prestaciones						
Suplementos/P Global						

12 **a)** ¿En qué piensas cuando escuchas los primeros sonidos de esta canción? Imagina

- un lugar
- una hora
- el tiempo que hace
- una estación del año
- un mes

b) Escucha toda la canción y lee.

Todo es de color
todo es de color
todo es de color
todo es de color.
¡Qué bonita es la primavera!
¡Qué bonita es la primavera cuando llega!
El clavel que tienes en tu ventana
me hace recordar al barrio de Triana.

TRIANA, Todo es de color.

c) Señala la respuesta que crees adecuada.

A. Un clavel es ...
- ☐ un animal
- ☐ una flor

B. El barrio de Triana está en ...
- ☐ Barcelona
- ☐ Sevilla

13 Comenta con tus compañeros:

Aquí una fotografia de un paisaje andaluz. ¿Qué estación es?

¿Cuáles son la estación y el mes del año que más te gustan? ¿Por qué?
¿Y los que menos? ¿Por qué?

Recuerda

COMUNICACIÓN

Wann geht der nächste Zug?

¿Qué trenes hay para Málaga? Hay uno dentro de un cuarto de hora.
¿Hay algún tren para Málaga? Sí, hay uno a las 23.10.
¿A qué hora llega el de las 23.10? Llega a las 5.54.
¿Cuánto dura el viaje? Dura 2 horas.
¿Para en Madrid? ¿Lleva literas? Sí.

Was ist dir lieber?

¿Qué prefieres: el autobús o el metro? Prefiero el metro al autobús.

Wie ist das Wetter?

¿Qué tiempo hace? Hace mucho frío y nieva un poco.

GRAMÁTICA

llover und *nevar*

Llueve. (*Inf.*: llover) (Es regnet.)
Nieva. (*Inf.*: nevar) (Es schneit.)

Llover und *nevar* gibt es nur in der dritten Person Singular, genau wie im Deutschen bei den Verben „regnen" und „schneien".

acabar de

El tren **acaba de** salir. (Der Zug ist gerade abgefahren.)
Acabamos de llegar. (Wir sind gerade angekommen.)

Acabar de bezeichnet einen Vorgang, der gerade stattgefunden hat.

hacer

Hace buen tiempo. (Es ist schönes Wetter.)
¿Qué tiempo **hace** en Cádiz en otoño? (Was für ein Wetter ist in Cádiz im Herbst?)
Este dibujo me **hace** pensar en el otoño. (Dieses Bild läßt mich an den Herbst denken.)
Ha salido **hace** cinco minutos. (Er ist vor fünf Minuten abgefahren.)

algún/alguno/-a und *ningún/ninguno/-a*

¿Hay **algún** tren para Granada antes de las 7.00? No, **no** hay **ningún** tren. /No, **no** hay **ninguno**.
¿Hay **alguna** estación de metro por aquí? No, **no** hay **ninguna**.
Algunos trenes paran en todas las estaciones.

Alguno/alguna (ein/e, irgendein/e) und *ninguno/ninguna* (kein/e) werden mit oder ohne Substantiv gebraucht. Bei den männlichen Formen entfällt vor einem Substantiv die Endung -o.
Die Pluralformen *ningunos/ningunas* sind ungebräuchlich: man verwendet dafür die Singularform ningún/ninguna.

Das Fragewort *¿adónde?*

¿**Adónde** va la chica? (wohin?)

REPASO 4

1 **a)** Aquí tienes una serie de actividades posibles para unas vacaciones en Chile. Estas cuatro personas han estado allí este verano y han escrito estos comentarios. Relaciona cada comentario con una de estas actividades.

A

B

C

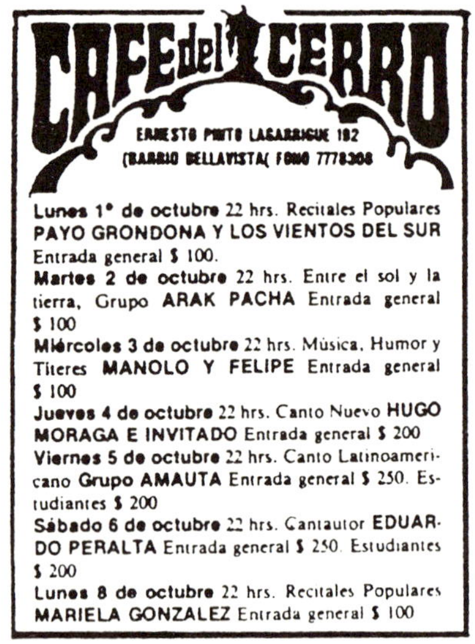

Irma:
«¡He aprendido a bailar muchos bailes típicos! ¡Y en sólo un mes!»

Lourdes:
«He tenido tiempo para leer algunas obras literarias, y esta novela es la que más me ha gustado.»

Ramón:
«¡La comida criolla es la mejor del mundo!»

María:
«¡Me gusta tanto ir al teatro, sobre todo durante las vacaciones!»

Felipe:
«He ido a muchos conciertos de música latinoamericana. ¡He escuchado en directo a muchos cantautores!»

D

E

b) En parejas. Uno de vosotros está de viaje en Chile, el otro es chileno. Habláis por teléfono para quedar esta noche y hacer alguna de estas actividades.

c) En grupos de cuatro. Después del viaje, cuéntales a tus amigos lo que has hecho en tus vacaciones.

2 **a)** ¿Qué título te gusta más para el texto?

A. COMEMOS MÁS QUE ANTES

B. COMEMOS COMO ANTES

C. COMEMOS PEOR QUE ANTES

La dieta española —como la de otros muchos países— está cambiando. Los alimentos tradicionales están siendo sustituidos por otros, normalmente de origen norteamericano, que son peores para la salud porque tienen muchas grasas animales.

Actualmente tomamos menos legumbres, verduras, ensaladas, arroz y aceite de oliva que antes. Por el contrario, el consumo de hamburguesas, perritos calientes, sandwiches y patatas fritas es ahora mayor. A mi padre le gustan mucho las naranjas.

También cocinamos menos que antes y comemos más fuera de casa, a menudo alimentos con mucha grasa.

Las consecuencias de estos nuevos hábitos alimenticios son claramente negativas: el número de enfermedades relacionadas con la mala alimentación es cada vez mayor. Muy cerca de donde estudio hay un hospital.

EL MUNDO DEL SIGLO VEINTIUNO, 31-5-91 (Adaptado)

b) En este artículo hay dos frases que sobran. ¿Cuáles son?

c) En el texto hay dos alimentos tradicionales de España. ¿Cuáles son? ¿Los has probado alguna vez? ¿Te gustan?

d) ¿Pasa lo mismo en tu país? Coméntalo con tus compañeros.

3 ¿BIEN O MAL?

Éstas son las instrucciones del juego de la página siguiente. Léelas y pregúntale al profesor lo que no entiendes:

1. En grupos de tres o cuatro. Juega con un dado y una ficha de color diferente a la de tus compañeros.
2. Por turnos. Tira el dado y avanza el número de casillas que indica.
3. Si caes en una casilla con una o varias frases, decide si están bien o mal y, en este caso, corrígelas.
4. Si tus compañeros están de acuerdo con lo que dices, quédate en esa casilla.
   Si no están de acuerdo contigo, preguntad al profesor quién tiene razón.
   Si estás equivocado, vuelve a la casilla donde estabas.
5. Si caes en el principio de una escalera, súbela. Si caes en un agujero, baja hasta el final.

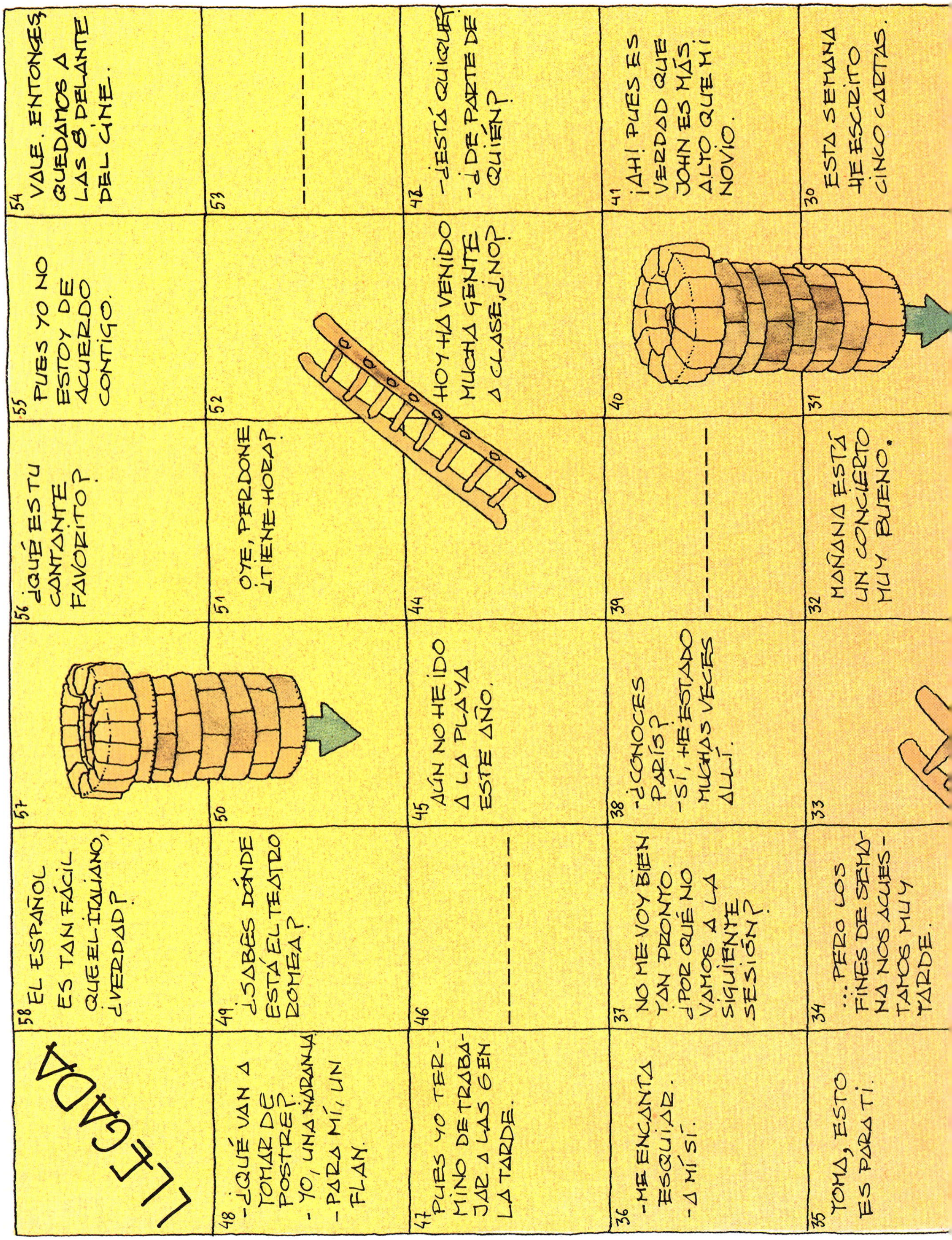
30 ESTA SEMANA HE ESCRITO CINCO CARTAS.
31
32 MAÑANA ESTÁ UN CONCIERTO MUY BUENO.
33
34 ... PERO LOS FINES DE SEMANA NOS ACUESTAMOS MUY TARDE.
35 TOMA, ESTO ES PARA TI.
36 - ME ENCANTA ESQUIAR. - A MÍ SÍ.
37 NO ME VOY BIEN TAN PRONTO. ¿POR QUÉ NO VAMOS A LA SIGUIENTE SESIÓN?
38 - ¿CONOCES PARÍS? - SÍ, HE ESTADO MUCHAS VECES ALLÍ.
39 ----------
40
41 ¡AH! PUES ES VERDAD QUE JOHN ES MÁS ALTO QUE MI NOVIO.
42 - ¿ESTÁ QUIQUE? - ¿DE PARTE DE QUIÉN?
HOY HA VENIDO MUCHA GENTE A CLASE, ¿NO?
44
45 AÚN NO HE IDO A LA PLAYA ESTE AÑO.
46 ----------
47 PUES YO TERMINO DE TRABAJAR A LAS 6 EN LA TARDE.
48 - ¿QUÉ VAN A TOMAR DE POSTRE? - YO, UNA NARANJA. - PARA MÍ, UN FLAN.
49 ¿SABES DÓNDE ESTÁ EL TEATRO ROMEA?
50
51 OYE, PERDONE ¿TIENE HORA?
52
53 ----------
54 VALE. ENTONCES, QUEDAMOS A LAS 8 DELANTE DEL CINE.
55 PUES YO NO ESTOY DE ACUERDO CONTIGO.
56 ¿QUÉ ES TU CANTANTE FAVORITO?
57
58 EL ESPAÑOL ES TAN FÁCIL QUE EL ITALIANO, ¿VERDAD?
LLEGADA

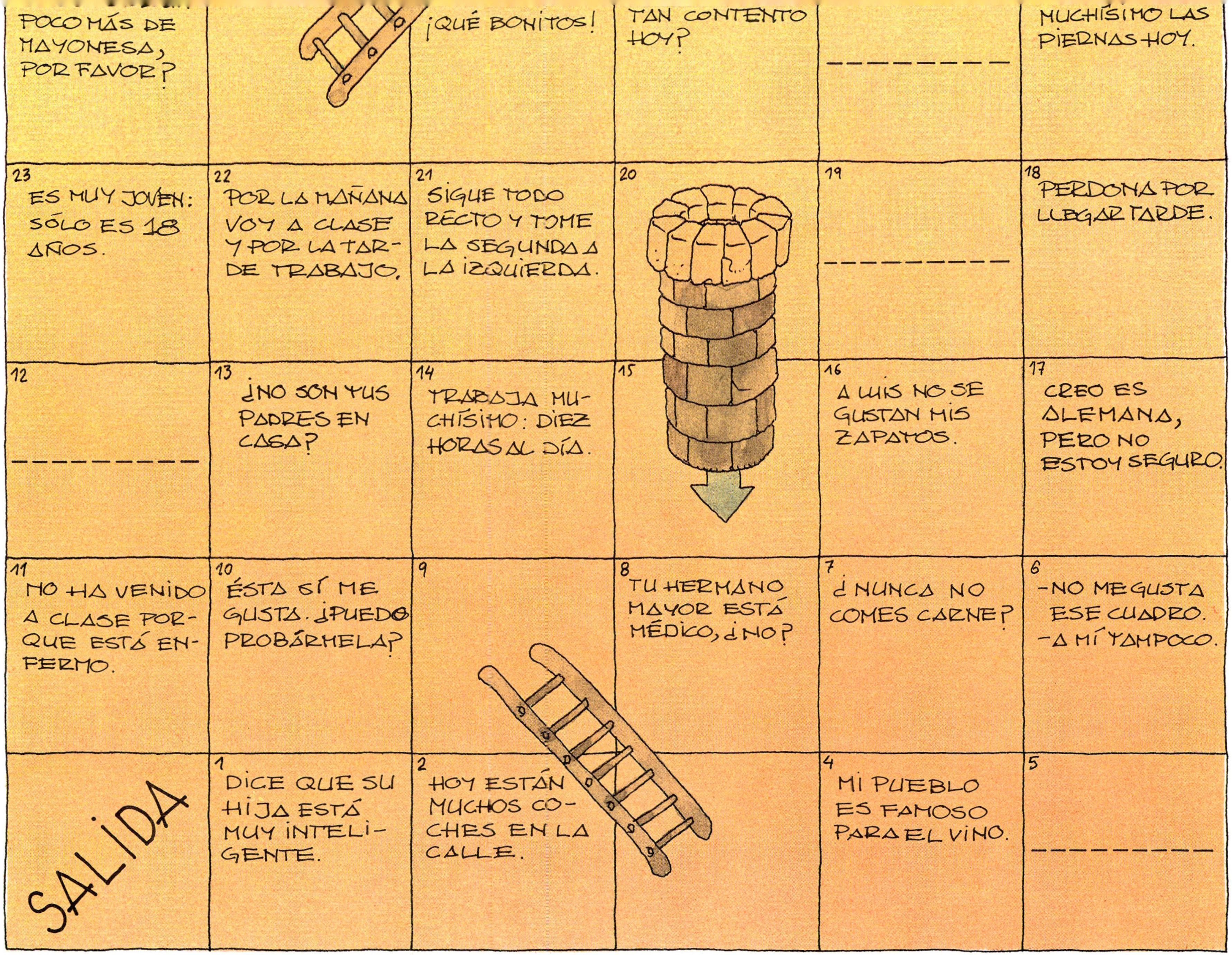
SALIDA
1 DICE QUE SU HIJA ESTÁ MUY INTELI- GENTE.
2 HOY ESTÁN MUCHOS CO- CHES EN LA CALLE.
4 MI PUEBLO ES FAMOSO PARA EL VINO.
5
6 -NO ME GUSTA ESE CUADRO. -A MÍ TAMPOCO.
7 ¿NUNCA NO COMES CARNE?
8 TU HERMANO MAYOR ESTÁ MÉDICO, ¿NO?
9
10 ÉSTA SÍ ME GUSTA. ¿PUEDO PROBÁRMELA?
11 NO HA VENIDO A CLASE POR- QUE ESTÁ EN- FERMO.
12
13 ¿NO SON TUS PADRES EN CASA?
14 TRABAJA MU- CHÍSIMO: DIEZ HORAS AL DÍA.
15
16 A LUIS NO SE GUSTAN MIS ZAPATOS.
17 CREO ES ALEMANA, PERO NO ESTOY SEGURO.
18 PERDONA POR LLEGAR TARDE.
19
20
21 SIGUE TODO RECTO Y TOME LA SEGUNDA A LA IZQUIERDA.
22 POR LA MAÑANA VOY A CLASE Y POR LA TAR- DE TRABAJO.
23 ES MUY JOVEN: SÓLO ES 18 AÑOS.
POCO MÁS DE MAYONESA, POR FAVOR?
¡QUÉ BONITOS!
TAN CONTENTO HOY?
MUCHÍSIMO LAS PIERNAS HOY.

21 CONTAR UN VIAJE

1 Éstas son fotos de una ciudad española:

¿Te gustan?
¿Sabes qué ciudad es?
¿Has estado alguna vez allí?
¿Por qué es famosa?

Las Ramblas

La estatua de Colón

La Sagrada Familia

El parque Güell

La catedral

La Fundación Miró

2 Cristina pasa el fin de semana en Barcelona y escribe una postal a un amigo. ¿Qué lugares de las fotos menciona?

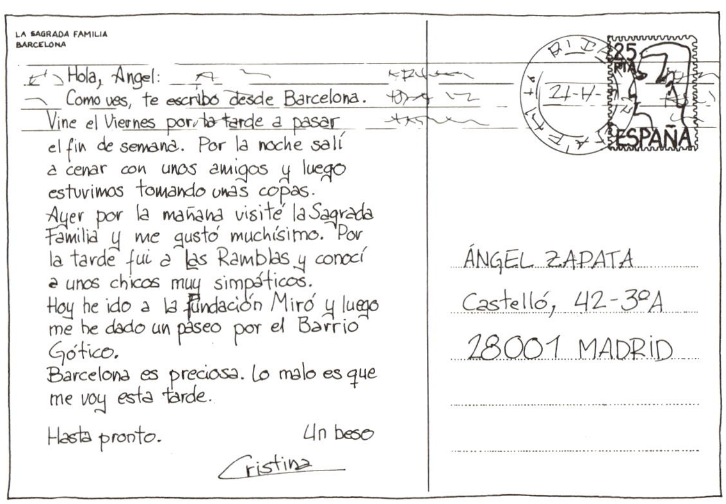

LA SAGRADA FAMILIA
BARCELONA

Hola, Angel:
Como ves, te escribo desde Barcelona.
Vine el Viernes por la tarde a pasar el fin de semana. Por la noche salí a cenar con unos amigos y luego estuvimos tomando unas copas.
Ayer por la mañana visité la Sagrada Familia y me gustó muchísimo. Por la tarde fui a las Ramblas y conocí a unos chicos muy simpáticos.
Hoy he ido a la Fundación Miró y luego me he dado un paseo por el Barrio Gótico.
Barcelona es preciosa. Lo malo es que me voy esta tarde.

Hasta pronto. Un beso

Cristina

25 PTA
ESPAÑA

ÁNGEL ZAPATA
Castelló, 42-3ºA
28001 MADRID

3 **a)** En el texto de la postal aparece un nuevo tiempo del pasado. ¿Qué formas son nuevas para ti? ¿Cuáles no? Escribe las formas correspondientes de estos verbos.

venir	vine
salir	________
estar tomando	________
visitar	________
gustar	________
ir	________
conocer	________
dar	________

b) ¿Qué formas crees que son irregulares?

4 El indefinido

FORMAS REGULARES

	—ar	—er	—ir
	visit**ar**	conoc**er**	sal**ir**
(yo)	________	conoc**í**	sal**í**
(tú)	visit**aste**	________	________
(él/ella/usted)	visit**ó**	conoc**ió**	________
(nosotros/nosotras)	visit**amos**	________	sal**imos**
(vosotros/vosotras)	visit**asteis**	________	sal**isteis**
(ellos/ellas/ustedes)	visit**aron**	conoc**ieron**	________

FORMAS IRREGULARES

	IR/SER	ESTAR	VENIR	HACER
(yo)	________	estuve	vine	hice
(tú)	fuiste	________	________	hiciste
(él/ella/usted)	fue	estuvo	vino	hizo
(nosotros/nosotras)	________	________	vinimos	hicimos
(vosotros/vosotras)	fuisteis	________	vinisteis	hicisteis
(ellos/ellas/ustedes)	fueron	estuvieron	________	hicieron

5 Escucha estas formas verbales del indefinido.
¿Cuál es la sílaba más fuerte? Subráyala.

visité – salí – fui – hice – estuve – conociste – visitaste

estuviste – visitó – salió – fui – vino – estuve – conocimos

visitamos – estuvimos – salisteis – vinisteis – estuvisteis – visitaron

conocieron – estuvieron – vinieron

6 **a)** El indefinido se utiliza con adverbios y expresiones de este tipo:

ayer — hace dos semanas — en Navidad — anteayer
el otro día — el mes pasado — en 1975
el año pasado — en julio — hace tres meses
la semana pasada — el 15 de junio de 1977

b) Ordénalas y colócalas en esta «línea del tiempo» (de la más próxima a la más alejada del presente).

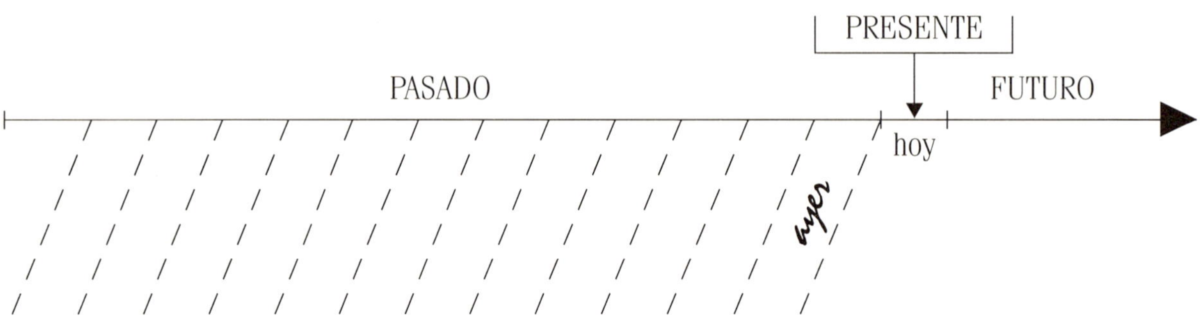

7 En grupos de cuatro.

a) Cada uno de vosotros piensa en una fecha importante del pasado y escribe lo que hizo en esa fecha:

El año pasado conocí a mi novio.

b) Coméntalo con tus compañeros. ¿Hizo alguien algo interesante, divertido, sorprendente o extraño?

8 **a)** Esta persona habla del pasado. Escucha las frases y repite lo que oigas sólo si es verdadero. Si es falso, no digas nada.

b) Escucha de nuevo. Si es verdadero, repítelo; si es falso, utiliza la negación:

Ejemplo: Ayer hizo calor. — Ayer no hizo calor.

9 ¿Qué expresión corresponde a cada dibujo? Escríbela.

alojarse en un hotel	*ir de camping*	*ir de excursión*
hacer auto-stop	*hacer la maleta*	*coger el avión*

alojarse en un hotel

10 **a)** ¿Cuándo hiciste estas cosas por última vez? Rellena la columna correspondiente.

	TÚ	TU COMPAÑERO
• Ir de camping.		
• Hacer la maleta.		
• Coger el avión.		
• Hacer auto-stop.		
• Pasar un fin de semana en el campo.		
• Alojarse en un hotel.		
• Ir de excursión.		

b) ¿Y tu compañero? Completa el recuadro.

FÍJATE

—¿Cuándo fuiste de camping por última vez?
—El verano pasado.
En agosto.
Hace tres semanas.
. . .

c) ¿Qué pareja hizo más cosas similares? Comparad con otros grupos de la clase.

Ejemplo: Thomas y yo hicimos el año pasado tres cosas similares: fuimos . . .

11 ¿VERDADERO O FALSO? Un chico cuenta a una amiga su viaje a Toledo. Escucha la conversación y márcalo en el recuadro.

	V	F
Llegó a Toledo a las diez de la noche.		
Por la mañana estuvo en la Catedral.		
Por la noche fue a una discoteca.		
No bailó nada en la discoteca.		
Volvió a Madrid el domingo por la mañana.		

12 Maite estuvo en París de vacaciones. Cada uno de vosotros tiene información sobre su viaje que el otro no tiene. Hablad entre vosotros y reconstruid el viaje.

A

—¿Adónde ... Maite?

¿Cómo ...?

¿Con quién ...?

¿Actividades / domingo? ¿Gustar / comida?

¿Coincide lo que has escrito con los dibujos de tu compañero?

B

—A París.

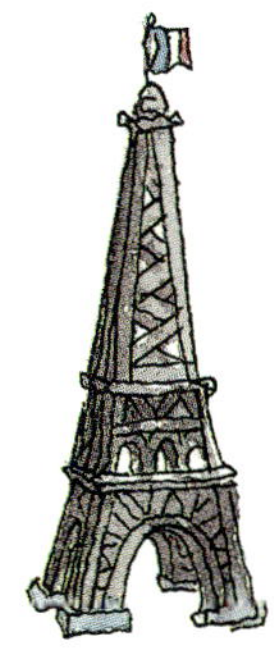

¿Y qué día ...?

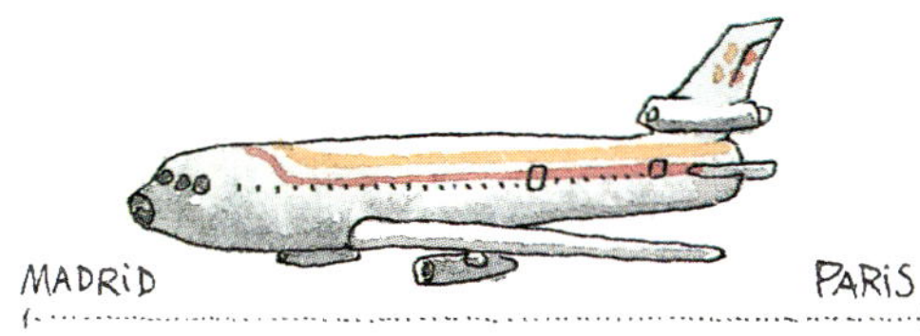

¿En qué hotel ...?

¿Actividades / sábado? ¿Gustar / teatro?

¿Coincide lo que has escrito con los dibujos de tu compañero?

Y ahora ...

13 **a)** Uwe, estudiante de español, nos habla de sus experiencias en Venezuela. Lee este texto y marca la ruta de su viaje en el plano.

Mi viaje a Venezuela

Llegué a Caracas desde Francfort. Me quedé dos días en un hotel cerca de la «Sabana Grande», que es el centro comercial de Caracas.
Al tercer día tomé un autobús para Coro, una ciudad con 35.000 habitantes que está a unos 400 km al oeste de Caracas. De Coro fui a Maracaibo, cruzando el puente Rafael-Urdaneta, uno de los puentes más largos del mundo, con 8.678 m. Allí, en Maracaibo, hizo muchísimo calor (unos 33,5° C de media), porque está a sólo unos 50 m sobre el nivel del mar. De Maracaibo me dirigí a Mérida, una ciudad en los Andes a una altitud de 1.650 m. En Mérida hice una «marcha de trekking» por las montañas y llegué hasta el Pico Espejo (a unos 4.765 m.).
De Mérida fui a la región de los Llanos, en el centro del país, donde conocí y ví muchos animales exóticos y algunos peligrosos (cocodrilos, anacondas, papagayos, y una variedad enorme de aves). ¡Incluso pesqué pirañas en el río Apure! De Llanos me dirijí a Ciudad Bolívar, en el centro de Venezuela, en plena selva. Por último, llegué al Puerto de La Cruz, donde pasé unos días para descansar antes de volver a Caracas, desde donde emprendí la vuelta a Alemania.
¡Fue un viaje maravilloso!

(Uwe Schuller, Nürnberg)

VENEZUELA
Población:
19,3 millones
Superficie (km²):
912.050
Habitantes por ciudad:
■ más de un millón
■ más de 500.000
■ más de 100.000
■ menos de 100.000

b) ¿Qué tipos de paisaje conoció Uwe? ¿Qué aspectos del país menciona?

Recuerda

COMUNICACIÓN

Wie war es Sonntag?

¿Qué hiciste el sábado pasado? — Estuve en Salamanca.
¿A quién visitaste el verano pasado? — Visité a mi amigo Fernando.
¿A quién conoció en 1985? — Conocí a Fernando.

Wann war das noch?

¿Cuándo empezó a aprender español? — En febrero.

Was haben wir für einen Tag?

¿Qué día es hoy? — Hoy es martes 15 de marzo de 1994.

GRAMÁTICA

Das Indefinido

El año pasado **estuve** en Venezuela. (Letztes Jahr war ich in Venezuela.)
Ayer por la mañana **fui** a Zaragoza. (Gestern morgen bin ich nach Zaragoza gefahren.)

Das Indefinido wird für Handlungen und Vorgänge verwendet, die in der Vergangenheit einmalig geschehen sind und vom Sprechenden als abgeschlossen betrachtet werden.

Regelmäßige Verben

visit**ar**	conoc**er**	sal**ir**
visit**é**	conoc**í**	sal**í**
visit**aste**	conoc**iste**	sal**iste**
visit**ó**	conoc**ió**	sal**ió**
visit**amos**	conoc**imos**	sal**imos**
visit**asteis**	conoc**isteis**	sal**isteis**
visit**aron**	conoc**ieron**	sal**ieron**

Unregelmäßige Verben

estar	hacer	venir	ir	ser
estuve	hice	vine	fui	fui
estuviste	hiciste	viniste	fuiste	fuiste
estuvo	hizo	vino	fue	fue
estuvimos	hicimos	vinimos	fuimos	fuimos
estuvisteis	hicisteis	vinisteis	fuisteis	fuisteis
estuvieron	hicieron	vinieron	fueron	fueron

⚠ Die Indefinidoformen von *ir* (gehen) und *ser* (sein) sind identisch!

Zeitangaben: *en* und *de*

En mayo fui a Italia.
En Navidad.
En 1985.
Hoy es sábado 15 **de** abril **de** 1995.

Die Präpositionen *en* und *de* können auch in Verbindung mit Zeitangaben gebraucht werden.

22 PLANES

1 ¿De qué hablan estas dos personas? Escucha el diálogo.

—Este fin de semana voy a ir a la playa. ¿Quieres venir?
—¿Este fin de semana? Imposible. El sábado voy a salir con unos amigos y el domingo tengo que estudiar para el examen del lunes.
—Bueno, pues otra vez será.

2 ¿Conoces Granada? Aquí tienes el programa de una excursión para el próximo sábado.

VIAJES VAIVÉN

EXCURSIÓN A GRANADA — 4 de julio de 1991

8.30	Salida en autobús de la plaza de Andalucía.
10.15	Llegada a Granada.
10.30	Visita a la Alhambra.
12.30	Visita al Albaicín.
14.00	Comida en el Restaurante Medina.
15.30-19.30	Tiempo libre.
20.00	Concierto flamenco a cargo de Manolo Alfileres.
22.30	Cena en el Mesón del Chato.
23.30	Regreso a Córdoba.

3 **a)** Un amigo tuyo va a hacer esa excursión y tú quieres informarte. Prepara las preguntas con tu compañero. Pensad en los siguientes aspectos:

- medio de transporte → *¿Cómo vas a ir?*
- hora de salida
- hora de vuelta
- ¿mucha gente?
- visitas
- comidas
- ¿algún espectáculo?

b) En parejas.

A: El sábado vas a ir a esa excursión. Responde a las preguntas de tu compañero.

B: Tu compañero va a ir a Granada el sábado. Hazle preguntas sobre la excursión.

FÍJATE

ir a + **infinitivo**

Este verano **voy a** hacer un viaje.
El año que viene **vamos a aprender** chino ...

ahora
→ ● →
Acabo de comer. Voy a salir.

Referencias temporales:

mañana	este verano / invierno / ...
pasado mañana	la semana que viene = la próxima semana
el domingo / lunes / ...	el mes que viene = el próximo mes
este fin de semana	el año que viene = el próximo año
esta semana	en Navidad / Pascua / ...
este mes / año	en julio / agosto / ...

4 Dos amigos hablan de sus planes para el próximo fin de semana. Escucha esta conversación y completa el recuadro.

	ÉL	ELLA
EL SÁBADO	va a ir de compras	
EL DOMINGO		

5 Pregunta a tus compañeros y escribe el nombre correspondiente en cada caso:

¿Quién ...

... va a ir al cine este fin de semana? ________________

... quiere ir al campo el domingo? ________________

... no va a venir a clase la próxima vez? ________________

... va a salir esta noche? ________________

... quiere hacer una excursión este fin de semana? ________________

... no va a hacer hoy los deberes? ________________

6 CUESTIÓN DE LÓGICA

a) Con la siguiente información, completa el recuadro:

Carlos, Maite, Ana, Hernán, Luisa y Juan forman tres parejas. Este fin de semana, una pareja va a ir a bailar, la otra al teatro, la otra al campo; una pareja va a salir el viernes, la otra el sábado, y la otra el domingo.

Hernán va a ir a bailar, pero no con Ana.
Luisa va a salir con Carlos.
Ana va a ir al teatro.
Juan va a salir el viernes.
Carlos va a ir al campo.
Maite no va a salir el domingo.

¿QUIÉNES?	¿QUÉ VAN A HACER?	¿CUÁNDO?

b) Ahora completa las frases.

- Hernán __________ __________ ir a bailar con __________ . Va a ir el __________ .
- El __________ Carlos va a ir al campo con __________ .
- Juan va a ir el viernes __________ __________ . Va a ir con __________ .

7

a) En parejas. El próximo fin de semana lo vais a pasar juntos, pero todavía no sabéis dónde. Decididlo. Pensad también en:

—actividades y visitas
—medio de transporte
—alojamiento, etc.

b) En grupos de cuatro (dos parejas). ¿Sabéis dónde va a pasar el fin de semana la otra pareja? Hablad sobre vuestros planes.

8 **a)** ¿Crees en la astrología?

Cristina va a un gabinete astrológico para conocer su futuro, y le dicen:

Equipo DIME
GABINETE DE ASTROLOGÍA
• Numerología
• Tarot
Cursos y consultas
Blanca SABIA
Información
de 9 a 14
Tel. 700 20 00

Vas a tener una vida muy larga y feliz: te casarás con un hombre que conocerás pronto. Trabajarás sólo unos meses más en tu oficina, porque tendréis dos hijos, dos niños, con vidas muy distintas: uno de ellos irá a vivir a un país muy frío, el otro a uno tropical. Viviréis todos juntos muchos años en una ciudad del centro de Europa. No tendréis mucho dinero, pero seréis muy felices. Tu marido saldrá por un tiempo del país: hará cosas importantes en el extranjero y tú podrás viajar mucho. Conoceréis a una persona que cambiará vuestras vidas.

b) En este texto se habla de planes futuros.
¿Qué formas de los verbos son nuevas para ti?
Subráyalas y escribe de qué verbo vienen:

trabaj**arás** < trabajar

c) Completa este recuadro con ayuda del texto anterior:

	- AR	- ER	- IR
(yo)	trabaj**aré**	conoc**eré**	
(tú)			viv**irás**
(él, ella, usted)	trabaj**ará**		viv**irá**
(nosotros, nosotras)		conoc**eremos**	viv**iremos**
(vosotros, vosotras)	trabaj**aréis**		
(ellos, ellas, ustedes)		conoc**erán**	

FÍJATE

Algunas formas irregulares:
hacer > haré
poder > podré
tener > tendré
salir > saldré

d) En parejas: ¿Cuáles son los planes de vida de tu compañero? Pregúntaselo.
Ejemplo: ¿Qué harás ... ? – Haré ... / Estudiaré ... / Viajaré ...

Si tu compañero no lo sabe, juega a la pitonisa y adivina su futuro:
Harás ... / Estudiarás ... / Viajarás ...

9 Antonio quiere ir este verano a Egipto a estudiar árabe. Hoy ha ido a la embajada de ese país para informarse sobre lo que hay que hacer para obtener un visado, y ha tomado estas notas. Léelas y escribe qué hay que hacer para obtener un visado de entrada en ese país:

Ejemplo: Hay que presentar el pasaporte.

- presentar el pasaporte
- llevar una fotografía tamaño carnet
- pagar 3550 pta
- rellenar un formulario

(Horario: 10-12 h)

10 ¿Qué tiene que hacer Antonio para obtener el visado? Habla con tu compañero:

Ejemplo: —Debe pagar 3.550 pesetas.
—Tiene que presentar el pasaporte en la embajada.

FÍJATE

	Antonio . . .
Hay que presentar el pasaporte.	**tiene que** presentar el pasaporte.
Hay que rellenar un formulario.	**debe** rellenar un formulario.

11 En grupos de cuatro:

Imagina que el mes que viene vas a ir de vacaciones a uno de estos lugares. ¿Qué tienes que hacer para ir? ¿Qué piensas hacer? Coméntalo con tus compañeros. ¿Saben qué sitio es?

Lotería Nacional

MILLONES

La Quiniela

12 **a)** Lee el siguiente texto:

El Gordo

En España son muchas las personas aficionadas a los juegos de azar. El más antiguo y representativo es la Lotería Nacional, que el 22 de diciembre, en Navidad, trae grandes sorpresas: el primer premio se llama «El Gordo»; en estos días todos los que juegan a la Lotería sueñan con él e imaginan lo que harán si ganan ese montón de dinero.

Otro de los juegos más antiguos se llama la Lotería primitiva, que está otra vez de moda en España y trae premios muy grandes.

El fútbol tiene también su juego de azar: la Quiniela. El jugador debe adivinar los resultados de los partidos del fin de semana.

Por su parte, la ONCE (Organización Nacional de Ciegos Españoles) celebra todos los días sus sorteos: los cupones se pueden comprar en cualquier calle o caseta de esta organización.

b) En parejas:

A	B
Acabas de enterarte de que te ha tocado «El Gordo». ¡Tus problemas económicos están solucionados! Llama a un amigo – tu compañero – y cuéntale todo lo que harás en el futuro.	Un amigo tuyo – tu compañero – te llama por teléfono y te cuenta que le ha tocado la lotería. Pregúntale qué hará con tanto dinero.

c) ¿Juegas a la lotería? ¿Qué opinas de estos juegos de azar, de esta forma de soñar y planear el futuro? ¿Existe en tu país?

13 **a)** Lee esta historieta.

b) En grupos de tres:

¿Qué creéis que va a pasar? ¿Qué va a hacer Juanita? ¿Y Jacinto?

¿Como puede continuar la historieta? Escribidlo.

c) ¿Tiene el profesor otra continuación de la historieta?

Recuerda

COMUNICACIÓN

Was hast du vor?

¿Qué vas a hacer esta noche? — Voy a ir al teatro.
¿Qué hará el sábado? — Trabajaré.

Ich habe noch was zu erledigen …

¿Qué tienes que hacer este fin de semana? — Tengo que estudiar mucho.
¿Qué tiene que hacer en la embajada? — Tengo que presentar el pasaporte.
¿Qué hay que hacer en la embajada? — Hay que presentar el pasaporte.
¿Qué debo hacer para obtener un visado? — Debe rellenar un formulario.

GRAMÁTICA

Die nahe Zukunft: *ir a*

Este fin de semana **voy a ir** a la playa. (Dieses Wochenende gehe ich an den Strand./ werde ich an den Strand gehen.)

Hoy **vamos a hacer** una excursión a Granada. (Heute machen wir einen Ausflug nach Granada / werden wir einen Ausflug nach Granada machen.)

Ir a + Infinitiv bezeichnet etwas unmittelbar Bevorstehendes. Im Deutschen verwenden wir dafür oft das Präsens.
Die Entsprechung in der Vergangenheit ist *acabar de*, das Sie in Lektion 20 kennengelernt haben.

Das Futur

Regelmäßige Verben

trabajar	conocer	vivir
trabaj**aré**	conoc**eré**	viv**iré**
trabaj**arás**	conoc**erás**	viv**irás**
trabaj**ará**	conoc**erá**	viv**irá**
trabaj**aremos**	conoc**eremos**	viv**iremos**
trabaj**aréis**	conoc**eréis**	viv**iréis**
trabaj**arán**	conoc**erán**	viv**irán**

Das Futur wird gebildet, indem an den Infinitiv die Endungen für die Zukunft angehängt werden. Diese Endungen sind für alle Verbgruppen gleich!

Unregelmäßige Verben

hacer	poder	salir	tener
haré	**podré**	**saldré**	**tendré**
harás	**podrás**	**saldrás**	**tendrás**
hará	**podrá**	**saldrá**	**tendrá**
haremos	**podr**emos	**saldr**emos	**tendr**emos
haréis	**podr**éis	**saldr**éis	**tendr**éis
harán	**podr**án	**saldr**án	**tendr**án

tener que … – hay que …

Tengo que rellenar un formulario. (Ich muß ein Formular ausfüllen.)
Hay que rellenar un formulario. (Man muß ein Formular ausfüllen.)

⚠ *Hay que* ist eine unpersönliche Form: „man muß".

para + Infinitiv

¿Qué debo hacer **para** obtener un visado?

Para kann auch vor Infinitiven stehen. Dann bedeutet es „um … zu".

1 **a)** Observa estas situaciones:

b) ¿En qué diálogos se pide permiso para hacer algo?

¿En cuáles se pide un favor a otra persona?

FIJATE

Imperativo

Verbos con imperativo regular:

	- AR	- ER	- IR
	pasar	coger	abrir
TÚ	pasa	coge	abre
USTED	pase	coja	abra

Hay verbos que en imperativo tienen la misma irregularidad que en presente de indicativo:

	cerrar	contar	encender	pedir
TÚ	cierra	cuenta	enciende	pide
USTED	cierre	cuente	encienda	pida

Otros verbos con imperativo irregular:

	poner	venir	ir	hacer	decir
TÚ	pon	ven	ve	haz	di
USTED	ponga	venga	vaya	haga	diga

Imperativo + pronombres de objeto directo *lo, la, los, las*

¿Puedo …	Sí, sí, …
… poner este disco? … abrir la ventana? … hacer los ejercicios? … cerrar las ventanas?	… ponlo. … ábrela. … hazlos. … ciérralas.

2 **a)** En la primera columna, unas personas piden permiso a otras; en la segunda, están las respuestas positivas o negativas. Relaciona las dos columnas y construye diálogos, si es posible.

1. ¿Puedo encender la luz? Es que no se ve casi nada.
2. Tengo que hablar con unos amigos. ¿Puedo hacer un par de llamadas?
3. Perdona, ¿puedo coger un cigarrillo?
4. Ángel, ¿puedo tirar estos periódicos a la basura?
5. ¿Puedes traerme el diccionario de inglés?
6. Casi no se oye, ¿verdad? ¿Puedo subir el volumen?

A. Es que no sé dónde está.

B. A ver . . . sí, sí, tíralos.

C. Sí, claro. Súbelo.

D. Sí, claro. Hazlas, hazlas.

E. Lo siento, pero es que sólo me queda uno.

F. Sí, sí. Enciéndela.

b) Escucha y comprueba.

3 En parejas. Pides permiso a tu compañero. Él te lo dará.

Ejemplo: (abrir la puerta)
¿Puedo abrir la puerta? – Sí, claro, **ábrela**.

usar tu jersey

poner esta cinta de video

apagar la televisión

visitar a un amigo

beber este vaso de vino

abrir este armario

coger tu lápiz

4 **a)** ¿Quién pide permiso? ¿Quién pide un favor? Escucha los diálogos y márcalo en la columna correspondiente.

	PIDE PERMISO	PIDE UN FAVOR
1		X
2		
3		
4		
5		

b) ¿Cómo son las respuestas, en cada caso, afirmativas o negativas? Escucha de nuevo.

5 ¡Ahora vosotros, en parejas!

A

Te vas de vacaciones y le pides unos favores a tu mejor amigo:
— llevarte al aeropuerto,
— dar de comer al perro,
— sacar a pasear al perro,
— regar las plantas,
— ir a recogerte al aeropuerto,
— . . .

Tu amigo te pide también permiso para hacer algunas cosas.

¿Le concedes todo lo que te pide o no?

B

Tu mejor amigo se va de vacaciones la semana próxima y te va a pedir unos favores.

Estás de acuerdo, claro, pero luego le pides también permiso para hacer otras cosas:
— usar su ordenador,
— llevar amigos a su casa,
— coger su bicicleta,
— organizar una fiesta en su casa,
— . . .

¿Acepta tu amigo?

6 **a)** Observa este dibujo. ¿Qué pasa?

b) Aquí hay otros carteles del mismo tipo. ¿Dónde se pueden encontrar? ¿Conoces algunos más?

c) ¿Qué significan? ¿Qué se puede hacer y qué no en cada caso? Escríbelo:

1. Se puede pagar con tarjeta de crédito.

2. ...

FÍJATE

Aquí no se puede fumar. Hier *darf* man nicht rauchen.

7 En un café. ¿Qué pasa?

—¿Me das tu dirección?
—Avenida de . . .
—¿Tienes un bolígrafo?
—No. Lo siento. ¡Ah! mira, ese chico tiene uno.
—Oye, perdona, ¿me dejas el bolígrafo un momento?
—Sí, toma.
—Gracias.

8 a) Necesitas estas cosas. ¿Cómo puedes pedirlas? Escríbelo en la columna correspondiente.

un cigarrillo – 5.000 pesetas – fuego – un vaso de agua – una aspirina – tu cazadora de cuero – el periódico – un chicle – un poco de sal – tu cámara – el último disco de Michael Jackson

¿Me das . . . ?	¿Me dejas . . . ?
un cigarrillo	5.000 pesetas
. . .	. . .

b) En parejas. Cada uno de vosotros piensa en cuatro cosas que quiere pedir a su compañero. ¿Cómo lo pide? ¿Qué responde el otro?

Atención: ¿Me das *un* cigarrillo? – Sí, toma.
¿Puedo coger *tu* camara? – Sí, cógela.

9 En parejas. Cada uno de vosotros habla de sus problemas y da consejos al otro.

A

Problemas:
— estás enamorado/-a
— no tienes amigos
— buscas piso
— tienes calor
— llegas siempre tarde a clase

Consejos:
— ir al banco
— hacer deporte
— comer algo
— ir al cine
hacer un curso

B

Consejos:
— escribir una carta
— buscar actividades para conocer a otras personas
— comprar un periódico
— beber algo
— ir en bici y no en coche

Problemas:
— necesitas dinero
— estás muy nervioso/-a
— tienes mucha hambre
— estás aburrido/-a
— no sabes bailar

10 **a)** Lee este texto.

¿ES USTED SUPERSTICIOSO?

Superstición, miedo, buena suerte, mala suerte, talismanes ...

Una persona supersticiosa es una persona que cree que hay unas fuerzas irracionales que influyen en su vida, en su futuro, a veces positiva y a veces negativamente. La superstición puede llevar a miedos, manías y problemas muy grandes de adaptación a la realidad y de inseguridad, sobre todo en la cultura occidental europea. En otras culturas, la superstición, las fuerzas de la Naturaleza, tienen un papel importantísimo en la vida cotidiana, por ejemplo en muchos pueblos y culturas de Latinoamérica, África, Asia.

Normalmente las personas jóvenes no son supersticiosas. Sobre todo son los artistas, la gente del campo y de niveles culturales algo bajos, o los toreros, o las personas con gran responsabilidad las que tienen más miedo o respeto a las supersticiones. Muchas personas famosas tienen muchas de estas manías o supersticiones. (adaptado de *Clara*, n° 12, Sept. 1993)

b) ¿Crees en objetos o cosas que traen buena o mala suerte? ¿Cuáles? ¿Conoces otras? Ordénalas de mayor a menor, de mejor a peor.

c) Compara tu lista con la lista siguiente.

Símbolos de buena suerte	Símbolos de mala suerte
• **Las golondrinas**: son aves que se alimentan de muchos insectos nocivos para el hombre y son símbolo de fortuna. • **La madera**: símbolo de la vida y del fuego. • **El trébol de cuatro hojas**: trae buena suerte encontrar uno. • **El champán**: simboliza alegría y felicidad. • **La herradura**: puede colgarse en la puerta de la casas. • **El número 7**: es un número divino en muchas culturas y religiones. Siete son los colores del arco iris. • **El ajo**: protege contra el mal de ojo y las fuerzas del mal.	• **Levantarse con el pie izquierdo.** • **Abrir un paraguas en un lugar cubierto.** • **El gato negro**: símbolo del demonio en la Edad Media. • **Romper un espejo**: el espejo es como una puerta mágica a dimensiones desconocidas y misteriosas. • **Martes y viernes trece**: ya los romanos temieron este número, símbolo de muerte y desgracia. • **Verter la sal**: símbolo bíblico de alianza entre Dios y el hombre. Verterla trae mala suerte. • **Mover una mecedora vacía**: atrae a las fuerzas negativas.

Recuerda

COMUNICACIÓN

Darf ich...?

¿Puedo abrir la puerta?	Sí, sí, ábrela.
¿Puedes pasar por casa a recogerme?	Sí, claro. ¿A qué hora?
¿Puedo hacer un par de llamadas?	Sí, claro. Hazlas, hazlas.
Casi no se oye. ¿Puedo subir el volumen?	Sí, claro. Súbelo.
¿Se puede fumar?	No, no se puede fumar.

Hast du mal 'ne Zigarette?

¿Me deja su bolígrafo un momento?	Sí, tomelo.
¿Me das un cigarrillo, por favor?	Sí, toma.
¿Me dejas 5.000 pesetas?	Sí, cógelas.

GRAMÁTICA

Der Imperativ im Singular

Regelmäßige Verben

	pasar	comer	abrir
(tú)	pasa	come	abre
(usted)	pase	coma	abra

Verben mit Stammveränderung

	cerrar	encender	pedir	contar
(tú)	cierra	enciende	pide	cuenta
(usted)	cierre	encienda	pida	cuente

Unregelmäßige Verben

	decir	hacer	ir	poner	venir
(tú)	**di**	**haz**	**ve**	**pon**	**ven**
(usted)	**diga**	**haga**	**vaya**	**ponga**	**venga**

Andere Verben in der Befehlsform haben Sie bereits in Lektion 9 kennengelernt.

Der Imperativ mit direktem Objektpronomen

¿Puedo poner este disco?	Sí, pon**lo**.
¿Puedo abrir la ventana?	Sí, ábre**la**.
¿Puedo tirar los periódicos?	Sí, tíra**los**.
¿Puedo cerrar las ventanas?	Sí, ciérra**las**.

Die direkten Objektpronomen werden an die Befehlsform angehängt.

1 ¿Te acuerdas de alguno de los principales monumentos de Barcelona? ¿Sabes algo de la Sagrada Familia y del parque Güell?

a) Los dos son obra del mismo artista. Aquí tienes su biografía.

Antonio Gaudí nació cerca de Reus (Tarragona) en el año 1852. A los quince años publicó algunos dibujos en una revista escolar. En 1873 empezó los estudios de arquitectura en Barcelona y los terminó en 1878. Aquel mismo año don Eusebio Güell — mecenas que más tarde le estimuló en su labor artística — descubrió algunos trabajos suyos en la Exposición Universal de París.
Era una persona muy religiosa, y en 1883 aceptó continuar las obras del templo de la Sagrada Familia, comenzadas dos años antes. En el año 1900 empezó el proyecto del parque Güell y en 1904, el de la Casa Milà. Posteriormente rechazó otros encargos profesionales para dedicarse enteramente a la construcción del citado templo. El día 7 de junio de 1926 fue atropellado por un tranvía y murió tres días más tarde sin haber terminado su obra más importante: la Sagrada Familia.

b) Ahora escribe cuatro preguntas sobre la vida de Gaudí y formúlaselas a tu compañero.

c) Con el libro cerrado, pregúntales a tus compañeros. ¿Os acordáis de todo?

2 **a)** Lee el texto de nuevo y subraya las formas del indefinido.

b) ¿Sabes de qué verbo vienen? Escríbelo: nació < nacer, ...

FÍJATE

morir: murió
tener: tuvo

Weitere unregelmäßige Formen lernen Sie nach und nach kennen.

3 Relaciona cada palabra o expresión con un dibujo. Puedes usar el diccionario o preguntar a tus compañeros o al profesor:

casarse	nacer	divorciarse	conocer	tener hijos	entrar en la universidad
morirse	jubilarse	empezar a trabajar	volver a casarse	licenciarse	

1922 - Buenos Aires

1940 - Madrid

1943

1945

1946

1948

1951

1959

1965

1987

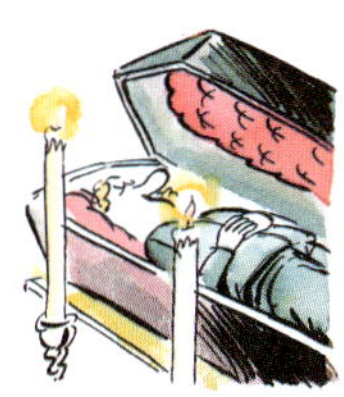

1991 - Madrid

4 Ahora usa la información de los dibujos para escribir la biografía de Ernesto Echevarría.

Ernesto Echevarría nació en Buenos Aires en 1922. En 1940 entró en la Universidad de Madrid, donde estudió Ciencias Económicas ...

5 **a)** Escucha esta entrevista de un programa de radio y haz una lista de los años que oigas.

b) Escucha de nuevo y escribe qué hizo la persona entrevistada en cada uno de esos años.

6 En parejas.

PEPE FER‾‾R, UN FAMOSO CANTANTE DE MÚSICA ROCK

A

1. Lee esta ficha con información sobre Pepe Ferrer.

¿año?

¿terminó los estudios?

¿con quién?

¿dónde?

¿qué drogas?

¿con otros cantantes?

¿qué papel hizo?

¿por qué países?

DATOS PERSONALES

NOMBRE: Pepe Ferrer.
NACIMIENTO: Valencia (______).
ESTUDIOS: Bachillerato (1959-1965). Valencia. **Psicología** (1965-1967). Madrid.
ESTADO CIVIL: **Casado** (Madrid, 1970).
MUERTE: **Accidente de tráfico** (1972).

OTROS DATOS DE INTERÉS

— Padre músico.
— Dos semanas en prisión por **consumo de drogas** (1971).

DATOS PROFESIONALES

1968: Primer concierto (Vigo).
1969: Primer disco («Aquí mismo»).
1970: **Actuación en el Festival de Ibiza.**
Intervención en la película «Águilas Rosas», de Juan Aguado.
1971: Segundo disco («¿Qué más?»).
1972: **Gira europea.** Gran éxito.

2. Usa las pautas que hay a la izquierda de la ficha para pedir información a tu compañero sobre lo que está en negrita y escribe las respuestas. Luego responde a sus preguntas.

3. Comprueba lo que has escrito en el artículo de tu compañero.

B

1. Lee este artículo sobre Pepe Ferrer.

¿año?

¿qué estudios?

¿dónde?

¿director?

¿cuánto tiempo?

¿qué tal la gira?

HISTORIA DEL ROCK ESPAÑOL

Pepe Ferrer.

Pepe Ferrer es uno de los músicos más interesantes de la historia del Rock español. Nació en Valencia en el año 1948. Cuando **terminó el Bachillerato** se trasladó a Madrid. En 1965 entró en la Universidad, pero dos años más tarde abandonó los estudios.

En 1968 dio su primer concierto y un año más tarde sacó su primer disco («Aquí mismo»). En 1970 **se casó** con la actriz Emma Muro y actuó en el Festival de Ibiza junto a Paco Riba, Jaime Tita, Frank Tappa y Félix Claxon. Posteriormente **intervino en la película «Águilas Rosas»**, donde hizo el papel de hermano de la protagonista.

En 1971 sacó su segundo disco («¿Qué más?») y **estuvo en prisión** por consumir marihuana en público. En 1972 **hizo una gira** por Italia, Francia, Holanda, Alemania y el Reino Unido. En noviembre de ese mismo año murió en un accidente de tráfico cerca de Barcelona.

2. Responde a las preguntas de tu compañero. Luego usa las pautas que están a la izquierda de tu artículo para pedir información a tu compañero sobre lo que está en negrita. Escribe las respuestas.

3. Comprueba lo que has escrito con la ficha de tu compañero.

7 En grupos de cuatro.

A:
Tú eres Mary Morales, famosa actriz norteamericana de origen mexicano que acaba de llegar a Madrid para presentar su última película.

B:
Tú eres el marido de Mary Morales, colombiano. Acompañas a tu mujer en su viaje a Madrid.

C y D:
Sois periodistas del diario *El País* y vais a entrevistar a Mary Morales y a su marido en la sala de prensa del aeropuerto de Barajas, en Madrid.

DATOS PERSONALES

NOMBRE: Mary Morales.
FAMILIA: Padre mexicano y madre norteamericana.
Dos hermanos.
Casada dos veces. Un hijo.
ESTUDIOS: Arte. Universidad de Berkeley.

DATOS PROFESIONALES

Doce películas.
Trabajó con prestigiosos directores.
Oscar a la mejor actriz por su interpretación en «Raising Angel».
Colaboración en dos obras de teatro.
Vídeo-clip «Let's save the environment».

a) A y B:
Escribís la biografía de Mary Morales según estos datos y pensáis también en sus proyectos (¿Qué quiere hacer en el futuro Mary Morales?)

C y D:
Preparáis la entrevista, buscáis preguntas para la rueda de prensa. Estáis también interesados en los proyectos futuros de esta famosa actriz.

b) ¡Comenzad la entrevista! Podéis grabarla en casete o video.

8 Toda la clase. Una persona de la clase piensa en un personaje famoso. El resto de la clase tiene que adivinar qué persona es y le formula muchas preguntas hasta adivinar quién es: Él sólo puede responder «sí» o «no». El que lo adivina piensa en otra persona, por ejemplo: Isabel Allende, Gabriel García Márquez, Fidel Castro, Che Guevara, ...

—¿Es una mujer?	—No.
—¿Es español?	—No.
—¿Es latinoamericano?	—Sí.
—¿Es un escritor?	—Sí.
—¿Nació en Chile?	—Sí.
—¿Escribió «Confieso que he vivido»?	—Sí.
—¿Es Pablo Neruda?	—Sí.

Y ahora ...

9 **a)** Esta canción es de un grupo musical español muy conocido. Habla sobre la biografía de una persona. ¿Quién puede ser de estas cuatro personas? ¿Por qué?

b) ¿Conoces algún sinónimo de estas palabras?

deseo *desapareció* *destino* *anda sin dirección determinada*
pidiendo *ilusión*

c) Escucha la canción de nuevo: imagina la biografía de esta persona y escríbela. Coméntala con tus compañeros.

10 **a)** Ahora vosotros. En dos grupos A y B:

1. Cada grupo tiene la biografía de un personaje famoso. Las personas de cada grupo leen la biografía y deciden juntos de quién se trata.

Grupo A: *Nació en Lima el 2 de agosto de 1942. Ha trabajado desde los 17 años casi siempre como periodista. Comenzó trabajando para una revista femenina en Chile.*
En 1973, después del golpe militar que acabó con el gobierno de Salvador Allende, abandonó Chile para vivir con su marido y sus dos hijos en Venezuela. Hoy vive en San Francisco.
Después de separarse de su primer marido, se casó con un norteamericano.
En 1982 publicó su primer gran éxito, la novela «La Casa de los Espíritus» que en 1993 se llevó a la pantalla con actores famosos.
Narra la vida de Esteban Trueba, su mujer, sus hijos y familiares desde los comienzos del siglo hasta la actualidad.
A su primera novela siguieron dos éxitos más: «De Amor y de Sombra» y «Eva Luna».
Representa, como el famoso autor colombiano Gabriel García Márquez, el realismo mágico en la literatura latinoamericana.

Grupo B: Nació en Málaga en 1881. A los catorce años se fue a vivir a Barcelona con su familia. En 1901 se trasladó a Madrid, donde fundó una revista. Se casó dos veces y tuvo varios hijos.
Era una persona muy humana y muy interesada por los problemas sociales y políticos. La Guerra Civil española fue motivo de una obra suya muy importante. En 1966 ganó el premio Lenin de la Paz. Cuatro años más tarde cedió novecientas obras suyas a la ciudad de Barcelona.
De una gran capacidad de trabajo, realizó muchas obras en diferentes campos artísticos: cerámica, pintura y escultura. En 1972 la Universidad de París le nombró Doctor Honoris Causa. Cuando cumplió noventa años, Francia – país en el que vivió desde 1904 – le hizo un gran homenaje nacional. Murió en 1973 y es uno de los españoles más famosos de todos los tiempos.

2. Anotad las fechas y datos principales del texto.

b) Cada grupo cuenta con el libro cerrado la biografía de su personaje al otro grupo. ¿Saben qué personaje es?

11 Escribid la biografía de alguien que admiráis.

Recuerda

COMUNICACIÓN

Das war mein Leben

Nací en Buenos Aires en 1942. Desde 1960 hasta 1965 estudié Ciencias Económicas en Madrid. Me casé en 1968 con una compañera de clase y tres años más tarde tuvimos un hijo. En 1979 nos divorciamos y en 1985 conocí a mi segunda mujer.

Antonio Gaudí nació en el año 1852. En 1873 empezó sus estudios de arquitectura y los terminó en 1878. En el año 1900 empezó el proyecto del parque Güell en Barcelona.
Murió el día 10 de junio de 1926.

GRAMÁTICA

Das Indefinido

Regelmäßige Verben

entrar	nacer	descubrir
entré	nací	descubrí
entraste	naciste	descubriste
entró	nació	descubrió
entramos	nacimos	descubrimos
entrasteis	nacisteis	descubristeis
entraron	nacieron	descubrieron

Unregelmäßige Verben

tener
tuve
tuviste
tuvo
tuvimos
tuvisteis
tuvieron

morir	
(él/ella)	murió
(ellos/ellas)	murieron

Das Indefinido haben Sie bereits in Lektion 21 kennengelernt. Wiederholen Sie noch einmal seine Formen!

25 EXPERIENCIAS Y OPINIONES

1 Mira las fotos y responde a las preguntas.

¿Conoces estos lugares y monumentos?
¿Cómo se llaman?
¿Sabes dónde están?

2 ¿Has estado alguna vez en esas ciudades? Completa las siguientes frases con tu información.

He estado (una vez) en ______________ (y ______________).
He estado (varias veces) en ______________ (y ______________).
No he estado nunca en ______________ (ni ______________).

3 ¿VERDADERO O FALSO? Lee estas frases y pregunta al profesor qué significa lo que no entiendes. Luego escucha la conversación y señala verdadero o falso.

	V	F
Ha estado en los cinco continentes.		
No ha montado nunca en camello.		
Ha comido carne de serpiente.		
No le gustó la carne de serpiente.		
Ha ido de safari.		

4 Habla con tus compañeros y escribe el nombre de uno de ellos en cada caso.

¿Quién ...
... ha estado en Sudamérica?
... ha trabajado de camarero/-a?
... ha tenido algún accidente de tráfico?
... ha perdido alguna vez una cosa de valor?
... se ha encontrado alguna vez una cosa de valor?
... ha comido turrón?
... ha cantado alguna vez en público?
... ha visto alguna película española?
... ha hecho teatro alguna vez?

Ejemplo:
A —¿Has estado alguna vez en Sudamérica?
B —Sí, (he estado) una vez. —¿Y tú?
A —No, (ne he estado) nunca.
B —Yo tampoco.
C —Pues yo he estado en Sudamérica varias veces.

FÍJATE

He estado muchas veces	alguna vez
varias veces	una vez

5 **a)** Los señores de Cadosa son gallegos. Están de vacaciones en Madrid por una semana. Éste es su plan:

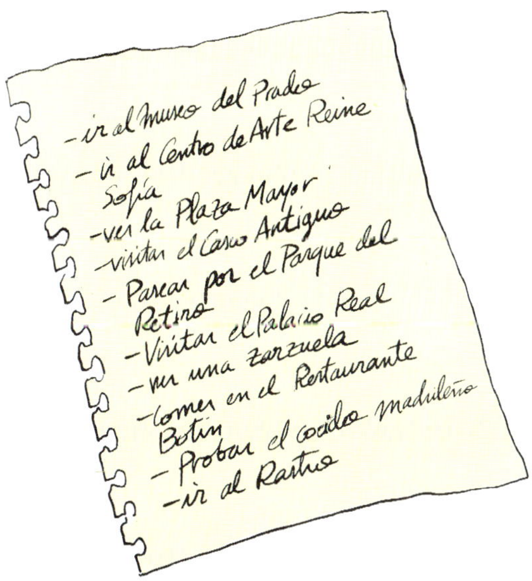

b) Después del primer día. Escribe las cosas que han hecho y las que no han hecho todavía.

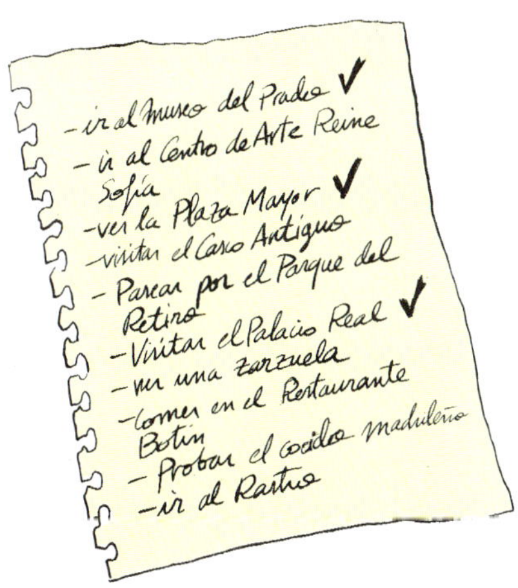

FÍJATE

Ya han ido al museo del Prado. (schon)
Aún/Todavía no han visitado el Casco Antiguo. (noch nicht)

c) Después de una semana, escriben esta carta a su hijo:

Madrid, 2 de junio

Querido hijo:

«Por la calle de Alcalá ...» Te escribimos mientras tomamos un cafecito cerca de la Plaza Mayor: ¡Estamos cansadísimos! Hemos andado todo el día de aquí para allá; esta mañana hemos estado en el Rastro (un mercado al aire libre con muchísima gente y cosas muy baratas). Todos los días hemos hecho algo interesante: el lunes pasado estuvimos en el Museo del Prado (¡qué maravilla!); vimos muchos cuadros de Velázquez, de Murillo, de Goya ... Ya te contaremos. El martes visitamos el Palacio Real y callejeamos por todo el «Madrid de los Austrias», la parte más bonita y antigua de la ciudad, creemos. Todavía no hemos ido al otro museo tan famoso, al Centro Reina Sofía, porque no hemos tenido tiempo en toda esta semana; iremos mañana. Pero hemos visto muchas otras cosas: ya estuvimos en el Parque del Retiro, en la Plaza Mayor, en el teatro, en la Zarzuela ..., comimos en los restaurantes más típicos. Hoy, por ejemplo, hemos tomado en un restaurante buenísimo una comida ligera (¡todavía no hemos probado el cocido, con este calor!) y ahora estamos descansando un poco a la sombra.

Te contaremos más a la vuelta. Hemos comprado algunos regalitos.

Esperamos que estéis bien y veros pronto.

Un fuerte abrazo y muchos recuerdos.

Tus padres

d) ¿Qué formas del pasado aparecen en el texto? ¿Cuándo se utilizan?

6 **a)** Estas personas llevan vidas muy distintas. ¿Cómo es su vida o ha sido hasta ahora? ¿Qué hicieron a los diez, veinte, treinta, ... años?

A

B

C

D

Utiliza alguna de estas expresiones:

Creo que el hombre A ...

Pienso que la mujer B ...

En mi opinión, la mujer D ...

b) Coméntalo con tus compañeros.

7 ESTUDIAR ESPAÑOL, TODA UNA EXPERIENCIA

Has aprendido ya mucho español, has oído mucho sobre la cultura y la lengua en España y Latinoamérica. ¿Te gusta el idioma? ¿Qué has hecho hasta ahora en las clases de español?

a) Estos cuatro estudiantes de español opinan sobre sus clases de español. Los textos están incompletos. Complétalos con las frases del recuadro.

A. Hay que hacer ejercicios de pronunciación y entonación en clase.
B. Es muy importante aprender bien la gramática.
C. No me importa cometer algunos errores.
D. No sé si estoy hablando bien o mal.

Lucy

«Cuando estudio una lengua quiero hablar, comunicarme con las personas que hablan esa lengua. Mi objetivo es comprender lo que oigo y que la gente comprenda lo que digo, (1) … Por esa razón pienso que es necesario hablar mucho en clase.»

Chris

«Creo que es muy importante aprender a pronunciar y entonar frases correctamente. Muchas veces me siento muy frustrado porque quiero decir palabras que conozco, pero las pronuncio mal y la gente no me entiende. En mi opinión, (2) …»

Hanna

«Si no estudias gramática aprendes más lentamente y olvidas las cosas fácilmente, por eso (3) … ¡Ah!, y fuera de clase, en la calle, puedes aprender vocabulario, pero normalmente no aprendes gramática.»

Akira

«A veces, cuando hablamos, el profesor no nos corrige los errores y eso no me gusta porque (4) …»

b) Con la información de los textos responde a estas preguntas con las expresiones de la actividad a):

¿Cuál de los cuatro estudiantes …
… piensa que el profesor debe corregirle siempre?
… cree que la gramática es fundamental?
… piensa que es importante hablar mucho en clase?
… cree que hay que hacer ejercicios de fonética en clase?

c) ¿Y tú, qué opinas? ¿Estás de acuerdo con ellos? Habla con tus compañeros.

Ejemplo: A: Yo no estoy de acuerdo con Lucy, porque creo que ... ¿y tú?
B: Pues yo sí estoy de acuerdo con ella, porque ... ¿y tú?
C: Creo que Lucy tiene razón, porque ... ¿y tú?

8 a) ¿Qué crees? Da tu opinión sobre:

- lo más importante para aprender una lengua extranjera
- lo más difícil de la lengua española
- lo más fácil de la lengua española

Creo / Pienso	que lo más importante para aprender una lengua extranjera es ...

b) Ahora coméntalas con tus compañeros. ¿Están de acuerdo contigo?

9 a) ¿Qué significan estas palabras?

cariño *vergüenza* *corazón* *hiciste* *cortar*

b) Elige dos y memorízalas. Luego cierra el libro y escucha la canción. Ponte de pie cuando oigas una de ellas y siéntate cuando oigas la otra.

c) Escucha otra vez y lee:

Dime
si has mentido alguna vez
y dime si cuando lo hiciste
sentiste vergüenza de ser embustero.
Dime
dime
dime
si has odiado alguna vez
a quien hiciste creer
un cariño de verdad.

Dime
si siente tu corazón
como en sí mismo el dolor de tu hermano.
Dime
dime
dime
si has cortado alguna flor
sin que temblaran tus manos.
Dime.

LOLE Y MANUEL, *Dime.* (Fragmento.)

d) ¿Conoces este tipo de música? ¿Te gusta? ¿Por qué? ¿De qué parte de España es? ¿Has escuchado alguna vez esta música en directo? ¿Conoces a un cantante o músico de este estilo?

Recuerda

COMUNICACIÓN

Bist du schon in Madrid gewesen?

¿Has estado alguna vez en Madrid? — Sí, una vez.
¿Ha ido ya al museo del Prado? — No, todavía no.
¿Habéis comido alguna vez turrón? — Sí, varias veces.

Was meinst du dazu?

¿Qué opinas? ¿Qué crees? ¿Qué piensas? — Opino que … Creo que … Pienso que …
¿Está de acuerdo con él? — No estoy de acuerdo con ella.
Creo que no tiene razón.

GRAMÁTICA

Perfekt und Indefinido: Gebrauch

Das Perfekt

Hoy **hemos tomado** una comida ligera en un restaurante buenísimo.
Todavía no **hemos ido** al museo del Prado.
Ya **he estado** *muchas veces* en Viena.

Das Perfekt wird gebraucht für Handlungen in der unmittelbaren Vergangenheit, die noch in die Gegenwart hineinreichen oder für den Sprechenden noch von Bedeutung sind. Es steht nach Zeitangaben wie *hoy, esta mañana, esta semana, este año, todavía, ya, muchas veces, aún no, todavía no* etc.

Das Indefinido

El lunes pasado **vimos** muchos cuadros de Murillo.
Ayer **estuvimos** en el Parque del Retiro.
En 1985 **estuve** en París.

Das Indefinido wird gebraucht für Handlungen, die in der Vergangenheit zu einem bestimmten Zeitpunkt stattgefunden haben und abgeschlossen sind. Es steht nach Zeitangaben wie *ayer, el lunes pasado, la semana pasada, el año pasado* und bei Angaben von Jahreszahlen und Daten. Wiederholen Sie noch einmal Bildung und Formen des Perfekts in Lektion 14 und des Indefinido in den Lektionen 21 und 24!

no … todavía, no … aún

No hemos cenado **todavía.**
Todavía no hemos cenado.
Felipe **no** ha ido **aún** a Murcia.
Felipe **aún no** ha ido a Murcia.

Todavía und *aún* können vor oder nach dem Verb stehen.

REPASO 5

1 **a)** Mira estas fotos de Lanzarote y responde a las preguntas.

Valle de las Palmeras

Playa del Papagayo

Parque Nacional de Timanfaya

Jameos del Agua

¿Sabes dónde está Lanzarote?

¿Has estado alguna vez allí? ¿Te gustó?

b) Ahora escucha esta conversación telefónica entre Chema (de vacaciones en Lanzarote) y Rosa (en Madrid) y marca la columna correspondiente.

	Ya lo ha hecho	Aún / Todavía no lo ha hecho	No se sabe
Estar en la playa del Papagayo.			
Visitar el Parque Nacional de Timanfaya.			
Estar en los Jameos del Agua.			
Ir al mercado de Teguise.			
Ver a Angelines.			
Ir al restaurante recomendado.			
Bañarse en el mar.			
Comprarse la cámara.			

2 «España es diferente.»
Intercambiad vuestras experiencias e impresiones sobre España. Seguro que también es interesante saber la opinión de los que no han estado allí.

En grupos de tres.
Escribid lo que sabéis sobre

— horarios de comida
— horarios de apertura de los comercios
— horarios de los cines
— costumbres
— animales
etc.

Comparad los resultados con vuestros compañeros.

3 ¿Adónde vamos?

a) En las próximas vacaciones os vais a ir de vacaciones durante una semana a alguna parte de España, pero aún no sabéis a dónde. Discutidlo y decidid adónde vais a ir.

b) Haced una lista de toda la información que necesitáis para hacer el viaje:

- medios de transporte, horarios y precios
- clima
- posibilidades de alojamiento y precios
- qué podéis visitar y hacer allí, etc.

c) Decidid qué información va a buscar cada uno de vosotros, dónde y cómo (en agencias de viaje, guías turísticas, Oficinas de Información y Turismo).

d) Buscad esa información donde y como habéis decidido en el apartado anterior.

e) Comentad al resto del grupo la información obtenida y poneos de acuerdo en cómo vais a hacer el viaje y dónde os vais a alojar. ¡No olvidéis hacer una lista de la ropa y las cosas que tenéis que llevar!

4 **a)** Escucha este concurso de radio y escribe las cuatro preguntas que hay que acertar.

b) Escucha de nuevo y escribe las respuestas de la concursante.

5 BLA, BLA, BLA ...

En grupos de cuatro. Juega con un dado y una ficha de color diferente a la de tus compañeros.

1. Por turnos. Tira el dado y avanza el número de casillas que indique.
2. Habla del tema de la casilla en la que caigas. Puedes decir todo lo que quieras.
3. Si no dices nada, retrocede a la casilla donde estabas antes de tirar.
4. ¡Atención a las casillas verdes y rojas!

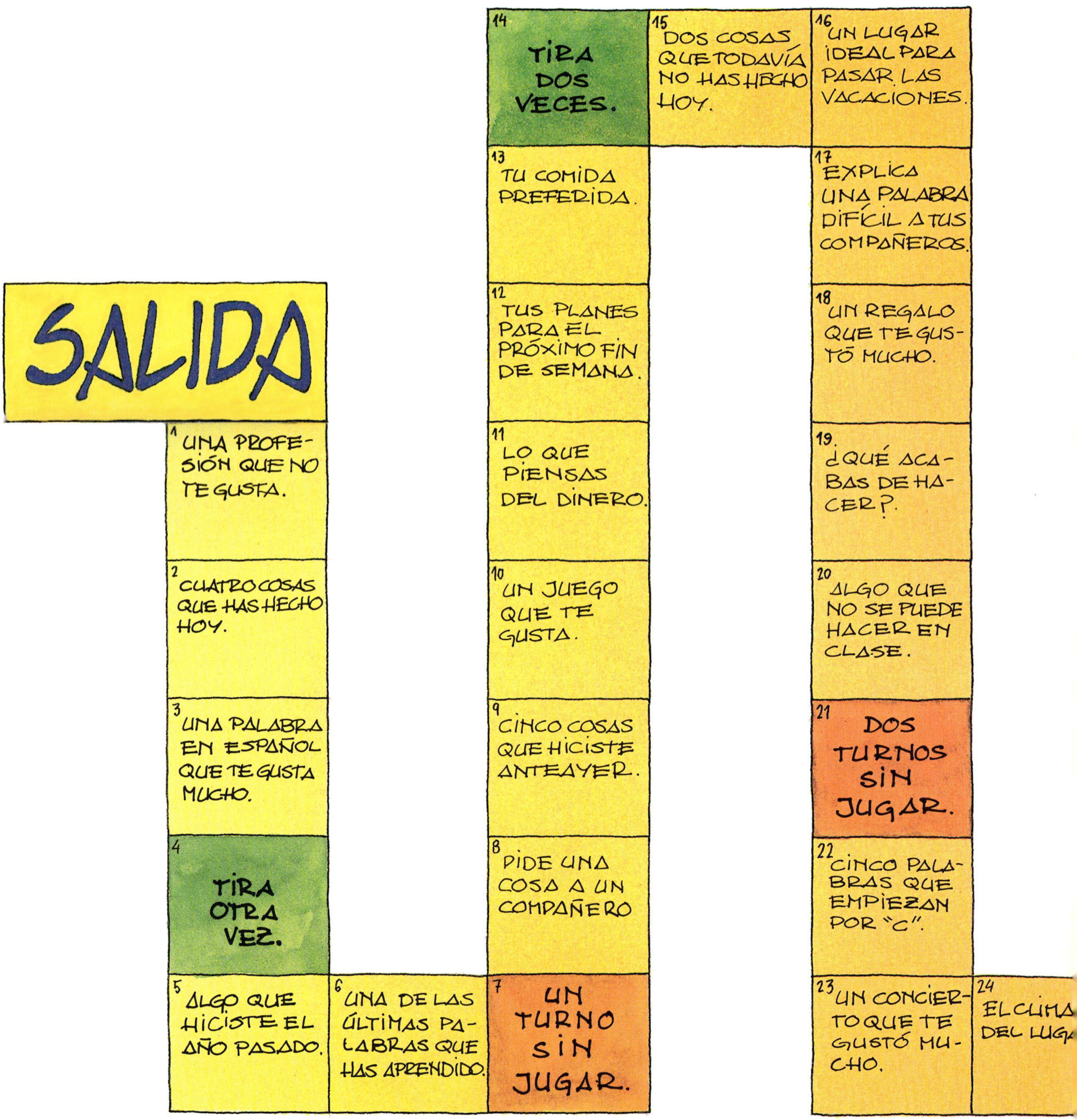

DE UN JOR A UN MPAÑERO
A CIUDAD NDE NO TE STARÍA IR.
S PALABRAS E TERMINAN "N".
GO QUE Y QUE HACER CLASE.
TIRA OTRA VEZ.
A FECHA PORTANTE RA TI.
ÚLTIMO N DE MANA.
LOS ESES DEL O.
33 LA ROPA QUE TE GUSTA.
34 UNA PALABRA DIFÍCIL DE RECORDAR.
35 DOS TURNOS SIN JUGAR.
36. ¿QUÉ PREFIERES: EL CAMPO O LA CIUDAD?
37 ALGO QUE TIENES QUE HACER Y NO TE GUSTA.
38 TUS MEJORES VACACIONES.
39 UN FAMOSO DE TU PAÍS.
40 TU OPINIÓN SOBRE LA LENGUA ESPAÑOLA.
41 DELETREA UNA PALABRA MUY LARGA.
42 TIRA DOS VECES.
43 UNA PELÍCULA QUE TE GUSTÓ MUCHO.
44 TUS PLANES PARA EL PRÓXIMO VERANO.
45 EL MEJOR DÍA DE TU VIDA.
46 SEIS COSAS QUE PUEDES COMPRAR EN UN SUPERMERCADO.
47. PIDE UNA COSA PRESTADA A UN COMPAÑERO.
48 UNA PALABRA DIFÍCIL DE PRONUNCIAR.
49 UN TURNO SIN JUGAR.
50 UN LIBRO QUE TE GUSTÓ MUCHO.
51 TU OPINIÓN SOBRE ESTE JUEGO.
52 UNA PALABRA EN ESPAÑOL QUE NO TE GUSTA NADA.
53. ¿CREES QUE HAS APRENDIDO MUCHO ESPAÑOL EN ESTE CURSO?
54 EL PROFESOR IDEAL.
55 TU ÚLTIMO VIAJE.
LLEGADA

V

Lektionsvokabular

Dieses Lektionsvokabular nennt die jeweils neuen Wörter der Lektionen in der Reihenfolge ihres Vorkommens und unter Angabe der einzelnen Lektionsabschnitte.

- Es enthält auch einzelne wichtige Wörter der Tonaufnahmen, gekennzeichnet mit dem Cassetten-Symbol.
- Neue Verbformen werden einzeln aufgeführt, wobei der Infinitiv in Klammern angegeben wird.
- Die Infinitive der zu lernenden Verben sind noch einmal in einer eigenen Zeile aufgeführt.
- Die deutschen Übersetzungen geben, vor allem in den ersten Lektionen, die Bedeutungen der Wörter im jeweiligen Zusammenhang an.
- Zu den Texten der „Y ahora"-Abschnitte werden fast alle Wörter angegeben, auch solche, die zum Lösen der Aufgaben nicht benötigt werden; diese sind deshalb nicht unbedingt zu lernen und werden in den folgenden Lektionen auch nicht als bekannt vorausgesetzt.

Abkürzungen: ugs. = umgangssprachlich
LA = Lateinamerika

1 ¿Cómo se llama?

	¡Buenos días!	Guten Morgen, Guten Tag
	¡Hola!	Hallo!
	me llamo	ich heiße
	llamarse	heißen
	y	und
	soy	ich bin
	ser	sein
	la profesora de español	die Spanischlehrerin
1	**¿Cómo te llamas?**	Wie heißt du?
	¿cómo?	wie?
	te llamas	du heißt
	¿Y tú?	Und du?
	¿Y usted?	Und Sie?
	se llama	*hier:* Sie heißen
2	**el alfabeto**	Alphabet
6	**el Presidente del Gobierno**	Regierungschef
	esta noche	heute abend
	en televisión	im Fernsehen
	una gran voz	eine großartige Stimme
	una gran mujer	eine großartige Frau
	el director de cine	Regisseur
	el candidato a «hombre del año»	„Mann des Jahres"-Kandidat
	el escritor	Schriftsteller
	colombiano/-a	kolumbianisch
	habla de	*hier*: er spricht über
	hablar	sprechen
	su última novela	sein letzter Roman
	se llama	*hier:* er/sie heißt
	la cantante	Sängerin
7	**nombre**	Vorname
	el nombre	
	apellidos	Nachname
	el apellido	
	él	er
	ella	sie
8	**¿Cómo se escribe?**	Wie schreibt man das?
	escribir	schreiben
	No entiendo.	Ich verstehe nicht.
	entender	verstehen
	¿Puedes repetir?	Kannst du wiederholen?
	por favor	bitte
	¿Está bien así?	Ist es so richtig?
	está	es ist
	estar	sein
	bien	richtig
	así	so
	No.	Nein.
	Sí.	Ja.
9	**¡Buenas tardes!**	Guten Abend
	de apellido	mit Nachnamen
	de nombre	mit Vornamen
	Gracias.	Danke.
10	**el español**	Spanisch
	internacional	international
	el kiosco	Kiosk
	el bar	Bar, Kneipe
	el teléfono	Telefon
	el restaurante	Restaurant
	el cine	Kino
	el pasaporte	Pass
	el hotel	Hotel
11	**¡Hasta mañana!**	Bis morgen!
	hasta	bis
	mañana	morgen
	el lunes	Montag
	¡Hasta luego!	Bis später!
	¡Buenas noches!	Gute Nacht!
	¡Adiós!	Auf Wiedersehen!

2 ¿De dónde es?

1-4	**Alemania**	Deutschland
	alemán, alemana	deutsch; Deutsche/r
	Argentina	Argentinien
	argentino/-a	argentinisch; Argentinier/in
	Bolivia	Bolivien
	boliviano/-a	bolivianisch; Bolivianer/in
	Colombia	Kolumbien
	colombiano/-a	kolumbianisch; Kolumbianer/in
	Chile	Chile
	chileno/-a	chilenisch; Chilene/-in
	Egipto	Ägypten
	egipcio/-a	ägyptisch; Ägypter/in
	España	Spanien
	español/a	spanisch; Spanier/in
	Estados Unidos (EE.UU.)	Vereinigte Staaten (USA)
	estadounidense	amerikanisch; Amerikaner/in
	Francia	Frankreich
	francés, francesa	französisch; Franzose, Französin
	Holanda	Holland
	holandés, holandesa	holländisch; Holländer/in
	Inglaterra	England
	inglés, inglesa	englisch; Engländer/in

	Italia	Italien
	italiano/-a	italienisch; Italiener/in
	Japón	Japan
	japonés, japonesa	japanisch; Japaner/in
	México	Mexiko
	mexicano/-a	mexikanisch; Mexikaner/in
	Nicaragua	Nicaragua
	nicaragüense	nicaraguanisch; Nicaraguaner/in
	Perú	Peru
	peruano/-a	peruanisch; Peruaner/in
	Portugal	Portugal
	portugués, portuguesa	portugiesisch; Portugiese/-in
	Suecia	Schweden
	sueco/-a	schwedisch; Schwede/-in
	Suiza	Schweiz
	suizo/-a	schweizerisch; Schweizer/in
	Uruguay	Uruguay
	uruguayo/-a	uruguayisch; Uruguayer/in
	Venezuela	Venezuela
	venezolano/-a	venezolanisch; Venezolaner/in
3	**la nacionalidad**	Nationalität
5	**¿De dónde eres?**	Woher bist du?
	¿de dónde?	woher?
	eres	du bist
	ser	sein
	es	er/sie/es ist, Sie sind
	de	von, aus
6	**No sé.**	Ich weiß (es) nicht.
	no ...	... nicht
7	**¿Qué lenguas hablas?**	Welche Sprachen sprichst du?
	la lengua	Sprache
	¿qué?	welche/r/s?
	hablo	ich spreche
	hablar	sprechen
	hablas	du sprichst
	aprender	lernen
	habla	Sie sprechen
	algo de	etwas
	el catalán	Katalanisch
8	**se habla**	man spricht
9	**¿Cómo se dice «danke» en español?**	Wie sagt man „danke" auf spanisch?
	se dice	man sagt
	decir	sagen
	Más despacio, por favor.	Langsamer, bitte.
	despacio	langsam
	Más alto, por favor.	Lauter, bitte.
	alto	*hier:* laut
	los servicios	die Toiletten
13	**el bingo**	Bingo *(Spiel, eine Art Zahlenlotto)*
	Y ahora ...	
15	**verdadero/-a**	richtig, wahr
	o	oder
	falso/-a	falsch
	en todos los países	in allen Ländern
	en	in
	todos/-as	alle
	el país	Land
	Sudamérica	Südamerika
	más de trescientos millones de personas	über, mehr als dreihundert Millionen Menschen
	hablan	(sie) sprechen
	el castellano	„Kastilisch" *(Bezeichnung für die spanische Sprache, ursprünglich auf die Region Kastilien bezogen)*
	la tercera lengua más hablada del mundo	die am dritthäufigsten gesprochene Sprache der Welt
	en España	in Spanien
	tres lenguas diferentes	drei verschiedene Sprachen
	diferente	verschieden
	la lengua oficial	Amtsprache, offizielle Landessprache
	así como	sowie
	algunas zonas	einige Gebiete, Gegenden
	algunos/-as	einige
	se conserva	*hier:* wird noch gesprochen
	todavía	noch
	entre los judíos sefarditas	bei den sephardischen Juden
	se calcula que	man schätzt, daß
	superior a	über, höher als
	por eso	daher, somit
	el planeta	Planet, Erde (*hier:* die Welt)
	después de	nach
	el Estado	der Staat
	además de	außer, neben
	otras lenguas	andere Sprachen
	otro/-a	andere
	como	wie
	el gallego	Galicisch
	el vasco	Baskisch

3 Información personal

	la información	Information, Angabe
	personal	persönlich
1	**el periodista, la periodista**	Journalist/in
	el camarero, la camarera	Kellner/in
	el secretario, la secretaria	Sekretär/in
	el dependiente, la dependienta	Verkäufer/in
	el profesor, la profesora	Lehrer/in
2	**el médico, la médica**	Arzt/Ärztin
	el hospital	Krankenhaus
	la tienda	Laden
	la escuela	Schule
	el periódico	Zeitung
	la oficina	Büro
	el banco	Bank
	la universidad	Universität
	un bar	eine Kneipe
	una oficina	ein Büro
3	**¿Qué haces?**	Was machst du?
	¿qué?	was?
	haces	*hier:* du machst
	hacer	machen
	trabajas	du arbeitest
	trabajar	arbeiten
	no trabajo	ich arbeite nicht
	estudio	ich studiere
	estudias	du studierst
	estudiar	studieren
	Psicología	Psychologie

	(yo) soy camarero	ich bin Kellner
	trabajo	ich arbeite
	en un bar	in einer Kneipe
	en	in
	hace	Sie machen
	¿dónde?	wo?
	trabaja	*hier:* Sie arbeiten
	En Televisión Española	Beim „Spanischen Fernsehen"
	la profesión	Beruf
	el lugar de trabajo	Arbeitsplatz
	el trabajo	Arbeit
4	**¿quién?**	wer?
	el/la estudiante	Student/in
	la física	Physik
6	¿Cuánto dura la clase?	Wie lange dauert der Unterricht?
	la clase	*hier:* Unterricht
	el código de teléfono	Länder-Vorwahl
	¿Tienes hora?	Weißt du, wie spät es ist?
	¿Cuál es mi clase?	Welches ist mein Klassenzimmer?
	el prefijo	Vorwahl, Ortsnetzkennzahl
	el padre	Vater
	la dirección	Adresse
	lejos	weit
7	**la calle [c./]**	Straße
	la plaza [Pz.]	Platz
	la avenida [Avda.]	Allee, Boulevard
	el paseo [P.°]	Allee (*vgl.avenida*)
	el número [n°.]	Nummer
	el instituto	Institut
	la dirección	Adresse
	el código postal	Postleitzahl
	vive	er/sie wohnt
	vivir	wohnen
8	**vivo, vives**	ich wohne, du wohnst
	¿En qué número?	Welche Hausnummer?
	el número	Nummer
	vive	*hier:* Sie wohnen
9	**Iberia**	*spanische Fluggesellschaft*
	el teléfono	*hier:* die Telefonnummer
	De nada.	Keine Ursache.
	la estación de autobuses	Busbahnhof
	de	von
	la información	Auskunft
	la estación	Bahnhof
	tome nota *(tomar)*	notieren Sie
10	**¿cuál?**	welche/r/s?
	Radio-Taxi	Funktaxi
	la policía	Polizei
	RENFE	*spanische Zuggesellschaft*
	la Cruz Roja	das Rote Kreuz
	la Ayuda (en) carretera	Pannenhilfe
	el taxi	Taxi
11	**tienes**	du hast
	tener	haben
	No tengo teléfono.	Ich habe kein Telefon.
	tiene	Sie haben
12	**el centro de estudios fotográficos**	Fotostudio
	fotográfico/-a	Foto-
	la ciudad	Stadt

	necesitamos *(necesitar)*	wir brauchen
	algunos datos	ein paar Daten

Y ahora ...

13	**Muchas gracias.**	Vielen Dank!
	digo *(decir)*	ich sage
	el viejo	der Alte (Mann)
	continuamos *(continuar)*	wir fahren weiter
	por la carretera	auf der Straße
	el sol	Sonne
	muy bien	sehr gut
	mirar	ansehen
	observar	beobachten
	con sorpresa	erstaunt, verwundert
	la sorpresa	Erstaunen
	con	mit
	sorprender	überraschen, in Erstaunen versetzen
	menos que	weniger als
	aquí	hier
	¿Dónde dice que vive usté?	Wo sagen Sie, daß Sie wohnen?
	Ah, ¿lo ve?	Sehen Sie?
	entonces	dann
	Bueno.	*hier:* Na gut.

4 ¿Tú o usted?

2	**Señora López**	Frau López *(Anrede)*
	¿Qué tal está?	Wie geht es Ihnen?
	¿Qué tal?	Wie geht's?
	muy bien	sehr gut
	está *(estar)*	*hier:* Sie fühlen sich
	¿Y usted?	*hier:* Und Ihnen?
	también	auch
	Mire. *(mirar)*	Sehen Sie.
	le presento a ... *(presentar)*	Ich möchte Ihnen ... vorstellen.
	la señorita Molina	Fräulein Molina
	nuevo/-a	neu
	la señora López	Frau López
	Encantado/-a.	Sehr erfreut.
	Mucho gusto.	Angenehm.
	Éste es ...	Das ist ... *(bei Männern)*
	un compañero de trabajo	ein Arbeitskollege
	Ésta es ...	Das ist ... *(bei Frauen)*
	el señor Gómez	Herr Gómez
4	**Un momento, por favor.**	Einen Augenblick, bitte.
5	**el director, la directora**	Chef/in
	el cliente, la clienta	Kunde, Kundin
6	**¿verdad?**	oder?, nicht wahr?
8	Yo a ti te conozco.	Ich kenne dich.
9	**el perro**	Hund
	el toro	Stier
	la rosa	Rose
	corre *(correr)*	er/sie läuft, rennt
	el arte	Kunst
	alrededor	ringsherum

Y ahora ...

11	**mucho/-a**	viel
	el idioma	Sprache

	por ejemplo	zum Beispiel
	la expresión	Ausdruck
	se considera	*hier:* man empfindet
	considerar	betrachten
	anticuado/-a	altertümlich, veraltet
	pasado/-a de moda	altmodisch
	utilizar	verwenden
	tanto en ... como en ...	in ... sowie in ...
	es sinónimo de	es ist ein Synonym für
	la mujer	Frau
	soltero/-a	ledig
	incluso	sogar
	joven	jung
	cierto/-a	ein bestimmte/r/s
	niño/-a	Kind
	el colegio	Schule
	llamar	nennen
	continuamente	ständig
	¿Y qué pasa con ... ? *(pasar)*	Und was ist mit ... ?
	a veces	manchmal
	andaluz/a	aus Andalusien, andalusisch
	generalmente	im allgemeinen
	necesitar	brauchen
	porque	weil
	su familia	seine Familie
	la gente con dinero	die Leute mit Geld
	tierras	Land
	en Andalucía	in Andalusien
	por extensión	als Folge, im weitesten Sinn
	irónicamente	ironisch
	es decir	das heißt
	te gusta *(gustar)*	dir gefällt
	la vida	Leben
	fácil	leicht
	el estado civil	Familienstand
	casado/-a	verheiratet
	separado/-a	getrennt
	divorciado/-a	geschieden
	viudo/-a	verwitwet

5 Mi familia

	la familia	Familie
1	**el padre**	Vater
	la madre	Mutter
	el marido	Ehemann
	la mujer	Ehefrau
	el hijo	Sohn
	la hija	Tochter
	el hermano	Bruder
	la hermana	Schwester
	el tío	Onkel
	la tía	Tante
	el sobrino	Neffe
	la sobrina	Nichte
	el abuelo	Großvater
	la abuela	Großmutter
	el nieto	Enkel
	la nieta	Enkelin
	tiene *(tener)*	*hier:* er hat
3	**el/la mayor**	der/die älteste
	están *(estar)*	sie sind
	con	mit
	tienen *(tener)*	sie haben
5	**el encuestador, la encuestadora**	Meinungsbefrager/in
	¿A qué te dedicas?	Was machst du?
	dedicarse a	sich beschäftigen mit, machen
	el ingeniero, la ingeniera	Ingenieur/in
	la azafata	Stewardess
	tenéis *(tener)*	ihr habt
	los hijos	Kinder
	tenemos *(tener)*	wir haben
	¿Cuántos años tiene?	Wie alt ist er/sie?
	¿cuánto/-a/-os/-as?	wieviel?, wie viele?
	los hermanos	*hier:* Geschwister
	se dedican a	sie machen
	los dos	beide
	el periodismo	Journalismus
	los padres	*hier:* Eltern
	el abogado, la abogada	Rechtsanwalt/-anwältin
	la enfermera	Krankenschwester
	mi/mis	mein/meine
	tu/tus	dein/deine
	su/sus	sein/ihr/Ihr, seine/ihre/Ihre
7	**el estado civil**	Familienstand
	el número	Zahl
	el maestro, la maestra	(Volksschul-)Lehrer/in
	la edad	Alter
	jubilado/-a	in Rente, Rentner/in
	¡Perdona! *(perdonar)*	Entschuldige!
	rápido/-a	schnell
	la encuesta	Meinungsumfrage
	hacer una pregunta	eine Frage stellen
	el Instituto	*hier:* Gymnasium
	pequeño/-a	klein
	el ama de casa	Hausfrau
	la colaboración	Mitarbeit
9	**muchas gracias por**	vielen Dank für
	la carta	Brief
	Me alegro de que vengas. *(alegrarse)*	Ich freue mich, daß/wenn du kommst.
	el verano	Sommer
	próximo/-a	der/die/das nächste
	Hasta pronto.	Bis bald.
	el esposo *(häufiger in LA)*	Ehemann
	la esposa *(häufiger in LA)*	Ehefrau
	el viejo *(ugs.)*	Vater
	la vieja *(ugs.)*	Mutter
10	**gordo/-a**	dick
	delgado/-a	dünn, schlank
	el pelo	*hier:* Haare
	largo/-a	lang
	corto/-a	kurz
	liso/-a	glatt
	rizado/-a	gekräuselt, lockig
	guapo/-a	schön, hübsch
	feo/-a	häßlich
	joven	jung
	viejo/-a	alt
	rubio/-a	blond
	moreno/-a	dunkelhaarig
	los ojos	Augen
	el bigote	Schnurrbart
	la barba	Bart
	alto/-a	groß
	bajo/-a	klein
	Es alta.	Sie ist groß.
	llevar	tragen
11	**el actor, la actriz**	Schauspieler/in
	el/la tenista	Tennisspieler/in
	el músico	Musiker

	bastante	ziemlich
	negro/-a	schwarz
	un poco	ein bißchen
	las gafas	Brille
	marrón	braun
12	**rojo/-a**	rot
	azul	blau
	gris	grau
	verde	grün
	blanco/-a	weiß

Y ahora ...

13	**el industrial**	Industrieller, Unternehmer
	famoso/-a	berühmt, bekannt
	abandonar	verlassen
	el mayordomo	Butler
	el/la testigo	Zeuge/-in
	la fuga	Flucht
	enfadado/-a	verärgert
	triste	traurig
	al contrario	im Gegenteil
	el guardaespaldas	Leibwächter
14	**inteligente**	intelligent, gescheit
	tonto/-a	dumm
	serio/-a	ernst
	gracioso/-a	lustig
	simpático/-a	sympatisch, nett
	antipático/-a	unsympatisch, unfreundlich

Repaso 1

1	**el nombre**	Name
	la persona	Person
	la palabra	Wort
	relacionado/-a con	mit Bezug zu
	un empresario	ein Unternehmer
	afincado/-a en	ansässig in
	sólo	nur
	da trabajo *(dar)*	er/sie gibt Arbeit
	personas mayores de ... años	Personen über ... Jahre
	mayor	alt
	los jóvenes	junge Leute
	en busca de	auf der Suche nach
	el empleo	Arbeitsplatz
	con más de ... hijos	mit mehr als ... Kindern
	la empresa	das Unternehmen
	creada en 1984	1984 gegründet
	la fabricación	Herstellung
	la bicicleta	Fahrrad
	con resultados «óptimos»	*hier:* erfolgreich
	el resultado	Ergebnis
	óptimo/-a	*hier:* außerordentlich gut
	la particularidad	Besonderheit
	todo/-a	*hier:* jede/r/s
	el trabajador, la trabajadora	Arbeiter/in
	dejar de	(etwas) aufgeben
	fumar	rauchen
	ve incrementado su salario en un 5%	bekommt eine fünfprozentige Lohnerhöhung
	el salario	Lohn
	la noticia	Nachricht
	me ha llamado la atención	hat meine Aufmerksamkeit erregt
	¡Qué raro!	Wie seltsam!
	la marca	Marke
	nunca	nie
2	**¡Telefonea!** *(telefonear)*	Ruf an!
	a las cinco	um fünf Uhr
	de la tarde	nachmittags
	el programa	Sendung
	Lo sé. *(saber)*	Ich weiß es.
	di *(decir)*	*hier:* gib an
	exacto/-a	genau
	ganar	gewinnen
	el viaje	Reise
	de tres días	dreitägig
	para dos personas	für zwei Personen
	a París	nach Paris
	con todo pagado	bei der alles bezahlt ist
	El problema es el siguiente:	Es geht um folgende Aufgabe:
	la diferencia (de edad) entre cada uno/-a	der Altersunterschied zwischen jedem/r von ihnen
	Estoy obligado a hacerle una pregunta.	Ich muß Ihnen eine Frage stellen.
	A ver si acierta.	Wir werden gleich sehen, ob Sie es schaffen.
	¿Preparado?	Bereit, Fertig?
	Acaba de ganar.	Sie haben gewonnen.
	¡Enhorabuena!	Glückwunsch!
4	**grande**	groß
	pequeño/-a	klein
5	**el ruso**	Russisch
6	**a las afueras de**	außerhalb von
	todos juntos	alle zusammen
	el departamento *(LA)*	Wohnung
	moderno/-a	modern
	la modista	Damenschneiderin
	cerca de casa	bei uns in der Nähe
	el sombrero	Hut
	fuera de casa	außer Haus
	la casa	Haus
	el gemelo, la gemela	Zwilling
	distinto/-a	verschieden, anders
	tranquilo/-a	ruhig
	nervioso/-a	nervös
	atractivo/-a	attraktiv
	único/-a	einzige
	listo/-a	klug, schlau
	despampanante	auffallend
	sino	sondern
	divertido/-a	amüsant, lustig
	el centro	Zentrum
	es ya mayor	er ist schon älter
	sordo/-a	schwerhörig, taub
	más ... que	mehr ... als
	los Alpes	die Alpen
	siempre	immer
	activo/-a	aktiv
	con sus setenta años	mit ihren siebzig Jahren
	electricista	Elektriker
	pelirrojo/-a	rothaarig
	muchísimo	sehr viel
	el ama de casa	Hausfrau
	además	außerdem, noch dazu
	la tienda de modas	Modegeschäft
	el físico, la física	Physiker/in

6 Objetos

	el objeto	Gegenstand
1	**la mesa**	Tisch
	el sobre	Umschlag
	el libro	Buch
	la silla	Stuhl
	el sello	Briefmarke
	el bolso	Handtasche
	la agenda	Notizbuch
	la llave	Schlüssel
	el cuaderno	Heft
	la postal	Postkarte
	el diccionario	Wörterbuch
	el bolígrafo	Kugelschreiber
	la lámpara	Lampe
	el mapa	Karte, Stadtplan
	unos, unas	einige
3	**¿Qué hay en la mesa?**	Was liegt auf dem Tisch?
	Hay un libro.	(Auf dem Tisch) liegt ein Buch.
	hay	es gibt
5	¿Cuánto es?	Wieviel macht das?
	la cerveza	Bier
	el vino	Wein
	¿A qué altura de ... vives?	Auf welcher Höhe / Wo genau in der ...-Straße wohnst du?
	el asiento	Sitzplatz
	el país	Land
	la moneda	Währung
8	**la librería**	Buchhandlung
	se venden libros	es werden Bücher verkauft
	vender	verkaufen
	el estanco	Tabakladen
	se vende tabaco	es wird Tabak verkauft
	el tabaco	Tabak(waren)
	la plata *(LA; ugs.)*	Geld
	el quiosco de cigarrillos *(LA)*	Tabakwarenladen
9	**aquí**	hier
	todos éstos, todas éstas	alle diese
	¿Puedo ver ... ?	Darf ich mal ... sehen?
	poder	können
	ése rojo, ésa roja	der rote da / die rote da
	éste, ésta	diese/r/s hier
	¿Cuánto cuesta?	Wieviel kostet es?
	costar	kosten
	Vale.	Einverstanden.
	Me lo/la llevo. *(llevarse)*	Ich nehme ihn/sie/es.
	el reloj	Uhr
10	**deseo**	ich möchte
	desear	wünschen
	quería	ich hätte gern
	quisiera	ich hätte gern
	querer	wollen, lieben
11	**¿Qué desea?**	Was wünschen Sie?
	comprar	kaufen
	el chico	Junge; junger Mann
	¿Qué le parecen? *(parecer)*	Wie gefallen sie Ihnen?
	Volveré mañana. *(volver)*	Ich komme morgen wieder.

7 Mi pueblo o mi ciudad

	el pueblo	Dorf
1	**el este**	Osten
	el norte	Norden
	el oeste	West
	el sur	Süden
	el océano	Ozean
	atlántico	atlantisch
	Is. (Islas)	Inseln
	la isla	Insel
	antiguo/-a	alt
	bonito/-a	schön
	tranquilo/-a	ruhig
	que está en el centro	die im Zentrum liegt
	que	der, die, das
	el centro	Zentrum
	pequeño/-a	klein
	pero	aber
	el río	Fluß
	importante	bedeutend, groß
	mucho/-a, muchos/-as	viele
	el monumento	Denkmal
	histórico/-a	historisch
	el estilo	Stil
	artístico/-a	Kunst-
	famoso/-a por	bekannt für
	la mezcla	Mischung
	la cultura	Kultur
	árabe	arabisch
	judío/-a	jüdisch
	cristiano/-a	christlich
	el nordeste	Nordosten
	lejos de	weit von
	en la costa	an der Küste
	mediterráneo/-a	Mittelmeer-
	el puerto	Hafen
	la playa	Strand
	el origen	Ursprung
	dinámico/-a	dynamisch
	el museo	Museum
	en el mundo entero	weltweit
	el mundo	Welt
	entero/-a	ganz
2	**turístico/-a**	touristisch
	aburrido/-a	langweilig
	el parque	Park
4	**¿Dónde está ... ?**	Wo liegt ... ?
	en el sudeste de	im Südosten von
	al sur de	südlich von
	cerca de	in der Nähe von
8	**¿Cuántos habitantes tiene ... ?**	Wie viele Einwohner hat ... ?
	el/la habitante	Einwohner/in
9	**unos**	*hier:* ungefähr, etwa
	aproximadamente	annähernd
	más de	mehr als, über
	menos de	weniger als
	casi	etwa
10	**la capital**	Hauptstadt
11	**el café**	Kaffee
	el vino	Wein
	azteca	aztekisch

	el tango	Tango
	la fiesta	Fest
	el lago	See

Y ahora ...

12	alguna vez	einmal
	No sabes lo que te pierdes.	Du weißt nicht, was du verpaßt.
	el fin de semana	Wochenende
	¡Qué precioso/-a!	(Wie) wunderbar, toll!
	la situación	Lage
13	**querido/-a**	liebe/r/s
	desde	*hier:* von
	pasar	verbringen
	el mes de vacaciones	Urlaubsmonat
	esto	dieses
	precioso/-a	wunderschön
	mediano/-a	mittelgroß
	salir	ausgehen
	todas las noches	jeden Abend
	la noche	Abend, Nacht
	bailar	tanzen
	el flamenco	Flamenco
	tomar	*hier:* trinken
	el fino	*hier:* Sherry
	¡Qué vacaciones!	Was für ein Urlaub!
	vamos	wir gehen
	ir	gehen
	a Sevilla	nach Sevilla
	desde hace	seit
	la semana	Woche
	más o menos	ungefähr
	practicar	üben
	mucho	viel
	el acento	Akzent, Aussprache
	me gusta	gefällt mir
	¡Estoy fascinado/-a!	Ich bin begeistert!
	el paisaje	Landschaft
	la Pampa	*Landschaft in Argentinien*
	esperar	erwarten
	la vuelta	Rückfahrt

8 Mi casa y mi habitación

1	**el salón**	Wohnzimmer
	el cuarto de baño	Badezimmer
	el cuarto	Zimmre
	el baño	Bad, Badezimmer
	la cocina	Küche
	el dormitorio	Schlafzimmer
	el comedor	Eßzimmer
	el estudio	Arbeitszimmer
2	**Se vende piso.**	Wohnung zu verkaufen.
	el piso	Wohnung
	la zona	Gegend
	céntrico/-a	zentral
	exterior	*hier:* zur Straße gelegen
	de unos 80 metros cuadrados	ca. 80 m^2
	la calefacción	Heizung
	el ascensor	Aufzug
	el garaje	(Tief-)Garage
	el trastero	Abstellraum
	el aire acondicionado	Klimaanlage
	mucha luz	*hier:* sehr hell
	la luz	Licht
	bien comunicado/-a	mit günstiger Verkehrsanbindung
	el precio	Preis
	excepcional	außerordentlich
3	**la habitación interior**	Zimmer *hier:* zum Hof, nach hinten gelegen
	Da a una calle. *(dar)*	*hier:* Sie liegt zu einer Straße hin.
	ancho/-a	breit
	estrecho/-a	eng
	el tráfico	Verkehr
	la terraza	Terrasse
	Me he cambiado de casa.	Ich bin umgezogen.
	el casco antiguo	Altstadt
5	**el sofá**	Sofa
	el frigorífico	Kühlschrank
	la bañera	Badewanne
	la ducha	Dusche
	el sillón	Sessel
	el lavabo	Waschbecken
	la escalera	Leiter
	la cama	Bett
	el televisor	Fernsehapparat
	la estantería	Regal
	la lavadora	Waschmaschine
	la mesilla	Nachttisch
	el armario	Schrank
	la cocina eléctrica	Elektroherd
	significar	bedeuten
8	**delante de**	vor
	entre ... y ...	zwischen ... und ...
	a la derecha de	rechts von
	debajo de	unter
	en	in
	encima de / sobre	auf
	al lado de / junto a	neben
	detrás de	hinter
	a la izquierda de	links von
	el gato	Katze
9	según se entra	wenn man hereinkommt
	el rincón	Ecke
	la lámpara de pie	Stehlampe
	rosa	rosa
	lila	lila
	amarillo/-a	gelb
	naranja	orange
	cuadrado/-a	quadratisch
	redondo/-a	rund
	rectangular	rechteckig
	triangular	dreieckig
10	**el dibujo**	Zeichnung
	lindo/-a *(LA)*	schön
	el apartamento	Wohnung
	el departamento *(LA)*	Wohnung
	la pieza *(LA)*	Zimmer
	el elevador *(LA)*	Aufzug
	el ordenador	Computer
	el computador *(LA)*	Computer
	el despacho	Büro
	el buró *(LA)*	Büro

Y ahora ...

13	**«Veo veo»** *(ver)*	Ich sehe was, was du nicht siehst
	ves	du siehst
	la cosa	Ding, Gegenstand

	¿De qué color es?	Welche Farbe hat er/sie/es?
	el color	Farbe
	el futuro	Zukunft
	¿Qué forma tiene?	Welche Form hat er/sie/es?
14	**el ático**	Dachgeschoß
	el dúplex	Maisonette
	la vista panorámica	Panoramablick
	la piscina	Schwimmbad
	el jardín	Garten
	se alquila	zu vermieten
	alquilar	(ver)mieten
	la buhardilla	Dachkammer
	amplísimo/-a	sehr groß
	el balcón	Balkon

9 ¿Dónde y a qué hora?

1	**el barrio**	Stadtviertel
	la estación de metro	U-Bahn-Station
	el metro	U-Bahn
	señalado/-a	eingetragen
	la parada de autobús	Bushaltestelle
	¿Dónde hay ... ?	Wo gibt es ... ?
	el aparcamiento	Parkplatz
	el palacio	Schloß
	el hotel	Hotel
3	**Lo siento.**	Bedaure.
	sentir	bedauern
	No conozco este barrio.	Ich kenne mich in diesem Viertel nicht aus.
	conocer	kennen
	la primera a la derecha	die erste (Straße) rechts
	¡Oiga!	Hören Sie!
	oír	hören
	¡Perdone!	Verzeihen Sie!
	perdonar	verzeihen
	por aquí	hier in der Nähe
	hay uno/-a	es gibt ein/e/n
	al final de esta calle	am Ende dieser Straße
	lejos	weit weg
	aquí mismo	ganz in der Nähe
	A unos cinco minutos andando.	Ungefähr fünf Gehminuten von hier.
	andando	zu Fuß
	no hay ninguno/-a	es gibt kein/e/n
	la farmacia	Apotheke
4	**primero/-a**	erste/r/s
	segundo/-a	zweite/r/s
	tercero/-a	dritte/r/s
	cuarto/-a	vierte/r/s
	quinto/-a	fünfte/r/s
5	**siga**	gehen Sie weiter
	seguir	weitergehen, -fahren
	todo recto	immer geradeaus
	gire	biegen Sie ab
	girar	abbiegen
	cruce	überqueren Sie
	cruzar	kreuzen, überqueren
	coja	nehmen Sie
	coger	nehmen
	tome	nehmen Sie
	tomar	nehmen
	saber	wissen
	la glorieta	Straßenkreuzung mit rundem Platz
	entonces	dann
	luego	später, dann
	Exacto.	Genau.
6	**municipal**	städtisch
	oye *(oír)*	hör mal ...
7	Verá una plaza.	Sie werden einen Platz sehen.
	Es muy fácil.	Es ist ganz einfach.
	No tiene pérdida.	Es ist nicht zu verfehlen.
8	**baja por**	geh hinunter
	bajar	hinuntergehen
	la cuesta	Steigung
	sigue	geh weiter!
	para llegar al Albaicín	um am Albaicín anzukommen
	para	um ... zu
	llegar a	ankommen
	enfrente (de)	gegenüber (von)
	volver	zurückkommen
	a casa	nach Hause
	otra vez	noch einmal
	otro/-a	andere/r/s
	fácil	einfach
	el monasterio	Kloster
10	**marque**	markieren Sie
	marcar	markieren, kennzeichnen
	pregunta	frage
	preguntar	fragen
	el plano	Stadtplan
	la ópera	Oper
	la cabina de teléfono	Telefonzelle
	explique	erkläre
	explicar	erklären
	ir	gehen, fahren
	compare	vergleiche
	comparar (con)	vergleichen (mit)
12	**¿Qué hora es?**	Wie spät ist es?
	Es la una.	Es ist ein Uhr.
	en punto	genau, Punkt ...
	¿Tiene hora?	Wissen Sie, wie spät es ist?
	Son las siete y diez.	Es ist zehn nach sieben.
	y cuarto	Viertel nach
	y media	halb
	menos cuarto	Viertel vor
	menos diez	zehn vor
14	¡Qué tarde!	Schon so spät!
16	**abril**	April
	¿Qué día es hoy?	Welchen Tag haben wir heute?
	hoy	heute
	lunes	Montag
	martes	Dienstag
	miércoles	Mittwoch
	jueves	Donnerstag
	viernes	Freitag
	sábado	Samstag
	domingo	Sonntag
17	**horario de atención al público:**	für Kunden geöffnet am:
	el horario	Öffnungszeit
	el público	Publikum; *hier:* Kunden
	por la mañana	vormittags
	por la tarde	nachmittags
	los sábados	samstags

	¿A qué hora?	Um wieviel Uhr?
	abrir	öffnen
	cierra	er/sie schließt
	cerrar	schließen

Y ahora ...

18	**si**	wenn
	quieres	du möchtest
	ir de compras	einkaufen gehen
	te conviene	*hier:* du solltest
	convenir	angebracht sein
	saber que	wissen, daß
	que	daß
	la mayoría de	die meisten
	el supermercado	Supermarkt
	todos los días	jeden Tag
	excepto	außer
	el horario normal	die normalen Öffnungszeiten
	de ... a ...	von ... bis ...
	desde ... hasta ...	von ... bis ...
	sin embargo	trotzdem
	algunos/-as	einige
	los grandes almacenes	Kaufhäuser
	grande	groß
	tienen un horario continuo	haben durchgehend geöffnet
	continuo/-a	ständig
	antes	früher
	necesitar	brauchen
	los servicios	Dienste
	el centro oficial	Amt
	oficial	öffentlich
	tienes que	du mußt
	tener que	müssen
	los fines de semana	am Wochenende
	el fin de semana	Wochenende
	cerrado/-a	geschlossen
	abierto/-a	geöffnet
	a la hora de la comida	zur Mittagszeit
	la comida	Mittagessen

10 Gustos

1	**la discoteca**	Discothek
	la moto	Motorrad
	la música	Musik
	escuchar la radio	Radio hören
	la radio	Radio
	jugar al fútbol	Fußball spielen
	jugar a	spielen
	el teatro	Theater
	el fútbol	Fußball
	bailar	tanzen
	leer	lesen
	el tenis	Tennis
	salir	ausgehen
	ver la televisión	fernsehen
	ver	sehen
	la televisión	Fernsehen
2	**Me gusta el fútbol.**	Mir gefällt Fußball.
	Me gusta ir al cine.	Ich gehe gern ins Kino.
	Me gustan las motos.	Mir gefallen Motorräder.
	No me gusta el tenis.	Ich mag kein Tennis.
	No me gusta ver la televisión.	Ich schaue nicht gern fern.
	No me gustan los ordenadores.	Ich mag keine Computer.
	me	mir
3	**el concierto**	Konzert
	a mí también	mir auch
	a mí tampoco	mir auch nicht
	a mí	mir
	los mismos gustos	die gleichen Vorlieben
	mismo/-a	der-/die-/dasselbe
	el gusto	Vorliebe
	a mí sí	mir (aber) doch
	a mí no	mir nicht
4	**te**	dir
	le	Ihnen
	no me gusta ni ... ni ...	ich mag weder ... noch ...
5	**nos gusta(n) ... y ...**	uns gefällt/gefallen ... und ...
	os gusta(n) ...	euch gefällt/gefallen ...
	escuchar música	Musik hören
	la gramática	Grammatik
	los deberes	Hausaufgaben
6	**¡Me encanta!**	Ich finde es wunderbar/toll!
	encantar	entzücken, begeistern
	No me gusta nada.	Es gefällt mir überhaupt nicht.
8	**el hombre**	Mann
	la mujer	Frau
	les encanta ...	sie mögen ...
	viajar	reisen
9	**el esquí**	Skifahren
	el deportista	Sportler
	desde luego	folglich, selbstverständlich
10	**cocinar**	kochen
	las fiestas familiares	Familienfeste
	clásico/-a	klassisch
	la excursión al campo	Ausflug aufs Land
	el campo	Land (≠Stadt)
	la película	Film
	la ciencia-ficción	Science-fiction
11	**más ... que**	mehr ... als
	el vídeo	Video
	pasear	spazierengehen
	la filosofía	Philosophie
	la técnica	Technik
	tocar la guitarra	Gitarre spielen
	lejano/-a	entfernt
	cercano/-a	nahe
	con amigos	mit Freunden
	quedarse en casa	zu Hause bleiben
	el alumno, la alumna	Schüler/in
	ninguna de las dos cosas	keines von beiden

Y ahora ...

13	**el chico, la chica**	junger Mann, junge Frau
	buscar	suchen
	sincero/-a	ehrlich
	con iniciativa	mit Initiative
	el deporte	Sport
	el apartado de Correos	Postfach
	Correos	Post
	conocer	kennenlernen
	con situación económica estable	in gesicherten wirtschaftlichen Verhältnissen
	algo bajito/-a	etwas klein
	la afición	Hobby, Vorliebe
	de avanzada edad	schon älter
	la pareja de baile	Tanzpartner/in

para un concurso	für einen Wettbewerb
en mayo	im Mai
la especialidad	Hauptinteresse, Fachgebiet
el vals	Walzer
el chotis	*traditioneller Madrider Tanz („Schottischer")*
urgentemente	dringend
(las) económicas	Wirtschaftswissenschaften
la obra de teatro	Theaterstück
el hobbie	Hobby
contactar con	sich in Verbindung setzen mit
por carta	per Brief
mantener correspondencia	Briefwechsel führen
la dama	Dame
romántico/-a	romantisch
culto/-a	gebildet
el arquitecto, la arquitecta	Architekt/in
la lectura	Lesen
visitar	besuchen, besichtigen
los niños	Kinder

Repaso 2

1	**la salida**	*hier:* Start
	la llegada	*hier:* Ziel
2	la decoración	Einrichtung
	sencillo/-a	einfach
	el mueble	Möbel
	necesario/-a	notwendig
4	**compartir con**	teilen mit
	más gastos comunes	zuzüglich Nebenkosten
	el gasto	Unkosten
	primer piso	erster Stock
	ahora	derzeit
	metros cuadrados	Quadratmeter
	cada persona	jeder
	pagar	bezahlen
	al mes	monatlich
	¿Cómo se va?	Wie kommt man dorthin?
	la esquina	Ecke
	el camino	Weg
	Vas a ir a verlo.	Du wirst die Wohnung besichtigen.
	vas a *(ir a)*	du wirst
	si	ob
	el propietario, la propietaria	Besitzer/in
5	**antes de leer**	bevor Sie lesen
	a unos 500 kilómetros	etwa 500 km entfernt
	pasar (por)	fließen (durch)
	se halla situado/-a	er/sie liegt, ist gelegen
	por carretera	über die Landstraße, mit dem Auto
	por ella	*hier:* durch sie
	los romanos	Römer
	llamaron *(llamar)*	sie nannten
	el puerto fluvial	Binnenhafen
	la escala	*hier:* Anlaufhafen
	la compañía	Gesellschaft
	la navegación	Schiffahrt
	extranjero/-a	ausländisch
	excelentemente	ausgezeichnet
	por tierra	auf dem Landweg
	la tierra	Erde
	por aire	mit dem Flugzeug
	el aire	Luft
	desde	ab
	el vuelo	Flug
	directo/-a	direkt
	la estructura	Struktur
	urbano/-a	städtisch
	cuyo/-a/-os/-as	dessen/deren
	la población	Bevölkerung
	supera ...	beträgt mehr als ...
	fue construido/-a	wurde erbaut
	en la Edad Media	im Mittelalter
	pensando	wobei bedacht wurde
	evitar	entgehen
	el pasaje	Durchgang, Passage
	en gran parte	zum größten Teil, meistens
	una casa habitada por una sola familia	Einfamilienhaus
	habitado/-a	bewohnt
	suelen ser *(soler)*	sie sind gewöhnlich
	la flor	Blume
	la ventana	Fenster
	muchas de ellas	viele von ihnen
	el patio	Innenhof
	la herencia	Erbe
	a la vez	gleichzeitig
	romano/-a	römisch
	oriental	orientalisch

11 Un día normal

1	**el piso**	Stockwerk
	la planta baja	Erdgeschoß
	me despierto	ich wache auf
	despertarse	aufwachen
	me levanto	ich stehe auf
	levantarse	aufstehen
	comer	essen
	más o menos	mehr oder weniger
	me ducho	ich dusche mich
	ducharse	duschen
	me visto	ich ziehe mich an
	vestirse	s. anziehen
	paso la tarde leyendo	nachmittags lese ich
	pasar	verbringen
	la novela policíaca	Krimi
	voy al cine	ich gehe ins Kino
	ir	gehen, fahren
	cenar	zu Abend essen
	sobre las diez de la noche	gegen zehn Uhr abends
	empiezo a	ich fange an zu
	empezar	anfangen
	el trabajo	Arbeit
	terminar de	aufhören zu
	vuelvo a casa	ich komme zurück nach Hause
	volver	zurückkehren
	más tarde	später
	tarde	spät
	desayunar	frühstücken
	siempre	immer
	me acuesto	ich gehe schlafen, zu Bett
	acostarse	zu Bett gehen
5	**normalmente**	normalerweise
	a eso de las 7	um ca. 7 Uhr
	antes	*hier:* früher
6	¿No te cansas de vivir con tu tía?	Hast du nicht genug davon, bei deiner Tante zu wohnen?
	¡Qué va!	Ach was! Überhaupt nicht!

	activo/-a	aktiv
	correr	laufen, gehen
	los churros	*Gebäck*
	la magdalena	*Gebäck*
	rígido/-a	streng, geregelt
	sigue trabajando	sie arbeitet immer noch
7	**yo creo que**	ich glaube, daß
	creer	glauben
8	**va a trabajar** *(ir)*	er geht arbeiten, er geht zur Arbeit
	¿cuándo?	wann?
9	**Ya sé.**	Ich weiß es schon.
	ya	schon

Y ahora ...

10	**me vuelvo**	ich kehre um
	volverse	umkehren
	la clase de yoga	Yogakurs
	la clase	Unterricht, Kurs
	el chiste	Witz
	¿por qué?	warum?
	normal	normal
	plantear	aufwerfen
	el autor	Autor
11	**almuerzan**	sie essen zu Mittag
	almorzar	mittagessen
	los griegos	die Griechen
	duermen una siesta	sie machen einen Mittagsschlaf
	dormir	schlafen
	la siesta	Mittagsruhe
	terminar	aufhören
	sólo (solamente)	nur
	europeo/-a	europäisch
	el horario laboral	Arbeitszeit
	incompatible	unvereinbar
	el experto, la experta en	Fachmann/-frau für
	la economía	Wirtschaft
	se preguntan	sie fragen sich
	preguntarse	sich fragen
	el mercado	Markt
	unitario/-a	einheitlich
	llegar a	zu ... kommen
	la unificación en	Anpassung, Vereinheitlichung von
	la entrada	*hier:* Arbeitsbeginn
	mientras	während
	alrededor de	etwa gegen
	el hombre, la mujer de negocios	Geschäftsmann/-frau
	el/la colega	Kollege/-in
	llegar a un acuerdo	Übereinstimmung erzielen
	el acuerdo	Übereinkunft
	deber	sollen, müssen
	ya que	da, weil
	la costumbre	Gewohnheit
	algo más	etwas mehr
	ponerse en contacto	sich in Verbindung setzen
	a esa misma hora	zur selben Zeit
	hablar por teléfono	telefonieren
	necesario/-a	nötig
	buscar	suchen
	europeo/-a	europäisch
	la forma de vida	Lebensart
	antes de	bevor
	estar de acuerdo	einverstanden sein

12 El fin de semana

	el fin de semana	Wochenende
1	**ir de compras**	einkaufen gehen
	lavar	waschen
	la ropa	*hier:* Wäsche
	hacer la limpieza	saubermachen
	montar en bicicleta	Fahrrad fahren
	ir al campo	aufs Land fahren
	esquiar	skifahren
	comer/cenar fuera	essen gehen
	fuera	draußen
	hacer deporte	Sport treiben
	hacer la compra	einkaufen
	ir de copas	*etwa*: „auf ein Bier gehen“
	ver una exposición	e. Ausstellung besuchen
3	**nos levantamos** *(levantarse)*	wir stehen auf
	hacemos *(hacer)*	wir machen
	algún concierto	irgendein Konzert
	algún, alguna	irgendein, irgendeine
	a veces	manchmal
	mucho más tranquilo	viel ruhiger
	realmente	wirklich, tatsächlich
	Es cuando realmente descanso.	Da ruhe ich mich wirklich aus.
	descansar	sich ausruhen
4	**vamos al cine**	wir gehen ins Kino
	ir al cine	ins Kino gehen
5	**casi siempre**	fast immer
	a menudo	oft
6	os aburrís	ihr langweilt euch
	respirar	atmen
	por supuesto	selbstverständlich
	ser urbano/-a *(ugs.)*	ein Stadtmensch sein
	ser marchoso/-a *(ugs.)*	gern ausgehen
	preparar	vorbereiten
	el jardín	Garten
	la bici *(ugs.)*	Fahrrad
7	**juntos**	gemeinsam
	por separado	getrennt

Y ahora ...

9	**teleadicto/-a**	fernsehsüchtig
	según los resultados	den Ergebnissen zufolge
	un informe	ein Bericht
	elaborado/-a por	von ... erstellt
	«teledependiente»	fernsehsüchtig
	la Comunidad Europea (CE)	Europäische Gemeinschaft (EG)
	consumir	verbrauchen
	un total	eine Gesamtsumme
	el minuto	Minute
	diario/-a	täglich
	podemos afirmar *(poder)*	wir können versichern
	la caja tonta *(ugs.)*	„Glotze“
	la caja	Kiste
	tonto/-a	dumm
	el pasatiempo	Zeitvertreib
	preferido/-a	bevorzugt
	incluso	sogar
	el vicio	Laster, schlechte Angewohnheit
	secreto/-a	heimlich, geheim

lo más preocupante	das Besorgniserregendste
preocupante	besorgniserregend
la cifra	Zahl
el telespectador	Fersehzuschauer
adicto/-a	*hier:* süchtig, ergeben
el público infantil	Kinder
infantil	kindlich
superado/-a por	übertroffen von
la adicción	(Drogen-)Abhängigkeit
los británicos	die Briten
diario/-a	täglich
siguen *(seguir)*	folgen
el irlandés, la irlandesa	Ire/Irin
el/la belga	Belgier/Belgierin
el danés, la danesa	Däne/Dänin

13 El trabajo

1	**el/la taxista**	Taxifahrer/in
	el fotógrafo, la fotógrafa	Fotograf/in
	cortar	schneiden
	hacer fotos	fotografieren
	la foto	Foto
	conducir	fahren
	dar clases	unterrichten
	dar	geben
	atender a los pasajeros	die Fahr-/Fluggäste betreuen
	el pasajero, la pasajera	Fahr-/Fluggast
	el peluquero, la peluquera	Friseur/in
	un grupo de rock	eine Rockband
	las matemáticas	Mathematik
	el avión	Flugzeug
	la revista de moda	Modezeitschrift
	la peluquería unisex	Friseursalon für Damen und Herren
2	**arreglar aparatos**	Geräte reparieren
	el aparato	Gerät
	el producto	Produkt
	viajar al extranjero	Auslandsreise machen
	cuidar niños	auf Kinder aufpassen
	dar consejos	Ratschläge geben
	el consejo	Ratschlag
	limpiar	putzen
	el/la paciente	Patient/in
	ordenar	ordnen
	el documento	Dokument
	mandar (un) fax	faxen
	mandar	schicken
	escribir en el ordenador	auf dem Computer schreiben
3	**el autobús**	Bus
	el tren	Zug
	ir a pie	zu Fuß gehen
	el coche	Auto
	el tranvía	Straßenbahn
	¿Cuánto tardas en llegar?	Wie lange brauchst du?
	tardar	(Zeit) benötigen
	¿Cómo vienes a clase?	Wie kommst du zum Unterricht?
	venir	kommen
	andando	zu Fuß
	andar	gehen
	el minuto	Minute
4	**el medio de transporte**	Verkehrsmittel
	más usado/-a	der/die/das gebräuchlichste
	¿Quién tarda menos?	Wer ist am schnellsten da?
	¿Quién tarda más?	Wer braucht am längsten?
5	**una vez**	einmal
	muchas veces	mehrmals
	al día	täglich, pro Tag
	el mes	Monat
	una vez cada tres días	alle drei Tage
	por semana, a la semana	pro Woche
	al año	pro Jahr
6	**coger el tren**	mit der Bahn fahren
	¿Cuántas veces?	Wie oft?
	un día libre	ein freier Tag
	el día	Tag
	cada	jede/r/s
	el camión *(LA, Mexiko)*	Bus
	la guagua *(LA)*	Bus
	el colectivo *(LA, Argentinien)*	Bus
	la góndola *(LA, Peru)*	Bus
	el carro *(LA)*	Auto
	el subte, el subterráneo *(LA, Argentinien)*	U-Bahn
	tomar el subte *(LA)*	mit der U-Bahn fahren
	agarrar el colectivo *(LA)*	mit dem Bus fahren
7	**el jefe, la jefa**	Chef/in
8	**lo que más/menos me gusta de ...**	was ich an ... am meisten/ am wenigsten mag
	lo que	das, was
	la gente	Leute
	creativo/-a	kreativ
	ganar	verdienen
9	**el/la colega**	Kollege/Kollegin
	donde	wo, in dem
10	**las vacaciones**	Ferien, Urlaub
	el sueldo	Gehalt
	conocer	kennenlernen
	mucha gente	viele Leute
12	**la encuesta**	Befragung
	sobre las condiciones de trabajo	über die Arbeitsbedingungen
	contento/-a con	zufrieden mit
	el encuestado, la encuestada	Befragte/r
	contestar	antworten
	la colaboración	Mitarbeit

Y ahora ...

13	**satisfecho/-a con**	zufrieden mit
	sentirse	sich fühlen
	relajado/-a	entspannt
	la relación	Beziehung
	excelente	ausgezeichnet
	malo/-a	schlecht
	llevarse	mitnehmen
	pensar en	denken an
	ni mucho ni poco	weder viel noch wenig
	fumar	rauchen
	cuando trabajas	*hier:* während der Arbeit
	dormir	schlafen
	la puntuación	*hier:* Punkteverteilung
	el punto	Punkt
	la interpretación	Erklärung, Auslegung
	¡Cambia de trabajo!	Such dir eine neue Stelle!
	cambiar	wechseln
	inmediatamente	sofort

	no estás mal	Es geht dir nicht so schlecht.
	¡Enhorabuena!	Gratuliere!

14 Ha sido un día normal

	normal	normal
1	**la carta comercial**	Geschäftsbrief
	la revista	Zeitschrift
	el diario	Tagebuch
	el cartel	Plakat
	el folleto publicitario	Werbeprospekt
	publicitario/-a	Werbe-
	ha sido *(ser)*	es ist gewesen
	he perdido	ich habe verpaßt
	perder	verlieren, verpassen
	Historia Contemporánea	Geschichte der Gegenwart
	la historia	Geschichte
	una pena	schade
	la asignatura	Fach
	he recibido	ich habe bekommen
	recibir	bekommen
	la verdad es que	ehrlich gesagt
	la verdad	Wahrheit
	peor	schlimmer
	poquísimo	sehr wenig
	he ido *(ir)*	ich bin gegangen
	hemos visto *(ver)*	wir haben gesehen
	horrible	schrecklich
	mencionar	erwähnen
	nos hemos tomado *(tomarse)*	wir haben getrunken
	una caña	*hier:* ein Glas Bier
	he vuelto *(volver)*	ich bin zurückgekommen
	he escrito *(escribir)*	ich habe geschrieben
	¡Qué ganas tengo de verla!	Wie gern möchte ich sie wiedersehen!
2	me he lavado los dientes *(lavarse)*	ich habe mir die Zähne geputzt
	he tomado café con leche *(tomar)*	ich habe Milchkaffee getrunken
	me he dado un paseo *(darse)*	ich bin spazierengegangen
3	**recoger la mesa**	den Tisch abräumen
	la puerta	Tür
	apagar	ausschalten
	lavarse los dientes	die Zähne putzen
	los dientes	Zähne
	hacer la cama	das Bett machen
	la ventana	Fenster
5	el tráfico	Verkehr
	tremendo/-a	*hier*: stark
	no paraba de sonar *(parar de)*	hörte nicht auf zu klingeln
	el bocadillo	belegtes Brötchen
	la reunión	Besprechung
	la hora extra	Überstunde
	Te quiero.	Ich liebe dich.
	el gimnasio	Sportzentrum
	la noticia	Nachricht
8	**este mes**	diesen Monat
	esta semana	diese Woche
	el recibo	Quittung
	la fila	Reihe
	la butaca	Sitz, Sessel
	el ingreso	Eingang, Einzahlung
	objetos perdidos	Fundsachen
	el cajero automático	Geldautomat
10	**Perdona por llegar tarde.**	Entschuldige, daß ich so spät komme.
	es que	es ist so, daß
	No te preocupes.	Keine Sorge.Schon gut.
	preocuparse	sich sorgen
	de verdad	wirklich
	¡Tranquilo, hombre!	Beruhige dich.
	tranquilo/-a	ruhig
	No tiene importancia.	Das ist nicht schlimm.
	la importancia	Wichtigkeit, Bedeutung
11	**dormirse**	einschlafen
	el despertador	Wecker
	encontrar el sitio	den Ort finden
	el sitio	Ort
	encontrarse con	jdn treffen
	un conocido, una conocida	ein/e Bekannte/r
	por el camino	unterwegs
	el camino	Weg

Y ahora ...

12	**ir de tapas**	Tapas essen gehen („*Tapas*“: *typische kleine Gerichte aus Spanien, kleine Häppchen)*
	ir de copas	einen trinken gehen
	ir de cafés	von einem Café ins andere ziehen
	la obra	Werk, Kunstwerk
	el siglo	Jahrhundert
	la joya	Juwel
	prerromano/-a	vorrömisch
	el oro	Gold
	interesante	interessant
	típico/-a	typisch
	el convento	Kloster
	la iglesia	Kirche
	bello/-a	schön
	la creación	Errichtung, Schöpfung
	el barroco	Barock
	el marisco	Meeresfrüchte
	al aire libre	im Freien
	buen ambiente	gute Stimmung
	bueno/-a	gut
	barato/-a	preiswert
	el jazz	Jazz
	en directo	direkt übertragen
	alto/-a	laut
	último/-a	letzte/r/s
	el café	Café
	el pastel	Kuchen

15 ¿Qué te pasa?

1	**cansado/-a**	müde
	el calor	Hitze
	tiene calor	ihm ist heiß
	la sed	Durst
	preocupado/-a	besorgt
	el hambre	Hunger
	nervioso/-a	nervös
	enfermo/-a	krank
	triste	traurig
	tiene sueño	er ist müde
	el sueño	Müdigkeit
	el frío	Kälte

	tiene frío	ihm ist kalt
	el miedo	Angst
3	**¿Qué te pasa?**	Was ist mit dir los?
	pasar	passieren
4	**¡Qué calor tengo!**	Wie heiß mir ist!
	¡Qué cansado estoy!	Wie müde ich bin!
	Pues yo no.	*hier:* Ich aber nicht.
	Pues yo sí.	*hier:* Ich schon.
	No estoy nada cansado/-a.	Ich bin überhaupt nicht müde.
	No tengo nada de sueño.	Ich bin kein bißchen müde.
7	**la boca**	Mund
	el cuello	Hals
	el hombro	Schulter
	la mano	Hand
	el dedo	Finger
	la pierna	Bein
	la cabeza	Kopf
	el estómago	Magen, Bauch
	el brazo	Arm
	el ojo	Auge
	el pie	Fuß
8	**un extraterrestre**	Außerirdischer
	un ser	Wesen
	extraño/-a	seltsam
9	**Le duele el estómago.**	Er/Sie hat Magenschmerzen, Bauchweh.
	le duele ...	ihm/ihr tut ... weh
	doler	schmerzen
	Le duelen las muelas.	Er/Sie hat Zahnschmerzen.
	la muela	Backenzahn
	resfriado/-a	erkältet
	la fiebre	Fieber
	tomar	essen
	demasiado	zu viel
	el chocolate	Schokolade
	bajo la lluvia	im Regen
	la lluvia	Regen
	sin	ohne
	el abrigo	Mantel
	la espalda	Rücken
	el oído	Ohren
	la tos	Husten
	la gripe	Grippe
	el dolor	Schmerz
10	**muchísimo**	sehr
	encontrarse	sich fühlen
	encontrarse bien	sich wohl fühlen
	la aspirina	Aspirin
	si sigo así	wenn es so weiter geht
	seguir	weitergehen, -machen
	Me encuentro regular.	Mir geht es so lalá.
	regular	nicht so besonders
	mal	schlecht
	fatal	sehr schlecht
11	**el remedio**	Heilmittel
	el vaso	Glas
	la leche	Milch
	el coñac	Cognac
	el calmante	Beruhigungsmittel
	la manzanilla	Kamillentee
	algo caliente	etwas Warmes
	caliente	warm
	la pastilla	Tablette
	darse un masaje	sich massieren (lassen)
	hacer gimnasia	Gymnastik machen
	quedarse en cama	im Bett bleiben
12	**se propone**	wird vorgeschlagen
	proponer	vorschlagen
	aceptar	*hier:* befolgen
	siéntate *(sentarse)*	setz dich
	Y ahora ...	
14	**fácilmente**	leicht
	volver a dormirse	wieder einschlafen
	la sensación de	Gefühl
	sin motivo	ohne Grund
	el motivo	Grund
	enfadarse	böse werden
	cometer	begehen
	el error	Fehler
	considerar	meinen
	lo suficiente	genug, ausreichend
	No continúes. *(continuar)*	*hier:* Mach nicht weiter!
	el ritmo	Rhythmus
	intenta	versuch!
	intentar	versuchen
	algunos aspectos de tu vida	einige Dinge in deinem Leben
	la vida	Leben
15	**el estrés**	Streß
	en muchas ocasiones	oft
	el individuo	Individuum, Person
	sufrir	leiden
	la presión	Druck
	la posibilidad	Möglichkeit
	trae	*hier:* hat
	traer	bringen
	la consecuencia	Folge
	en realidad	in Wirklichkeit
	la experiencia	Erfahrung
	interno/-a	innere/r/s
	peligroso/-a	gefährlich
	amenazante	bedrohlich
	la causa	Grund
	el mal	*hier:*Störung
	el exceso	Übermaß
	repetitivo/-a	gleichförmig
	la responsabilidad	Verantwortung
	la jornada laboral	Arbeitstag
	la supervisión	Überwachung
	varios/-as	verschiedene
	frecuente	häufig
	el desplazamiento	Ortswechsel
	el trastorno	Verstimmung, Irritation
	el comportamiento	Verhalten
	el ejercicio físico	Sport, Bewegung
	anual	jährlich
	como mínimo	wenigstens
	al menos	mindestens
	resolver	lösen
	a lo largo del día	im Lauf des Tages
	la pausa	Pause
	guardar el equilibrio	das Gleichgewicht bewahren
	la relajación	Entspannung
	el ocio	Freizeit
	en definitiva	schließlich
	cuidar	pflegen, Rücksicht nehmen
	el cuerpo	Körper
	sabían *(saber)*	sie wußten

	el síntoma	Symptom
	evitar	vermeiden
	estar de acuerdo (con)	einverstanden sein (mit)
	escesivo/-a	übertrieben, exzessiv
	cantar	singen
	el control	Kontrolle, Überwachung
	colgar	aufhängen
	¡No molestar!	Nicht stören!

Repaso 3

1	**horario de noche**	*hier:* Nachtschicht, -dienst
	la sociología	Soziologie
	la recepción de un hotel	die Rezeption eines Hotels
	temporal	vorübergehend
	la carrera	Studium
2	**el pintor, la pintora**	Maler/-in
	de los mejores	unter den besten
	el enfoque	Blickwinkel, Art der Betrachtung
	preferir	lieber mögen
	cansadísimo/-a	sehr müde
	la etapa	Etappe
	el tema	Thema
	actual	aktuell
	filosófico/-a	philosophisch
	la Vuelta Ciclista a España	*Radrennen (vgl. „Tour de France")*
	la animación	Unterhaltung
	el espectáculo	Veranstaltung, Aufführung
	une *(unir)*	*hier:* er/sie umfaßt
	la danza	Tanz
	el mimo	Pantomime
	la canción	Gesang
	el cabaré	Kabarett
	la actuación	Vorstellung
	el artista	*hier:* Künstler
	el ciclismo	Radsport
	la pintura	Malerei
3	**medio/-a**	durchschnittlich, Durchschnitts-
	la procedencia	Herkunft
	la residencia	Wohnort
	el sexo	Geschlecht
4	**Vgl. Repaso 2.1, Seite 81**	

16 ¿Cómo quedamos?

1	**¿De parte de quién?**	Wer spricht?
	ahora	jetzt
	ponerse (al teléfono)	ans Telefon kommen
	equivocarse	sich irren, sich verwählen
		jetzt
	¿Diga?/¿Dígame? *(decir)*	Ja? Hallo?
3	**la conversación telefónica**	Telefongespräch
	preguntar por	fragen nach
	di que *(decir)*	sage, daß
	llamar	anrufen
	avisar	Bescheid geben
4	**comunica** *(comunicar)*	*hier:* er/sie spricht; es ist besetzt
	contestar	antworten, abheben
	Está bañando al niño.	Sie badet gerade das Kind.
	Ya llamaré después.	Ich rufe später nochmal an.
4	**responder**	antworten
	afirmativamente	bejahend
	dar las gracias	sich bedanken
	despedirse	sich verabschieden
	pedir perdón	sich entschuldigen
	pedir	bitten
6	**el anuncio**	Plakat
	la entrada	Eintrittskarte
	poner	spielen, geben
	la galería	Galerie
	dar	*hier:* aufführen
	la obra de teatro	Theaterstück
	la comedia	Komödie
	bárbaro/-a	barbarisch
	de quién	von wem
	el bar de copas	Kneipe
	el millar	Tausend
	inaugural	Eröffnungs-
7	**¿Vamos a ... ?**	Gehen wir ... ?
	algo	etwas
	conmigo	mit mir
	tener que	müssen
8	**una película de terror**	ein Horrorfilm
	el partido de fútbol	Fußballspiel
	dar una vuelta	*hier:* etwas trinken gehen, eine Runde drehen *(ugs.)*
	me gustaría *(gustar)*	ich würde gern
9	**¿Y qué podemos hacer?**	Und was können wir machen?
	interesante	interessant
	pues, mira ...	Hör mal ...
	no me va bien	mir paßt es nicht so gut
	tan pronto	so früh
	¿Qué te parece?	Was hältst du davon?
	parecer	(er)scheinen
	¿Cómo quedamos?	Wie verbleiben wir?
	quedar	sich verabreden
11	¿Para qué?	Wofür?
	de enfrente	gegenüber
	el/la dentista	Zahnarzt, -ärztin
	la sesión	Vorstellung
	despacio	*hier:* in Ruhe
	la mesa está a nombre de ...	der Tisch ist auf den Namen ... (bestellt)
	las saco yo	die hole ich
13	**esperar**	(er)warten
	el beso	Kuß
	Llámame. *(llamar)*	Ruf mich an!
	contigo	mit dir
	el compromiso	Verabredung
	Besos.	Küsse.*(Informelle zärtliche Verabschiedung)*
	el estreno	Erstaufführung
	Dímelo pronto. *(decir)*	Gib mir bald Bescheid!
	pronto	bald

Y ahora ...

14	**el título**	Titel
	traducirías	du würdest übersetzen
	traducir	übersetzen
	principal	Haupt-
	el director, la directora	Regisseur/in
	la noche más larga	die längste Nacht
15	**castizo/-a**	echt, ursprünglich
	proyectar	planen

	será *(ser)*	wird sein
	tomar el pulso	den Puls fühlen
	popular	volkstümlich
	el establecimiento	*hier:* Lokal
	elegante	elegant
	tasquear *(ugs.)*	e. Kneipenbummel machen
	tabernar *(ugs.)*	e. Kneipenbummel machen
	el pincho	Spieß
	el pescado	Fisch
	frito/-a	gegrillt
	la ternera	Kalbfleisch
	gambas a la plancha	geröstete Garnelen
	la garbardina	*hier:* Teigmantel
	en escabeche	mariniert
	los mejillones	Miesmuscheln
	las salchichas	Würstchen
	aplicado/-a	angewendet auf
	la taberna	Taverne, Schenke
	la bebida	Getränk
	de pie	im Stehen
	sentándose	im Sitzen
	el taburete	Hocker
	el mostrador	Theke
	la barra	Stange
	el consumidor	Kunde, Konsument
	apoyarse	sich aufstützen

17 Comidas

	la comida	Mahlzeit, Essen
1	**la galleta**	Keks, Plätzchen
	el pan	Brot
	el jamón	Schinken
	el pollo	Hähnchen
	la sal	Salz
	el chorizo	Wurst
	la carne	Fleisch
	el arroz	Reis
	el queso	Käse
	el pescado	Fisch
	el azúcar	Zucker
	el aceite de oliva	Olivenöl
	el huevo	Ei
	la patata	Kartoffel
	la lechuga	Kopfsalat
	la naranja	Orange
	la manzana	Apfel
	el plátano	Banane
	la sardina	Sardine
	el yogur	Yoghurt
2	**la barra de pan**	Baguette, Stangenbrot
	la botella (de)	Flasche
	la lata (de)	Dose
	el paquete (de)	Päckchen
4	**el alimento**	Nahrungsmittel
	el kilo (de)	Kilo
	el gramo (de)	Gramm
	el litro (de)	Liter
	la docena (de)	Dutzend
5	**ó** *(zwischen Zahlen mit Akzent)*	oder
7	**¿Qué le pongo?** *(poner)*	Was darf es sein?
	¿Qué más?	Was noch?
	¿Algo más?	Noch etwas?
	¿A cómo está ... ?	Wieviel kostet ... ?
	póngame *(poner)*	geben Sie mir
	nada más	das ist alles
8	**buenísimo/-a**	sehr gut
	no me quedan	ich habe keine mehr
	quedar	übrig sein, bleiben
	¿Qué marca?	Welche Marke?
	mejor	besser
	Vamos a ver.	Schauen wir mal.
10	**el fríjol**	schwarze Bohne
	el chorizo	Hartwurst
	el mate	Matetee
	el ron	Rum
	la paella	Paella
	el churrasco	gegrilltes Fleisch
	el arroz a la cubana	Reis auf kubanische Art
	la tortilla	(Kartoffel-)Omelett
	el chile con carne	*scharfe Bohnen mit Fleisch*
	salado/-a	gesalzen, salzig
	picante	scharf
	dulce	süß
	amargo/-a	bitter
11	**el menú**	Speisekarte
	de primero	als ersten Gang
	de segundo	als zweiten Gang
	de postre	als Nachtisch
	la sopa	Suppe
	las judías blancas	weiße Bohnen
	el espárrago	Spargel
	la ensalada	Salat
	el filete	Steak
	asado/-a	gebraten
	la merluza	Seehecht
	a la romana	paniert und gebacken
	la trucha	Forelle
	la fruta	Obst
	el flan	Pudding
	el helado	Eis
	IVA	MwSt.
	incluido/-a	inbegriffen, einschließlich
	¿Qué tomarán de postre?	Was wünschen Sie als Nachtisch?
	¿Van a tomar café?	Möchten Sie einen Kaffee?
	un café con leche	einen Kaffee mit Milch
	traer	bringen
	un poco de	ein bißchen
	para mí	für mich
	para	für
	muy hecho/-a	gut durchgebraten
	beber	trinken
	el agua mineral con gas	Mineralwasser mit Kohlensäure
	La cuenta, por favor.	Die Rechnung, bitte.
12	**la mayonesa**	Mayonnaise
	el plato	Teller
	el cuchillo	Messer
	el tenedor	Gabel
	la cuchara	Löffel
	otra botella de ...	noch eine Flasche ...
	la cerveza	Bier
13	el pimiento rojo	Pfefferschote
	las almendras picadas	gesalzene Mandeln
	sin gas	ohne Kohlensäure
	el cortado	Kaffee mit wenig Milch
	el café solo	schwarzer Kaffee

Y ahora ...

15	**el desayuno**	Frühstück
	el almuerzo	Mittagessen
	abundante	üppig, reichhaltig
	soler	gewöhnlich etw.tun
	la tostada	Toast
	el bollo	Gebäck
	el plato	*hier:* Gericht, Gang
	a base de	auf der Grundlage von
	la verdura	Gemüse
	la legumbre	Hülsenfrucht
	habitual	gewöhnlich
	ligero/-a	leicht
	existir	existieren
	la merienda	*Zwischenmahlzeit am späten Nachmittag*
	a media tarde	am Nachmittag
	hacia las seis	gegen sechs
16	**tener a mano**	zur Hand haben
	la receta	Rezept
	preparar	vor-/zubereiten
	los ingredientes	Zutaten
	el conejo	Kaninchen
	el caracol	(Weinberg-)Schnecke
	el tomate	Tomate
	la cucharada	Eßlöffel
	el azafrán	Safran
	el colorante	Farbstoff
	el pimentón	Paprikapulver
	la judía verde	grüne Bohne
	calentar	erhitzen
	la cebolla	Zwiebel
	el ajo	Knoblauch
	la paellera	Paellapfanne
	echar	werfen
	freír	braten
	lentamente	langsam
	dorarse	braun werden
	añadir	hinzufügen
	hervir	sieden, kochen
	ya cocido/-a	bereits gekocht
	cocer	kochen

18 Ropa

	la ropa	Kleidung
1	**la prenda (de vestir)**	Kleidungsstück
	el vestido	Kleid
	los vaqueros	Jeans
	la chaqueta	Jacke
	el traje	Sakko
	la media	Strumpf
	la blusa	Bluse
	el jersey	Pullover
	el zapato	Schuh
	la camisa	Hemd
	las bragas	(Damen-)Unterhose
	la camiseta	Unterhemd
	la bota	Stiefel
	la corbata	Krawatte
	el calcetín	Socke
	el pantalón	Hose
	el calzoncillo	(Herren-)Unterhose
	el sujetador	Büstenhalter
	la falda	Rock
	la cazadora	Sportjacke
3	**¿De qué material es?**	Aus was für Material/Stoff ist es?
	es de tela	es ist aus Stoff
	la tela	Stoff
	la lana	Wolle
	la seda	Seide
	el algodón	Baumwolle
	la piel	Leder
	el cuero	Leder
	la pana	Cord
	a rayas	gestreift
	a cuadros	kariert
5	**más caro/-a que**	teurer als
	tan caro/-a como	so teuer wie
	menos caro/-a que	nicht so teuer wie
	bueno/-a	gut
	malo/-a	schlecht
	mejor	besser
	peor	schlechter
6	**ancho/-a**	weit
	cómodo/-a	bequem
	incómodo/-a	unbequem
	barato/-a	billig
7	**la talla**	Größe
	el modelo	Modell
	probarse	anprobieren
	por supuesto	selbstverständlich
	el probador	(Ankleide-)Kabine
	al fondo	ganz hinten
	¿Qué tal le queda?	Wie paßt es Ihnen?
	Pase por caja.	Gehen Sie zur Kasse.
9	el escaparate	Schaufenster
	la temporada	Saison
	¿Me permite, por favor? (permitir)	Erlauben Sie?
	Tenga. (tener)	Nehmen Sie.

Y ahora ...

10	**el/la optimista**	Optimist/in
	el/la pesimista	Pessimist/in
	en cambio	hingegen
	lo ven todo negro	sehen alles schwarz
	relacionarse	zu tun haben mit
	el estado de ánimo	Stimmung
	asociar	verbinden
	la belleza	Schönheit
	la felicidad	Glück
	la solidaridad	Solidarität
	la acción	Handeln; Dynamik
	la paz	Friede
	la tristeza	Traurigkeit
	la armonía	Harmonie
	la impulsividad	Spontanität
	la sinceridad	Ehrlichkeit
	la ambición	Ehrgeiz
	la confianza	Vertrauen
	por naturaleza	von Natur aus
	quizás	vielleicht
	debería *(deber)*	Sie sollten
	tratar	versuchen
	desde otro punto de vista	aus einem anderen Blickwinkel
	básicamente	grundsätzlich
	con la cabeza en su sitio	mit klarem Kopf
	incurable	unheilbar, unverbesserlich

	lleno/-a de	voll von, voller
	el buen humor	gute Laune
	gracias a	dank
	superar	überwinden
	la solución	Lösung

19 ¡Feliz cumpleaños!

	¡Feliz cumpleaños!	Alles Gute zum Geburtstag!
	el cumpleaños	Geburtstag
	feliz	glücklich
1	**la chica de la falda amarilla**	das Mädchen mit dem gelben Rock
	está bebiendo *(beber)*	trinkt gerade
	el señor del bigote	der Herr mit dem Schnurrbart
	está bailando *(bailar)*	tanzt gerade
	está abriendo *(abrir)*	öffnet gerade
	sentarse	sich setzen
	está sentándose	setzt sich gerade
	otro/-a	ein/e andere/r
	quitarse	ausziehen
	está quitándose ...	zieht gerade ... aus
3	**me acuerdo**	ich erinnere mich
	acordarse	sich erinnern
	Me parece que no.	Ich glaube nicht.
	parecer	scheinen
4	¿Me pones con ... ?	Gibst du mir ...?
	¿Seguro?	Bestimmt?
6	**nadar**	schwimmen
	la piscina	Schwimmbad
	el mar	Meer
7	**¡Felicidades!**	(Herzlichen) Glückwunsch!
	la felicidad	Glück
	Toma. *(tomar)*	Nimm.
	esto	dies
	A ver ...	Laß mal sehen.
	los pendientes	Ohrringe
	la idea	Idee
	Coge, coge. *(coger)*	Nimm nur!
	el trozo	Stück
	ya no puedo más	ich kann nicht mehr, ich bin satt
	ya no	nicht mehr
	ofrecer	anbieten
	rechazar	ablehnen
10	**el calendario**	Kalender
	enero	Januar
	febrero	Februar
	marzo	März
	abril	April
	mayo	Mai
	junio	Juni
	julio	Juli
	agosto	August
	septiembre	September
	octubre	Oktober
	noviembre	November
	diciembre	Dezember
11	**el día 24**	am 2.
12	**¿Qué día es ...?**	An welchem Tag ist ...?
	El veintiséis de junio.	Am 26. Juni.
	¿y el tuyo?	und deiner?
	felicitar	beglückwünschen

Y ahora ...

13	**regalar**	schenken
	entregar	überreichen
	el regalo	Geschenk
14	**la sección de deportes**	Sportteil
	estar de vacaciones	im Urlaub sein
15	**el anfitrión**	Gastgeber
	recibir	(Gäste) empfangen
	invitar	einladen
	manejarse	gut zurechtkommen
	como anfitriones	als Gastgeber
	lo importante es que	wichtig ist, daß
	el invitado, la invitada	Gast
	se sientan *(sentirse)*	sie fühlen sich
	conseguir	schaffen
	comportarse	sich verhalten
	el carácter	Charakter
	cuidar	beachten
	el detalle	Einzelheit, Kleinigkeit
	observar	beobachten
	aislado/-a	isoliert
	alguien	jemand
	llegar a conocerse	sich kennenlernen
	entenderse	sich verstehen
	hacerse amigos	Freunde werden
	con tiempo suficiente	mit genug Zeit
	suficiente	genug
	tener la razón	Recht haben
	la discusión	Diskussion
	gastar	ausgeben
	crear	schaffen
	la situación	Situation, Moment
	formal	förmlich
	incluso	sogar
	intrascendente	unwichtig, harmlos
	sonreír	lächeln
	con facilidad	leicht, mühelos
	a pesar de	trotz
	el mal humor	schlechte Laune
	impuntual	unpünktlich
	egoísta	egoistisch
	¿Se pone usted nervioso?	Werden Sie nervös?
	la reunión	Treffen, Versammlung
	sociable	gesellig
	el papel	*hier:* Rolle
	la valoración	Schätzung, Bewertung
	la contestación	Antwort
	coincidir con	übereinstimmen
	la tabla	Tabelle
	la habilidad	Fähigkeit
	destacado/-a	hervorragend
	la obligación	Pflicht, Verpflichtung
	correcto/-a	korrekt
	salen *(salir)*	*hier:* sie verlaufen
	brillante	brillant
	depender de	abhängen
	unas veces más que otras	manchmal mehr, manchmal weniger
	magnífico/-a	wunderbar, fantastisch
	como un loco	wie verrückt
	loco/-a	verrückt
	¡Claro!	Klar!
	no ... nadie	niemand

20 De viaje

1	**el billete**	Fahrkarte, Ticket
	de ida y vuelta	Hin- und Rückfahrt
	el billete (de avión)	Flugticket
	la ida	Hinfahrt
	la vuelta	Rückfahrt
	el vuelo	Flug
	salir	abfliegen, starten
	durar	dauern
	sin reserva	ohne Reservierung
2	**la rapidez**	Geschwindigkeit
	la seguridad	Sicherheit
	la comodidad	Bequemlichkeit
	el clima	Klima
	la puntualidad	Pünktlichkeit
3	**preferir**	vorziehen
	por lo mismo	aus demselben Grund
	seguro/-a	sicher
	rápido/-a	schnell
	me da igual	es ist mir egal
	la distancia	Entfernung
	el continente	Kontinent
	moverse por ...	sich durch ... bewegen
4	**¿adónde?**	wohin?
	Buenas.	Guten Tag.
	el Talgo	*span. Schnellzug mit gehobener Ausstattung*
	acaba de ...	ist/hat soeben ...
	hace cinco minutos	vor fünf Minuten
	hace	vor *(zeitlich)*
	la litera	Liegewagen
	déme *(dar)*	geben Sie mir
5	**parar**	anhalten
	la autopista	Autobahn
	algún, alguna	(irgend)ein/e
	ningún, ninguno/-a	kein/e
6	**fumar**	rauchen
7	**hace calor**	es ist heiß
	hace frío	es ist kalt
	hace sol	es ist sonnig
	el sol	Sonne
	hace viento	es ist windig
	el viento	Wind
	hace buen tiempo	das Wetter ist schön
	el tiempo	Wetter
	hace mal tiempo	das Wetter ist schlecht
	llueve *(llover)*	es regnet
	nieva *(nevar)*	es schneit
	está nublado	es ist bewölkt
	hay niebla	es ist neblig
8	**la estación**	Jahreszeit
	la primavera	Frühling
	el verano	Sommer
	el otoño	Herbst
	el invierno	Winter
	Y ahora ...	
10	**despejado/-a**	wolkenlos, klar
	la nube	Wolke
	el claro	Aufheiterung
	cubierto/-a	bedeckt
	el chubasco	Platzregen
	la llovizna	Sprühregen
	la tormenta	Gewitter
	la helada	Frost
	la niebla	Nebel
	la nieve	Schnee
	la marejada	hoher Seegang
11	**la estación**	Bahnhof
	un empleado	ein Angestellter
	RENFE (Red Nacional de Ferrocarriles Españoles)	*spanische Zuggesellschaft (vgl. DB)*
	el coche cama	Schlafwagen
	el suplemento	Zuschlag
12	**el clavel**	Nelke
	hacer recordar a	erinnern an
	el animal	Tier

Repaso 4

1	**la novela**	Roman
	criollo/-a	kreolisch
	el cantautor, la cantautora	Liedermacher/in
2	**la dieta**	Ernährungsweise
	tradicional	traditionell
	están siendo sustituidos por	sie werden durch ... ersetzt
	sustituir	ersetzen
	la salud	Gesundheit
	la grasa	Fett
	actualmente	heutzutage
	por el contrario	im Gegenteil
	el consumo	Verbrauch
	la hamburguesa	Hamburger
	el perrito caliente	Hotdog
	el sandwich	Sandwich
	las patatas fritas	Pommes Frites
	el hábito alimenticio	Eßgewohnheit
	alimenticio/-a	*hier:* Eß-, Nahrungs-
	claramente	deutlich
	la enfermedad	Krankheit
	la alimentación	Ernährung
	cada vez mayor	immer größer
	sobrar	überflüssig sein
3	**el principio**	Anfang; hier: Fuß
	subir	hinaufgehen
	el agujero	Loch

21 Contar un viaje

1	**la estatua**	Statue
	sagrado/-a	heilig
	la fundación	Stiftung
2	**vine** *(venir)*	ich kam
	salí *(salir)*	ich ging weg
	estuvimos *(estar)*	wir waren
	ayer	gestern
	visité *(visitar)*	ich besuchte
	me gustó *(gustar)*	er/sie/es gefiel mir
	fui *(ir)*	ich ging
	conocí *(conocer)*	ich lernte kennen
	el Barrio Gótico	das „gotische Viertel“
	lo malo es que	das Problem ist, daß leider

6	**en Navidad**	zu Weihnachten
	la Navidad	Weihnachten
	anteayer	vorgestern
	el otro día	neulich
	el mes pasado	vorigen Monat
	pasado/-a	vergangen
	en 1975	1975
	el 15 de junio de 1977	am 15. Juni 1977
	el pasado	Vergangenheit
	el presente	Gegenwart
7	**la fecha**	Datum
	novio/-a	Verlobte/r
8	**Ayer hizo calor.**	Gestern war es heiß.
	hizo *(hacer)*	*hier:* es war
9	**alojarse en un hotel**	in einem Hotel übernachten
	ir de camping	campen, zelten
	ir de excursión	einen Ausflug machen
	hacer auto-stop	per Anhalter reisen
	hacer la maleta	den Koffer packen
	la maleta	Koffer
10	**por última vez**	zum letzten Mal
	similar	ähnlich
11	**llegó** *(llegar)*	er/sie kam an
	bailó *(bailar)*	er/sie tanzte
	volvió *(volver)*	er/sie kam zurück
	ligar	anmachen
	estupendo/-a	toll

Y ahora ...

13	**quedarse**	bleiben
	el centro comercial	Einkaufszentrum, *hier:* Fußgängerzone
	el puente	Brücke
	allí	dort
	de media	durchschnittlich
	sobre el nivel de mar	über dem Meer
	dirigirse a	in Richtung ... fahren
	la altitud	Höhe
	la marcha de trekking	Trekkingtour
	por las montañas	im Gebirge
	el pico	Gipfel
	la región	Region
	exótico/-a	exotisch
	el cocodrilo	Krokodil
	la anaconda	Anaconda (*Schlange*)
	el papagayo	Papagei
	la variedad	Vielfalt
	enorme	riesig
	el ave	Vogel
	pescar	fischen
	la piraña	Piranha
	la selva	Urwald
	por último	zuletzt
	emprender	antreten
	maravilloso/-a	wunderschön
	la superficie	Fläche

22 Planes

1	**voy a ir**	ich werde gehen
	imposible	unmöglich
	el examen	Prüfung
	Bueno, ...	Also gut,
	será *(ser)*	es wird sein
2	**a cargo de**	*hier:* von
	el regreso a	Rückreise nach
3	**pasado mañana**	übermorgen
	esta semana	in dieser Woche
	esta semana que viene	nächste Woche
	la Pascua	Ostern
4	No creo que me dé tiempo.	Ich glaube nicht, daß ich Zeit habe.
	la sierra	Gebirge
	aprovechar	(be)nutzen
7	**el alojamiento**	Unterkunft
8	**la vida**	Leben
	feliz	glücklich
	te casarás	du wirst heiraten
	casarse	heiraten
	conocerás *(conocer)*	du wirst ... kennenlernen
	trabajarás *(trabajar)*	du wirst arbeiten
	tendréis *(tener)*	ihr werdet haben
	distinto/-a	verschieden
	irá *(ir)*	er/sie wird gehen
	tropical	tropisch
	viviréis *(vivir)*	ihr werdet wohnen/leben
	todos juntos, todas juntas	alle zusammen
	saldrá *(salir)*	er/sie wird weggehen
	hará *(hacer)*	er/sie wird machen
	podrás *(poder)*	du wirst können
	cambiará *(cambiar)*	er/sie wird verändern
	el equipo	Team
	el gabinete	Kabinett
	la astrología	Astrologie
	el curso	Kurs
	la consulta	Beratung
9	**hay que**	man muß
	presentar	zeigen
	la fotografía de tamaño carnet	Paßfoto
	el carnet	Personalausweis
	pagar	bezahlen
	rellenar	ausfüllen
	el formulario	Formular
10	**deber**	sollen
	tener que	müssen
	la embajada	Botschaft

Y ahora ...

12	**El Gordo**	Hauptgewinn („der Dicke“)
	aficionado/-a	Liebhaber, Anhänger
	el juego de azar	Glückspiel
	representativo/-a	bedeutend
	la sorpresa	Überraschung
	el primer premio	erster Preis
	soñar con	träumen von
	imaginar	sich vorstellen
	el montón	Menge, Haufen
	está de moda	ist Mode
	la Quiniela	Fußball-Toto
	el jugador, la jugadora	Spieler/in
	adivinar	erraten
	por su parte	*hier:* seinerseits
	la organización	Organisation
	ciego/-a	blind
	celebrar	*hier:* vornehmen

	el sorteo	Auslosung
	el cupón	Los
	cualquier, cualquiera	irgendein, irgendeine
	la caseta	*hier:* Stand
	me ha tocado ...	ich habe ... gewonnen
13	**¡Qué rollo!**	Wie langweilig! Wie nervig!
	el viaje de negocios	Geschäftsreise
	por fin	endlich
	disfrutar	genießen

23 Permiso y favores

	el permiso	Erlaubnis
	el favor	Gefallen
1	**el ambiente**	*hier:* die Luft
	cargado/-a	*hier:* stickig
	ábrala *(abrir)*	öffnen Sie es *(das Fenster)*!
	recoger	abholen
	el disco	Schallplatte
	poner	*hier:* auflegen
	ponlo *(poner)*	leg sie auf
	bajar	*hier:* leiser stellen
	concentrarse	sich konzentrieren
2	**encender**	einschalten, anmachen
	no se ve nada	man sieht nichts
	no ... nada	nichts
	un par de	ein paar ...
	la llamada	Anruf
	el cigarrillo	Zigaretten
	tirar *(tirar)*	wegwerfen
	a la basura	in den Müll
	la basura	Müll
	subir	*hier:* lauter stellen
	el volumen	Lautstärke
	tíralos	wirf sie *(die Zeitungen)* weg!
	súbelo *(subir)*	stell sie *(die Musik)* lauter!
	hazlas *(hacer)*	mach sie *(Telefonanrufe)*!
	enciéndela *(encender)*	schalte es *(das Licht)* an!
3	**la cinta de vídeo**	Videofilm
	el lápiz	Bleistift
4	**pedir permiso**	um Erlaubnis bitten
	pedir un favor	um e. Gefälligkeit bitten
	el paraguas	Regenschirm
	el ruido	Lärm
5	**llevar**	*hier:* fahren
	dar de comer	füttern
	sacar a pasear al perro	mit dem Hund Gassi gehen
	regar	gießen
	la planta	Pflanze
	conceder	erlauben, zugestehen
	usar	benutzen
6	**prohibido**	verboten
	el conductor	Fahrer
	el silencio	Stille, Ruhe
	pisar	betreten
	el césped	Rasen
	la tarjeta de crédito	Kreditkarte
	no se puede	man darf nicht
7	**dejar**	leihen
8	**el fuego**	Feuer
	el chicle	Kaugummi
9	**enamorado/-a**	verliebt
	el curso	Kurs
	el dinero	Geld
	saber bailar	tanzen können

Y ahora ...

10	**supersticioso/-a**	abergläubisch
	la superstición	Aberglaube
	la buena suerte	Glück
	la mala suerte	Unglück
	el talismán	Talisman
	la fuerza	Kraft
	irracional	irrational
	influir	beeinflussen
	la manía	Manie
	la adaptación	Anpassung
	la inseguridad	Unsicherheit
	la naturaleza	Natur
	el pueblo	Volk
	el nivel	Niveau
	cultural	kulturell
	el respeto	Respekt
	la golondrina	Schwalbe
	el símbolo	Symbol
	la fortuna	Glück
	la madera	Holz
	el trébol de cuatro hojas	vierblättriges Kleeblatt
	el champán	Champagner
	la herradura	Hufeisen
	el arco iris	Regenbogen
	protege *(proteger)*	schütze
	el mal de ojo	der „böse Blick"
	el paraguas	Regenschirm
	cubierto/-a	gedeckt, überdacht
	el demonio	Teufel
	la Edad Media	Mittelalter
	romper	zerbrechen
	el espejo	Spiegel
	mágico/-a	magisch
	la dimensión	Dimension
	desconocido/-a	unbekannt
	misterioso/-a	geheimnisvoll
	temer	fürchten
	la muerte	Tod
	la desgracia	Unglück
	verter	verschütten
	la alianza	Bündnis
	Dios	Gott
	la mecedora	Schaukelstuhl
	vacío/-a	leer

24 Famosos

	el famoso, la famosa	Berühmtheit
1	**nació**	er/sie wurde geboren
	nacer	geboren werden
	a los quince años	mit 15 Jahren
	publicar	herausgeben
	escolar	schulpflichtig
	los estudios	Studium
	aquel mismo año	noch im gleichen Jahr
	aquel, aquella	jene/r/s
	el mecenas	Mäzen
	estimular	fördern
	la labor	Werk
	descubrir	entdecken
	suyo/-a	*hier:* von ihm
	era *(ser)*	er war

	religioso/-a	religiös
	continuar	fortfahren
	la obra	Bauarbeiten
	el templo	Kirche
	comenzar	beginnen
	posteriormente	später
	el encargo	Aufgabe
	profesional	beruflich
	dedicarse a	sich widmen
	enteramente	ganz
	la construcción	Bau / Bauwerk
	citado/-a	erwähnte/r/s
	fue atropellado/-a *(atropellar)*	er/sie wurde überfahren
	morir	sterben
3	**divorciarse**	sich scheiden lassen
	morirse	sterben
	jubilarse	in Rente gehen
	volver a	etwas wieder tun
	licenciarse	das Staatsexamen ablegen
5	Es un placer estar aquí.	Es ist ein Vergnügen, hier zu sein.
	breve	kurz
	la infancia	Kindheit
	debutar	seine Laufbahn beginnen
	con ganas	mit Lust, gern
	muy a gusto	mit viel Freude
6	**los datos personales**	persönliche Angaben, Daten
	el bachillerato	Abitur
	el accidente de tráfico	Verkehrsunfall
	de interés	von Interesse, wichtig
	en prisión	im Gefängnis
	el consumo de drogas	Drogenkonsum
	la actuación	Auftritt
	la intervención	Teilnahme, Mitwirkung
	la gira	Tournee
	el éxito	Erfolg
	hacer el papel de ...	die Rolle von ... spielen
	abandonar	aufgeben
	sacar	herausbringen
	actuar	erscheinen
	intervenir	teilnehmen
	el/la protagonista	Hauptdarsteller/in
	consumir	verbrauchen
	en público	in der Öffentlichkeit
7	**el origen**	Abstammung
	prestigioso/-a	berühmt
	el diario	Tageszeitung
	entrevistar	interviewen
	la sala	Raum, Saal
	la prensa	Presse
	la interpretación	Darstellung, Verkörperung *(der Rolle)*
	la colaboración	Mitwirkung
	la rueda de prensa	Pressekonferenz
	grabar en casete	auf Cassette aufnehmen

Y ahora ...

9	**la canción**	Lied
	el deseo	Wunsch
	desaparecer	verschwinden
	el destino	Schicksal
	andar	umhergehen
	sin dirección determinada	ohne eine bestimmte Richtung
	determinado/-a	bestimmt
	la ilusión	Illusion
	el pez	Fisch
	resbalar	entgleiten
	la pretensión	Anspruch
	esfumarse	sich auflösen, entschwinden
	el maroto *(ugs.)*	Mofa-Kurier
	tener vocación	berufen sein
	el perdedor	Verlierer
	con tino	treffsicher
	el sino	Schicksal
	sufrir	leiden
	la espina	Dorne
	el camino	Weg
	deambular	umherlaufen
	suplicar	erbetteln
	el trago	Schluck
	apostar	setzen auf
	el sueño	Traum
	el dueño	Wirt
	volar	verfliegen
10	**el golpe militar**	Militärputsch
	el gobierno	Regierung
	separarse	sich trennen
	el espíritu	Geist
	la pantalla	Leinwand
	la actualidad	Gegenwart
	seguir	folgen
	la sombra	Schatten
	representar	repräsentieren, vertreten
	el realismo	Realismus
	la literatura	Literatur
	fundar	gründen
	trasladarse	umziehen
	humano/-a	menschlich
	la guerra civil	Bürgerkrieg
	ceder	überlassen
	la capacidad de trabajo	Leistungsfähigkeit
	realizar	verwirklichen
	el campo	*hier:* Bereich
	la cerámica	Keramik
	nombrar	ernennen
	cumplió ... años *(cumplir)*	er/sie wurde ... Jahre alt
	el homenaje	Hommage, Huldigung

25 Experiencias y opiniones

	la experiencia	Erfahrung
	la opinión	Meinung
2	**varias veces**	mehrere Male
	varios/-as	verschiedene
3	**montar en camello**	auf einen Kamel reiten
	el camello	Kamel
	la serpiente	Schlange
	el safari	Safari
	el continente	Kontinent
	la sensación	Empfindung, Gefühl
	agradable	angenehm
	rarísimo	merkwürdig
	la aventura	Abenteuer
4	**de valor**	wertvoll
	el turrón	*Süßigkeit aus Mandeln*
5	**la Plaza Mayor**	Hauptplatz
	el casco antiguo	Altstadt

la zarzuela	Singspiel
el cocido	*typischer Madrider Eintopf*
el Rastro	Flohmarkt, Trödelmarkt *(in Madrid)*
mientras	während
de aquí para allá	von hier nach dort
allá	dort
¡Qué maravilla!	Wie wunderschön!
el cuadro	Gemälde
contar	erzählen
callejear	durch die Straßen bummeln
la parte más bonita	der schönste Teil
a la vuelta	bei der Rückkehr
el abrazo	Umarmung
fuerte	stark, fest
muchos recuerdos	viele Grüße
aún no ...	noch nicht
todavía no ...	noch nicht

6

creo que *(creer)*	ich glaube, daß
pienso que *(pensar)*	ich denke, meine, daß
en mi opinión	meiner Meinung nach

7

el ejercicio	Übung
la pronunciación	Aussprache
la entonación	Betonung
comunicarse	sich unterhalten
el objetivo	Ziel
correctamente	korrekt
frustrado/-a	frustriert
comprender	verstehen
olvidar	vergessen
fácilmente	einfach
el vocabulario	Wortschatz
corregir	verbessern
fundamental	grundlegend
la fonética	Phonetik

9

el cariño	Liebe, Zärtlichkeit
la vergüenza	Scham
el corazón	Herz
cortar	abschneiden
mentir	lügen
embustero/-a	lügnerisch
odiar	hassen
en sí mismo	in sich selbst, an sich
temblar	zittern

Repaso 5

1

el valle	Tal
la palmera	Palme
recomendado/-a	empfohlen
bañarse	baden
la cámara	Fotoapparat
¡Qué alegría!	Schön, dich zu sehen!
recomendaste	du hast empfohlen
le gustará (gustar)	es wird ihr gefallen
¡Oye, que se corta!	Die Verbindung ist gleich zu Ende

2

la apertura	Öffnungszeiten
los comercios	Geschäfte

3

la agencia de viaje	Reisebüro
la guía turística	Reiseführer
la Oficina de Información y Turismo	Touristenauskunft, Fremdenverkehrsamt

4

¡ ... tengo el gusto de hablar?	... habe ich das Vergnügen zu sprechen?
el personaje	Persönlichkeit
el cineasta	Filmemacher
dejar	hinterlassen
la huella	Spur
preparado/-a	fertig
dirigir	Regie führen
oscuro/-a	obskur
el deseo	Begierde

Wortschatzregister

- Abkürzungen:

Adj.	Adjektiv	LA	Lateinamerika	Subst.	Substantiv
Adv.	Adverb	Pers. Pron.	Personalpronomen	R	Repaso
Art.	Artikel	Pron.	Pronomen	ugs.	umgangssprachlich
Inf.	Infinitiv	Rel. Pron.	Relativpronomen		

- Eine zweite Ziffer ist ein Hinweis entweder auf unterschiedliche Bedeutung des Wortes oder darauf, daß das Wort erst ab dieser Stelle aktiv gelernt werden soll.
- Damit zusammengesetzte Ausdrücke möglichst schnell gefunden werden können, sind sie rein alphabetisch und nicht nach Wichtigkeit geordnet; *por ejemplo* z. B. steht vor *por el camino*.
- Die Endungen von Adjektiven und Substantiven sind unterschiedlich dargestellt, z. B. *bueno/-a* bzw. *alumno, -a*. Auf diese Weise sehen Sie gleich, um welche Wortart es sich handelt.
- Präpositionen nach Verben und Adjektiven stehen in Klammern, z. B. *bajar (por)*, da das betreffende Wort auch allein oder mit anderen Präpositionen vorkommen kann.
- Von den Nationalitätsadjektiven wurden nur diejenigen aufgenommen, die nicht in Lektion 2 vorkommen.

A

a *(+ Stadt)* 7.13; R1.2
a *(+ Uhrzeit)* 9; 11
a los *(+ Alter)* 24.1
a mí también 10.3
¿a qué hora? 9.17
¿a qué? 5.5
a unos 5 minutos 9.3
abandonar 5.13; 24.6
abogado/-a 5.5
abrazo 25.5
abrigo 15.9
abril 9.16; 19.10
abrir 9.17
abuelo/-a 5.1
abundante 17.15
aburrido/-a 7.2
acabar de 20.4
accidente de tráfico 24.6
acción 18.10
aceite de oliva 17.1
acento 7.13
aceptar 15.11
acompañar 16.13
acordarse 10.3
acostarse 11.1
activo/-a R1.6
actor, actriz 5.11
actuación R3.2; 24.6
actual R3.2
actualidad 24.10
actualmente R5.1
actuar 24.6
acuerdo 11.11
de acuerdo (con) 15.15
adaptación 23.10
además, además de 2.15; R1.6
adicto/-a 12.9
¡adiós! 1.11
adivinar 22.12
¿adónde? 20.4
aeropuerto 1.10
afición 10.13
aficionado/-a 22.12
afincado/-a (en) R1.1
afirmar 12.9
afirmativamente 16.5
a las afueras (de) R1.6
agarrar 13.6
agencia de viaje R 5.3
agenda 6.1
agosto 19.10
agua 17.11
agujero R4.3
ahora R2.5; 16.1
aire 8.2; R2.6
aire acondicionado 8.2
al aire libre 14.12
aislado/-a 19.15
ajo 17.16
al 4
al *(+ Himmelsrichtung)* de 7
al *(+ Zeit)* 13.5
alcohol 16.14
alegrarse (de) 5.9
alfabeto 1.2
algo 10.13; 15.11; 16.7; 17.13
algo de 2.7
algo más 11.11; 17.7
algodón 18.3
alguien 19.15
algún, alguno/-a 12.3; 20
alguna vez 16.15
algunos/-as 2.15; 9.18
alianza 23.10
alimentación R5.1
alimenticio/-a R5.1
alimento 17.4
allá 25.5
allí 21.13
grandes almacenes 9.18
almorzar 11.11
almuerzo 17.15
alojamiento 22.7
alojarse en un hotel 21.9
alquilar 8.14
alrededor (de) 4.9; 11.11
altitud 21.13
alto/-a 2.9; 5.10
alumno, -a 10.11
ama de casa R1.6
amargo/-a 17.10
amarillo/-a 8.9
ambición 18.10
ambiente 14.12; 23.1
amenazante 15.15
amigo, -a 10.11
amplísimo/-a 8.14
anaconda 21.13
ancho/-a 8.3; 18.6
andaluz/a 4.11
andando *(andar)* 9.3
andar 13.3; 24.9
anfitrión 19.15
animación R3.2
animal 20.12
anteayer 21.6
antes 9.18; 11.5
antes de R2.5; 11.11; 17
anticuado/-a 4.11
antiguo/-a 7.1
antipático/-a 5.14
anual 15.15
anuncio 16.6
añadir 17.16
año 5.5
apagar 14.3
aparato 13.2
aparcamiento 9.1
apartado de Correos 10.13
apartamento 8.10
apellido 1.9
apertura R 5.2
aplicado/-a 16.15
apoyarse 16.15
aprender 2.7
aproximadamente 7.9
aquel/aquella 24.1
aquí 3.13; 6.9
aquí mismo 9.3
árabe 7.1
arco iris 23.10
armario 8.5
armonía 18.10
arquitecto/-a 10.13
arreglar 13.2
arroz 17.1
arte 4.9; R3.2
artista R3.2
artístico/-a 7.1
asado/-a 17.11
ascensor 8.2
así 1.8
así como 2.15
asignatura 14.1
asociar 18.10
aspecto 15.14
aspirina 15.10
astrología 22.8
atender (a) 13.1
ático 8.14
atlántico/-a 7.1
atractivo/-a R1.6
atropellar 24.1
aún no 25.5
autobús 13.3
autopista 20.5
autor 11.10
de avanzada edad 10.13
ave 21.13
avenida [Avda.] 3.7
avión 13.1
avisar 16.3
ayer 21.2
ayuda en carretera 3.10
azafata 5.5
azafrán 17.16
azteca 7.11
azúcar 17.1
azul 5.12

B

bachillerato 24.6
bailar 7.13; 10.11
baile 10.13; R4.1
bajar (por); bajar 9.8; 23.1
bajito/-a 10.13
bajo/-a 5.10; 15.9
balcón 8.14
banco 3.2
bañar(se) R5.1
bañera 8.5
baño 8.1; 8.14
bar 1.10; 16.6
barato/-a 14.12; 18.6
barba 5.10
bárbaro/-a 16.6
barco 20.3
barra 16.15; 17.2
barrio 9.1
barroco 14.12
a base de 17.15
básicamente 18.10
bastante 5.11; 7; 13
basura 23.2
beber 17.11
bebida 16.15
belga 12.9
belleza 18.10
bello/-a 14.12
beso 16.13
bíblico/-a 23.10
bici *(ugs.)* 12.6
bicicleta R1.1
bien 1.8; 3.13; 4.2
bigote 5.10; 19.1
billete; billete de avión 20.1
bingo 2.13
blanco/-a 5.12
blusa 18.1
boca 15.7
bocadillo 17.15
bolígrafo 6.1
bollo 17.15
bolso 6.1
bonito/-a 7.1
bota 18.1
botella 17.2
bragas 18.1
brazo 15.7
brillante 19.15
británicos 12.9

buen 14.12; 18.10
bueno/-a 14.12; 18.5; 22.1
buenísimo/-a 17.8
Buenas. 20.4
¡Buenas noches! 1.11
¡Buenas tardes! 1.9
¡Buenos días! 1.1
buhardilla 8.14
buró 8.10
en busca (de) R1.1
buscar 10.13; 11.11
butaca 14.8

C

cabaré R3.2
cabeza 15.7
cabeza en su sitio 18.10
cabina de teléfono 9.10
cada 13.6
cada persona R2.5
cada uno/-a R1.2
cada vez R 4.3
café 7.11
caja tonta 12.9
cajero automático 14.8
calcetín 18.1
calcular 2.15
calefacción 8.2
calendario 19.10
calentar 17.16
caliente 15.11
calle [c./] 3.7
callejear 25.5
calmante 15.11
calor 15.1
calzoncillo 18.1
cama 8.5
cámara R5.1
camarero, -a 3.1
cambiar (de) 13.13; 22.8
en cambio 18.10
camello 25.3
camino R2.5; 14.11
camión 13.6
camisa 18.1
camiseta 18.1
campo 10.10; 24.10
canción R3.2; 24.9
candidato, -a 1.6
cansadísimo/-a R3.2
cansado/-a 15.1
cantante 1.6
cantar 15.15
cantautor, -a R4.1
caña 14.1
capacidad de trabajo 24.10
capital 7.10
caracol 17.16
carácter 19.15
cargado/-a 23.1
a cargo (de) 22.2
cariño 25.9
carne 17.1
carnet 22.9
carrera R3.1
carro 13.6
carta 5.9
cartel 14.1
casa R1.6; 8
a casa 9.8
casado/-a 4.11
casarse (con) 22.8
casco antiguo 25.5
caseta 22.12
casete 24.7
casi 7.9; 12.5
caso 16.15
castellano 2.15
castizo/-a 16.15
catalán/catalana 2.7
causa 15.15
cazadora 18.1
cebolla 17.16
ceder 24.10
celebrar 22.12
cenar 11.1
cenar fuera 12.1
céntrico/-a 8.2
centro 3.12; 7.1; 9.18; 21.13
cerámica 24.10
cerca (de) R1.6; 7.4
cercano/-a 10.11
cerrado/-a 9.18
cerrar 9.17
cerveza 17.12
césped 23.6
champán 23.10
chaqueta 18.1
chicle 23.8
chico, chica 10.13
chiste 11.10
chocolate 15.9
chorizo 17.1
chotis 10.13
chubasco 20.10
ciclismo R 3.2
ciego/-a 22.12
ciencia-ficción 10.10
cierto/-a 4.11
cifra 12.9
cigarrillo 6.8; 23.2
cine 1.10; 12.4
cinta de vídeo 23.3
citado/-a 24.1
ciudad 3.12
claramente R5.1
claro 20.10
¡Claro! 19.15
clase 11.10; 13.1
clásico/-a 10.10
clavel 20.12
cliente, -a 4.5
clima 20.2
cocer 17.16
coche 13.3
coche cama 20.11
cocido 17.16; 25.5
cocina 8.1
cocina eléctrica 8.5
cocinar 10.10
cocodrilo 21.13
código postal 3.7
coger 9.5; 13.6
coincidir (con) 19.15
colaboración 13.12; 24.7
colectivo 13.6
colega 11.11; 13.9
colegio 4.11
colgar 15.16
color 8.13
colorante 17.16
comedia 16.6
comedor 8.1
comenzar 24.1
comer 11.1
comer fuera 12.1
comercial 14.1; 21.13
comercios R 5.2
cometer errores 15.14
comida 9.18; 17
como 2.15; 15.15; 19.15
¿cómo? 1.1
¿a cómo está? 17.7
comodidad 20.2
cómodo/-a 18.6
compañero, -a de trabajo 4.2
compañía R2.6
comparar 9.10
compartir (con) R2.4
comportamiento 15.15
comportarse 19.15
compra 12.1
comprar 6.11
compras 9.18
comprender 25.7
compromiso 16.13
computador 8.10
comunicado/-a 8.2
comunicar 16.4
comunicarse 25.7
Comunidad Europea (CE) 12.9
con 3.13; 5.3; 16.15
¿con qué? 16.15
conceder 23.5
concentrarse 23.1
concierto 10.3
concurso 10.13
condiciones de trabajo 13.12
conducir 13.1
conductor 23.5
conejo 17.16
confianza 18.10
conmigo 16.7
conocer 9.3; 10.13; 13.10
conocerse 19.15
conocido, -a 14.11
consecuencia 15.15; R5.1
conseguir 19.15
consejo 13.2
conservar 2.15
considerar 4.11; 15.14
construcción 24.1
construido/-a R2.6
consulta 22.8
consumir 12.9; 24.6
consumo R5.1; 24.6
contactar con 10.13
contar 25.5
contemporáneo/-a 14.1
contento/-a (con) 13.12; 15.1
contestación 19.15
contestar 13.12; 16.4
contigo 16.13
continente 20.3
continuamente 4.11
continuar 3.13; 15.14; 24.1
continuo/-a 9.18
control 15.15
convenir 9.18
convento 14.12
conversación 16.3
coñac 15.11
copas 12.1
corazón
corbata 18.1
correctamente 25.7
correcto/-a 19.15
corregir 25.7
Correos 10.13
correr 4.9
correspondencia 10.13
cortar 13.1; 25.9
corto/-a 5.10
cosa 8.13; 10.11
costar 6.9
costumbre 11.11; R 5.2
creación 14.12
creada (en) R1.1
crear 19.15
creativo/-a 13.8
creer 11.7; 25.6
criollo/-a R4.1
cristiano/-a 7.1
Cruz Roja 3.10
cruzar 9.5
cuaderno 6.1
cuadrado/-a 8.9
cuadro 25.4
a cuadros 18.3
¿cuál? 3.10
¿cuáles? 6
cualquier/cualquiera 22.12
¿cuándo? 11.8
cuando 13.13
¿cuántas veces? 13.6
¿cuánto? 6.9; 13.3
¿cuántos/-as? 5.5
cuarto 8.1
cuarto *(Uhrzeit)* 9.12
cuarto de baño 8.1
cuarto/-a 9.4
a la cubana 17.10
cubierto/-a 20.10; 23.10
cuchara 17.12
cucharada 17.16
cuchillo 17.12
cuello 15.7
cuenta 17.11
cuero 18.3
cuerpo 15.15
cuesta 9.8
cuidar 15.15; 19.15
cuidar niños 13.2
culto/-a 10.13
cultura 7.1
cumpleaños 19.1
cumplir ... años 24.10
cupón 22.12
curso 22.8; 23.9
cuyo/-a, cuyos /-as R2.6

D

dama 10.13
danés, danesa 12.9
danza R3.2
dar 13.1; 16.6
dar a una calle 8.3
dar clases 13.1
dar consejos 13.2
dar de comer 23.5
dar las gracias 16.5
dar trabajo R1.1
dar una vuelta 16.8
darse un masaje 15.11
me da igual 20.3
datos personales 24.6
de 1.9; 2.5; 3.9
de *(+ Lebensmittel, Material)* 17.2; 18.3
de *(+ Monat)*: el ... de mayo 21
de ... a ... *(+ Uhrzeit; Zeit)* 9.18; 13
de aquí para allá 25.5
¿de dónde? 2.5
¿de qué? 8.13
debajo de 8.8
deber 11.11; 18.10; 22.10
deberes 10.5
decir 2.9
es decir 4.11
deconocido/-a 23.10
dedicarse (a) 5.5; 24.1
dedo 15.7
en definitiva 15.15
dejar 23.7
dejar (de) R1.1
del 3.9

delante (de) 8.8
delgado/-a 5.10
demasiado 15.9
demonio 23.10
departamento R1.6; 8.10
depender (de) 19.15
dependiente, -a 3.1
deporte 10.13
a la derecha (de) 8.8
desaparecer 24.9
desayunar 11.1
desayuno 17.15
descansar 12.3
descubrir 24.1
desde 7.13; 18.10
desde ... hasta ... 9.18; 13
desde hace (una semana) 7.13
desear 6.10
deseo 24.9
desgracia 23.10
despacho 8.10
despacio 2.9
despampanante R1.6
despedirse 16.5
despejado/-a 20.10
despertador 14.11
despertarse 11.1
desplazamiento 15.15
después (de) 2.15; 17
destacado/-a 19.15
destino 24.9
detalle 19.15
determinado/-a 24.9
detrás (de) 8.8
día 1.1; 13.6
el otro día 21.6
diario 24.7
diario/-a 12.9; 14.1
dibujo 8.10
diccionario 6.1
diciembre 19.10
diente, -a 14.3
dieta R5.1
diferencia R1.2
diferente 2.15
¿Diga? *(decir)* 16.1
dimensión 23.10
dinámico/-a 7.1
dinero 4.11; 23.9
Dios 23.10
dirección 3.7; 24.9
directo/-a R2.6
en directo 14.12
director, a 4.5
director de cine 1.6
dirigirse (a) 21.13
disco 23.1
discoteca 10.1
discusión 19.15
disfrutar 22.13
distancia 20.3
distinto/-a R1.6; 11.11; 22.8
divertido/-a R1.6
divorciado/-a 4.11
divorciarse 24.3
docena 17.4
documento 13.2
doler 15.9
dolor 15.9
domingo 9.16
¿dónde? 3.3
donde 13.9
dorarse 17.16
dormir 11.11; 13.13
dormirse 14.11
dormitorio 8.1
ducha 8.5
ducharse 11.1
dulce 17.10
duplex 8.14
durar 20.1

E

echar 17.16
economía 11.11
económicas 10.13
económico/-a 10.13
edad 5.7; R1.2; 10.13
Edad Media 23.10
egoísta 19.15
ejercicio 25.7
ejercicio físico 15.15
el 3
el *(+ Datum)* 21.6
él/ella 1.7; 10
elaborado/-a (por) 12.9
electricista R1.6
eléctrico/-a 8.5
elegante 16.14
elevador 8.10
ellos/-as 5; 10
embajada 22.10
embustero/-a 25.9
empezar (a) 11.1
empleado 20.11
empleo R1.1
emprender 21.13
empresa R1.1
empresario R1.1
en *(+ Land)* 1.6; 2.15
en *(+ Ort)* 6.8; 7.1; 7.4
en *(+ Stadt)* 3.7
en *(+ Zeitangabe)* 10.13; 21.6
en *(= auf)* 6.3; 8
en *(= zu)* 21.6
en gran parte R2.6
en televisión 1.6; 2.15; 3.3
enamorado/-a 23.9
encantado/-a 4.2
encantar 10.6
encargo 24.1
encender 23.2
encima (de) 8.8
encontrar 14.11
encontrarse (con) 14.11; 15.10
encuestado, -a 13.12
encuestador, a 5.5
enero 19.10
enfadarse 15.14
enfermedad R5.1
enfermera 5.5
enfermo/-a 15.1
enfoque R3.2
enfrente (de) 9.8
¡Enhorabuena! 13.13
enorme 21.13
ensalada 17.11
entender 1.8
entenderse 19.15
enteramente 24.1
entero/-a 7.1
entonación 25.7
entonces 3.13
entrada 16.6
entrar 24.3
entre ... y ... 2.15; 8.8
entregar 19.13
entrevistar 24.7
equilibrio 15.15
equipo 22.8
equivocarse 16.1
error 15.14
es *(+ Uhrzeit)* 9.12
es decir 4.11
es que 14.10
escabeche 14.15
escala R2.6
escalera 8.5
escolar 24.1
escribir 1.8; 7.13; 13.2
escritor, a 1.6
escuchar 10.1; 10.5
escuela 3.2
ese/esa, esos/esas 6
ése/ésa, ésos/ésas 6.9
a eso de las 7 11.5
espalda 15.9
espárrago 17.11
especialidad 10.13
espectáculo R3.2
espejo 23.10
esperar 7.13; 16.13
espíritu 24.10
esposo, -a 5.9
esquí 10.9
esquiar 12.1
esquina R2.5
estable 10.13
estación 20.8; 20.11
estación de autobuses 3.9
estación de metro 9.1
Estado 2.15
estado civil 4.11; 5.7
estado de ánimo 18.10
estanco 6.8
estantería 8.5
estar 1.8; 4.2
estar *(+ Gerundium)* 19.1
estar *(+ Ort)* 7.4
estar *(+ Wetter)* 20.7
estar bueno 19.7
estár de moda 22.12
estatua 21.1
este *(= Osten)* 7.1
este/esta, estos/estas 1.6; 6; 14; 22.3
éste/ésta, éstos/éstas 4.2; 6
estilo 7.1
estimular 24.1
esto 7.13; 19.7
estómago 15.7
estrecho/-a 8.3
estreno 16.13
estrés 15.15
estructura R2.6
estudiante 3.4
estudiar 3.3
estudio 8.1
estudios 24.1
etapa R3.2
europeo/-a 11.11
evitar R2.6; 15.16
¡Exacto! 9.5
exacto/-a R1.2
examen 22.1
excelente 13.13
excelentemente R2.6
excepcional 8.2
excepto 9.18
excesivo/-a 15.15
exceso 15.15
excursión al campo 10.10
existir 17.15
éxito 24.6
exótico/-a 21.13
experiencia 15.15
experto, -a 11.11
explicar 9.10
exposición 12.1
expresión 4.11
exterior 8.2
extranjero 13.2
extranjero/-a R2.6
extraño/-a 15.8
extraterrestre 15.8

F

fabricación R1.1
fácil 4.11; 9.8
facilidad 19.15
fácilmente 15.14; 25.7
falda 18.1
falso/-a 2.15
familia 4.11; 5.8
familiar 10.10
famoso, -a 24
famoso/-a (por) 5.13; 7.1
farmacia 9.3
fascinado/-a 7.13
fatal 15.10
favor 23
febrero 19.10
fecha 21.7
felicidad 18.10; 19.7
¡Felicidades! 19.7
felicitar 19.12
feliz 19.1; 22.8
¡Feliz cumpleaños! 19.1
feo/-a 5.10
fiebre 15.9
fiesta 7.11
fila 14.8
filete 17.11
filosofía 10.11
filosófico/-a R3.2
fin R3.2
fin de semana 9.18; 12
al final (de) 9.3
fino 7.13
física 3.4
físico, -a R1.6
flamenco 7.13
flan 17.11
flor R2.6
folleto 14.1
al fondo 18.7
fonética 25.7
forma 8.13; 11.11
formal 19.15
formulario 22.9
fortuna 23.10
foto 13.1
fotografía de tamaño carnet 22.9
fotográfico/-a 3.12
fotógrafo, -a 13.1
frecuente 15.15
frenético/-a R3.2
frigorífico 8.5
fríjol 17.10
frío 15.1
frito/-a 16.15
fruta 17.11
fuego 23.8
fuera 12.1
fuera (de) R1.6
fuerte 25.5
fuerza 23.10
fuga 5.13
fumar R1.1; 13.13; 20.6
fundación 21.1
fundador, -a R3.2
fundamental 25.7
fundar 24.10
fustrado/-a 25.7
fútbol 10.1
futuro 8.13

G

gabinete 22.8
gafas 5.11
galería 16.6
gallego/-a 2.15
galleta 17.1
gambas 16.15
ganar R1.2; 13.8
garaje 8.2
gas 17.11
gastar 19.15
gasto R2.5
gato 8.8
gemelo/-a R1.6
generalmente 4.11
gente 4.11; 13.8; 13.10
gimnasia 15.11
gimnasio 14.6
gira 24.6
girar 9.5
glorieta 9.5
gobierno 1.6; 24.10
golondrina 23.10
golpe militar 24.10
góndola 13.6
gordo/-a 5.10; 22.12
gótico/-a 21.2
grabar 24.7
gracias; gracias a 1.9; 18.10
gracioso/-a 5.14
gramática 10.5
gramo 17.4
gran 1.6
grande R1.4; 9.18
grandes almacenes 9.18
grasa R5.1
griego/-a 11.11
gripe 15.9
gris 5.12
grupo de rock 13.1
guagua 13.6
guapo/-a 5.10
guardar 15.15
guerra civil 24.10
guía turística R 5.3
guitarra 10.11
gustar 4.11; 7.13; 10.2
gusto 10.3

H

haber 14.1
habilidad 19.15
habitación 8.3
habitado/-a por R2.6
habitante 7.8
hábito R5.1
habitual 17.15
hablado/-a 2.15
hablar (de) 1.6; 2.7
hablar por teléfono 11.11
hace *(+ Zeitangabe)* 20.4; 21.6
hacer 3.3
hacer *(+ Wetter)* 20.7
hacer autostop 21.9
hacer deporte 12.1
hacer el papel de 24.6
hacer fotos 13.1
hacer la cama 14.3
hacer la compra 12.1
hacer la limpieza 12.1
hacer la maleta 21.9
hacer pensar en 20.8
hacer recordar a 20.12
hacerse amigos 19.15
hacia 17.15
hallarse situado/-a R2.6
hambre 15.1
hamburguesa R5.1
hasta 1.11
¡Hasta luego! 1.11
hay *(haber)* 6.3; 9.3
hay que 22.9
hecho/-a 17.11
helada 20.10
helado 17.11
heredero/-a R3.2
herencia R2.6
hermano/-a 5.1
hermanos 5.5
herradura 23.10
hervir 17.16
hijo/-a 5.1
hijos 5.5
historia; Historia 14.1
histórico/-a 7.1
hobbie 10.13
¡Hola! 1.1
hombre 1.6; 10.8
hombre de negocios 11.11
hombro 15.7
homenaje 24.10
hora 9.17
a esa misma hora 11.11
a la hora de 9.18
¿a qué hora? 9.17
horario 9.17
horario de noche R3.1
horario laboral 11.11
horario normal 9.18
horrible 14.1
hospital 3.2
hotel 1.10; 9.1
hoy 9.16
huevo 17.1
humano/-a 24.10
humor 18.10

I

ida 20.1
ida y vuelta 20.1
idea 19.7
idioma 4.11
me da igual 20.3
ilusión 24.9
imaginar 22.12
importancia 14.10
importante 7.1
imposible 22.1
impulsividad 18.10
impuntual 19.15
inaugural 16.6
incluido/-a 17.11
incluso 4.11; 12.9
incómodo/-a 18.6
incompatible 11.11
incrementado R1.1
incurable 18.10
individuo 15.15
industrial 5.13
infantil 12.9
influir 23.10
información 3
informe 12.9
ingeniero, -a 5.5
ingredientes 17.16
ingreso 14.8
iniciativa 10.13
inmediatamente 13.13
inseguridad 23.10
instituto 3.7; 5.7
inteligente 5.14
intensivo/-a R3.2
intentar 15.14
de interés 24.6
interesante 14.12; 16.9
interior 8.3
internacional 1.10
interno/-a 15.15
interpretación 13.13; 24.7
intervención 24.6
intervenir 24.6
intrascendente 19.15
invierno 20.8
invitado, -a 19.15
invitar 19.15
ir 9.10; 11.1
ir a *(Futur)* R2.5; 22.1
ir a pie 13.3
ir a trabajar 11.8
ir al campo 12.1
ir bien 16.9
ir de 9.18; 12.1; 14.12; 21.9
ir por 20.5
irlandés, irlandesa 12.9
irónicamente 4.11
irracional 23.10
islas 7.1
IVA 17.11
a la izquierda de 8.8

J

jamón 17.1
jardín 8.14; 12.6
jefe, jefa 13.7
jersey 18.1
jornada laboral 15.15
joven 4.11; 5.10
jóvenes R 1.1
joya 14.12
jubilado/-a 5.7
jubilarse 24.3
judía(s) blanca(s) 17.11
judía(s) verde(s) 17.16
judío/-a 2.15; 7.1
judíos sefarditas 2.15
juego de azar 22.12
jueves 9.16
jugador 22.12
jugar 10.1
julio 19.10
junio 19.10
junto a 8.8
juntos R1.6; 12.7
juntos/-as 22.8

K

kilo 17.4
kilómetro R 2.4
kiosco 1.10

L

la *(Art.)* 3
la *(Pers.Pron.)* 6.9
labor 24.1
laboral 15.15
al lado de 8.8
lago 7.11
lámpara 6.1
lana 18.3
lápiz 23.3
largo/-a 5.10
a lo largo del día 15.15
las *(Art.)* 1.10; 5.11
las *(Pers.Pron.)* 18
lata 17.2
lavabo 8.5
lavadora 8.5
lavar; lavarse 12.1; 14.3
le 4.2; 10.2; 10.4
leche 15.11; 17.11
lechuga 17.1
lectura 10.13
leer 10.1
legumbre 17.15
lejano/-a 10.11
lejos (de) 7.1; 9.3
lengua 2.7
lentamente 17.16; 25.7
les 10
levantarse 11.1
libre 13.6
librería 6.8
libro 6.1
licenciarse 24.3
ligero/-a 17.15
lila 8.9
limpiar 13.2
limpieza 12.1
lindo/-a 8.10
liso/-a 5.10
listo/-a R1.6
litera 20.4
literatura 24.10
litro 17.4
llamada 23.2
llamar 4.11; R1.2; R2.6; 16.3
llamarse 1.1
llave 6.1
llegada R2.1
llegar 21.8; 21.13
llegar a 9.8; 11.11; 13.7; 19.15
llegar tarde 14.10
lleno/-a (de) 18.10
llevar 5.10
llevar a 23.5
llevarse 6.9; 13.13
llover 20.7
llovizna 20.10
lluvia 15.9
lo *(Art.)* 15.14; 19.15; 21.2
lo *(Pers.Pron.)* 3.13; R1.2; 6.9
lo más 12.9
lo que 13.8
lo siento 9.3
loco/-a 19.15
los *(Art.)* 5.11
los *(+ Wochentag)* 9.17; 12
los *(Pers.Pron.)* 18
Lotería Nacional 22.12
luego 1.11; 9.5
lugar; lugar de trabajo 3.3
lunes 1.11; 9.16
luz 8.2

M

madera 23.10
madre 5.1
maestro/-a 5.7
mágico/-a 23.10
magnífico/-a 19.4
mal 15.10; 15.15
mal de ojo 23.10
mal humor 19.15
mal tiempo 20.7
maleta 21.9
malo/-a 18.5
mandar un fax 13.2
manejarse 19.15
manía 23.10
mano 15.7
mantener correspondencia 10.13
manzana 17.1
manzanilla 15.11

mañana *(Adv.)* 1.11; 16.13
mañana *(Subst.)* 9.17
mapa 6.1
mar 19.6
maratón R3.2
maravilla 25.4
maravilloso/-a 21.13
marcar 9.10
marcha 21.13
marejada 20.10
marido 5.1
marisco 14.12
marrón 5.11
martes 9.16
marzo 19.10
más 2.9; 13.4
más de 2.15; R1.1; 7.9
más gastos comunes R2.5
más o menos 7.13; 11.1
más que R1.6; 10.11; 11.1; 18.5
masaje 15.11
mate 17.10
matemáticas 13.1
materia R3.2
mayo 9.3; 10.13; 19.10
mayor de ... años R1.1
mayor *(Subst.)* 5.3
mayordomo 5.13
mayoría de 9.18
me 1.1; 6.9; 7.13; 10.2; 12
mecedora 23.10
mecenas 24.1
media 9.12; 18.1
a media tarde 17.15
de media 21.13
mediano/-a 7.13
médico/-a 3.2
medio de transporte 13.4
medio/-a R3.3
mediterráneo/-a 7.1
mejillones 16.5
mejor 17.8; 18.5
de los mejores R3.2
mencionar 14.1
menos 13.4
menos *(+ Uhrzeit)* 9.12
menos de 7.9
menos que 3.13; 18.5
al menos 15.15
mensual 16.15
mentir 25.9
menú 17.11
a menudo 12.5
mercado 11.11
merienda 17.15
merluza 17.11
mes 7.13; R2.5; 13.5
mesa 6.1
mesilla 8.5
metro 9.1
metros cuadrados R2.5
mezcla 7.1
mí 10.3; 17.11
miedo 15.1
mientras 11.11; 25.5
miércoles 9.16
millar 16.6
millón (de) 2.15
mimo R3.2
mineral 17.11
mínimo 15.15
minuto 12.9; 13.3
mirar 3.13; 4.2
mis 5.5
mismo/-a 10.3; 24.1
en sí mismo 25.9
misterioso/-a 23.10
moda R1.6; 22.12
modelo 18.7
moderno/-a R1.6
modista R1.6
molestar 15.16
momento 4.4
en este momento R3.2
monasterio 9.8
moneda 6.7
montar (en) 12.1; 25.3
montón 22.12
monumento 7.1
moreno/-a 5.10
morir 24.1
morirse 24.3
mostrador 16.15
motivo 15.14
moto 10.1
moverse (por) 20.3
muchas gracias (por) 3.13; 5.9
muchas veces 13.5; 14
muchísimo R1.6; 15.10
mucho 7.13
mucho gusto 4.2
mucho más 12.3
mucho/-a 4.11
mucho/-a, -os/-as 2.15; 7.1; 11.11
muela 15.9
muerte 23.10
mujer 1.6; 4.11; 5.1; 10.8
mujer de negocios 11.11
mundo 2.15; 7.1
municipal 9.6
museo 7.1
música 10.1
músico 5.11
muy 3.13; 4.2

N

nacer 24.1
nacional R5.1; 22.12
nacionalidad 2.3
no ... nada 10.6; 13; 15.4; 23.2
de nada 3.9; 15.4
nada más 17.7
nadar 19.6
no ... nadie 19.15
naranja 8.9; 17.1
navegación R2.6
Navidad 21.6
necesario/-a 11.11
necesitar 4.11; 9.18
negocios 11.11
negro/-a 5.11
nervioso/-a R1.6; 15.1
nevar 20.7
no ... ni ... ni ... 10.4
ni mucho ni poco 13.13
niebla 20.7
nieto/-a 5.1
nieva *(nevar)* 20.7
nieve 20.10
ningún, ninguno/-a 10.11; 20
ninguno/-a *(Pron.)* 9.3
niño/-a 4.11; 8.8
niños 10.13
nivel 23.10
no 1.8; 2.6
noche 1.6; 7.13
nombre 1.9
de nombre 1.9
nordeste 7.1
normal 9.18; 11.10; 14.1
normalmente 11.5
norte 7.1
nos 10.5; 12.3
nosotros/-as 5; 10
noticia 14.6
novela 1.6; R4.1
novela policíaca 11.1
noviembre 19.10
novio/-a 21.7
nube 20.10
nublado 20.7
nuestro/-a, nuestros/-as 5
nuevo/-a 4.2
número 3.7; 3.8; 5.7
numerología 22.8
no ... nunca 12.5; 14

O

ó 17.5
o 2.15 ; 3.7
objetivo 25.7
objeto 6
objetos perdidos 14.8
obligación 19.15
obra 14.12; 24.1
obra de teatro 10.13; 16.6
observar 3.13; 19.15
ocasiones 15.15
océano 7.1
ocio 15.15
octubre 19.10
odiar 25.9
oeste 7.1
oficial 2.15; 9.18
oficina 3.2
oficina de información R5.3
ofrecer 19.7
oído 15.9
oír 9.3
ojo 5.10; 15.7
olvidar 25.7
ópera 9.10
opinión 25
optimista 18.10
óptimo/-a R1.1
ordenador 8.10; 13.2
ordenar 13.2
organización 22.12
oriental R2.6
origen 7.1; 24.7
oro 14.12
os 10.5; 12
otoño 20.8
otra vez 9.8
otro/-a 2.15; 9.8; 17.12; 19.1

P

paciente 13.2
padre 5.1
padres 5.5
paella 17.10
paellera 17.16
con todo pagado R1.2
pagar R2.5; 22.9
país 2.15; 6.7
paisaje 7.13
palabra R1.1
palacio 9.1
palmera R5.1
pan 17.1
pana 18.3
pantalla 24.10
pantalón 18.1
papagayo 21.13
paquete 17.2
para *(+ Inf.)* 10.13; 17.11; 22
para *(+ Pron.)* 19
para *(+ Subst.)* R1.2; 17.11
¿para qué? 16.11; 20.6
¿para quién? 18.8
parada de autobús 9.1
paraguas 23.10
parar 20.5
parecer 16.9
pareja 10.13; 18.10; 22.6
parque 7.2
parte 25.5
¿de parte de quién? 16.1
particularidad R1.1
partido de fútbol 16.8
a partir de R3.2
pasado *(Subst.)* 21.6
pasado mañana 22.3
pasado/-a 21.6
pasado/-a de moda 4.11
pasaje R2.6
pasajero, -a 13.1
pasaporte 1.10
pasar 4.11; 7.13; R2.6; 11.1; 15.3
pasar por 23.1
pasar por caja 18.7
pasatiempo 12.9
Pascua 22.3
pasear 10.11
paseo [P.°] 3.7
pastel 14.12
pastilla 15.11
patata 17.1
patata frita R5.1
patio R2.6
pausa 15.15
paz 18.10
pedir perdón 16.5
pedir permiso 23.4
película 10.10
peligroso/-a 15.15
pelirrojo/-a R1.6
pelo 5.10
peluquería 13.1
peluquero/-a 13.1
pena 14.1
pendientes 19.7
pensando R2.6
pensar (en) 13.13
pensar (que) 25.6
peor 14.1; 18.5
pequeño/-a R1.4; 7.1
perder el tren 14.1
perdonar (por) 14.10
¡Perdone! *(perdonar)* 9.3
periódico 3.2
periodismo 5.5
periodista 3.1
permiso 23
pero 2.15; 7.1
perrito caliente R5.1
perro 4.9
persona 2.15; R1.1
personal 3
a pesar de 19.15
pescado 16.15; 17.1
pescar 21.13
pesimista 18.10
picante 17.10
pico 21.13
pie 13.3; 15.7
a pie 13.3
de pie 16.14
piel 18.3
pierna 15.7
pieza 8.10
pimentón 17.16
pincho 16.15
pintor, a R3.2

pintura R3.2
piraña 21.13
pisar 23.6
piscina 8.14; 19.6
piso 8.2; R2.5; 11.1
a la plancha 16.15
planeta 2.15
plano 9.10
planta 23.5
planta baja 11.1
plantear 11.10
plata 6.8
plátano 17.1
plato 17.12; 17.15
playa 7.1
plaza [Pz.] 3.7
Plaza Mayor 25.5
población R2.6
poco 5.11; 13
un poco de 17.11
poder 6.9; 23.1
policía 3.10
pollo 17.1
poner 16.6; 17.7; 23.1
ponerse 16.1
ponerse en contacto 11.11
ponerse nervioso 19.15
popular 16.14
poquísimo 14.1
por 3.13; 9.8; 10.13
por *(Zeitangabe)* 9.17
por aire R2.6
por aquí 9.3
por carretera R2.6
por ejemplo 4.11
por el camino 14.11
por el contrario R5.1
por ella R2.6
por eso 2.15
por extensión 4.11
por favor 1.8
por fin 22.13
por la carretera 3.13
por las montañas 21.13
por lo mismo 20.3
por naturaleza 18.10
porque 4.11; 9.13; 13
¿por qué? 11.10; 13.3
por semana 13.5
por su parte 22.12
por supuesto 18.7
por tierra R2.6
por última vez 21.10
por un tiempo 22.8
posibilidad 15.15
postal *(Adj.)* 3.7
postal *(Subst.)* 6.1
posteriormente 24.1
postre 17.11
practicar 7.13
precio 8.2
precioso/-a 7.13; 21.2
preferido/-a 12.9
preferir R 3.2; 20.3
pregunta 13.12
preguntar (a) 9.10
preguntar (por) 16.3
preguntarse 11.11
premio 22.12
prenda (de vestir) 18.11
prensa 24.7
preocupado/-a 15.1
preocupante 12.9
preocuparse (por) 14.10
preparar 17.16
prerromano/-a 14.12
presentar (a), presentar 4.2; 22.9
presente 21.6
Presidente 1.6
presión 15.15
prestigioso/-a 24.7
primavera 20.8
primer plato 17.15
primero 17.11
primero/-a 9.3; 9.4; R 2.4
principal 16.14
principio R4.3
prisión 24.6
probador 18.7
probarse 18.7
problema R1.2
procedencia R3.3
producto 13.2
profesión 3.3
profesional 24.1
profesor/a 1.1; 3.1
programa R1.2
prohibido/-a 23.6
pronto 16.13
pronto 16.9
¡Hasta pronto! 5.9
pronunciación 25.7
propietario/-a R2.5
proponer 15.12
protagonista 24.6
proteger 23.10
próximo/-a 5.9
proyectar 16.15
psicología 3.3
publicar 24.1
publicitario/-a 14.1
público 9.17
en público 24.6
pueblo 7 ; 23.10
puente 21.13
puerta 14.3
puerto 7.1
puerto fluvial R2.6
pues 15.4
punto 13.13; 14.12
punto de vista 18.10
en punto 9.12
puntuación 13.13
puntualidad 20.2

Q

que *(= daß)* 9.18
que *(Rel. Pron.)* 7.1
¡qué *(+ Adj.)* ! 15.4
¡qué *(+ Subst.)* ! 15.4
¿qué? 2.7; 3.3; 7.13
¿de qué? 18.3
¿qué día? 9.16; 19.12
¡qué ganas! 14.1
¿qué hora es? 9.12
¿qué más? 17.7
¿qué tal? 4.2; 18.7
quedar 16.9; 17.8; 23.2
quedarse 21.13
quedarse en casa 10.11
querer 6.10; 9.18; 14.6; 15.10; 18.7
querido/-a 7.13
queso 17.1
¿quién? 3.4
¿de quién? 16.6
¿quién de vosotros? 11.5
Quiniela 22.12
quinto/-a 9.4
quiosco de cigarrillos 6.8
quisiera *(querer)* 6.10
quitarse 19.1
quizás 18.10

R

radio 10.1
Radio-Taxi 3.10
rapidez 20.2
rápido/-a 20.3
Rastro 25.5
a rayas 18.3
razón 19.15
realidad 15.15
realismo 24.10
realizar 24.10
realmente 12.3
recepción R3.1
receta 17.16
rechazar 19.7
recibir 14.1; 19.15
recibo 14.8
recoger la mesa 14.3; 23.1
recomendado/-a R5.1
rectangular 8.9
recuerdo 25.5
redisencia R3.3
redondo/-a 8.9
reflexión R3.2
regalar 19.13
regalo 19.13
regar 23.5
región 21.13
regreso a 22.2
regular 15.10
relación 13.13
relacionado/-a (con) R1.1
relacionarse (con) 18.10
relajación 15.15
relajado/-a 13.13
religioso/-a 24.1
rellenar 22.9
reloj 6.10
remedio 15.16
Renfe; RENFE 3.10; 20.11
repetir 1.8
repetitivo/-a 15.15
representa 24.10
representativo/-a 22.12
reserva 20.1
resfriado/-a 15.9
resolver 15.15
respeto 23.10
responder 16.5
responsabilidad 15.15
restaurante 1.10
resultado R1.1; 12.9
reunión 19.15
revista 14.1
revista de moda 13.1
río 7.1
ritmo 15.14
rizado/-a 5.10
rock 13.1
rojo/-a 5.12
¡Qué rollo! 22.13
romano/-a R2.6
romántico/-a 10.13
romper 23.10
ron 17.10
ropa 12.1
rosa *(Farbe)* 4.9
rosa *(Subst.)* 8.9
rubio/-a 5.10
rueda de prensa 24.7
ruidoso/-a R2.1
ruso R1.5

S

sábado 9.16
saber 9.5
saber *(+ Inf.)* 23.9
sacar 24.6
sacar a pasear 23.5
safari 25.3
sagrado/-a 21.1
sal 17.1
sala 24.7
salado/-a 17.10
salario R1.1
salchichas 16.15
salida R2.1
salir 7.13; 10.1; 19.15; 20.1
salón 8.1
salud R5.1
sandwich R5.1
sardina 17.1
satisfecho/-a (con) 13.13
se 1.1; 12; 18
sé *(saber)* 2.6
se dice/escribe 1.8; 2.8; 2.9
sección de deportes 19.14
secretario, -a 3.1
secreto/-a 12.9
sed 15.1
seda 18.3
seguir 9.5; 12.9; 15.10; 15.14; 24.10
según 12.9
segundo/-a 9.4; 11.1; 17.11
segundo plato 17.15
seguridad 20.2
seguro/-a 20.3
sello 6.1
selva 21.13
semana 7.13; 13.5; 22.3
semanal 16.15
sensación 15.14
sentarse 16.14; 19.1
sentir 9.3
sentirse 13.13
señalado/-a 9.1
señor, señora, señorita 4.2
por separados 12.7
separado/-a 4.11
separarse 24.10
septiembre 19.10
ser 1; 2.5
ser *(+ Uhrzeit)* 9.12
ser (de + *Material)* 18.3
ser *(Subst.)* 15.8
serio/-a 5.14
serpiente 25.3
servicios 2.9; 9.18
sexo R3.3
sí 1.8
si 9.18; R2.5
siempre R1.6; 11.1; 12
siesta 11.11
siglo 14.12
significar 8.5
siguiente R1.2
silencio 23.6
silla 6.1
sillón 8.5
símbolo 23.10
similar 21.10
simpático/-a 5.14
sin 15.9
sin embargo 9.18
sinceridad 18.10
sincero/-a 10.13
sino R1.6
sinónimo de 4.11
síntoma 15.16
sitio 14.11
situación 7.12; 19.15
sobrar R4.2
sobre 13.12; 21.13

sobre *(+ Ort)* 6.1; 8.8
sobre *(+ Zeit)* 11.1
sobre un total de 16.15
sobrino/-a 5.1
sociable 19.15
sociología R3.1
sofá 8.5
sol 3.13; 20.7
soler R2.6; 17.15
solidaridad 18.10
sólo R1.1
sólo (solamente) 11.11
solo/-a R2.6
soltero/-a 4.11
solución 18.10
sombra 24.10
sombrero R1.6
sonreír 19.15
soñar (con) 22.12
sopa 17.11
sordo/-a R1.6
sorprender 3.13
sorpresa 3.13; 22.12
sorteo 22.12
su, sus 4.11; 5.5
subir R4.3; 23.2
subte, subterráneo 13.6
Sudamérica 2.15
Suecia 2.1-4
sueco/-a 2.1-4
sueldo 13.10
sueño 15.1; 15.4
suficiente 19.15
sufrir 15.15
sujetador 18.1
superado/-a (por) 12.9
superar R 2.4; 18.10
superficie 21.13
superior a 2.15
supermercado 9.18
superstición 23.10
supersticioso/-a 23.10
supervisión 15.15
suplemento 20.11
sur 7.1
sustituir (por) R5.1
suyo/-a 24.1

T

tabaco 6.8
taberna 16.15
tabernar *(ugs.)* 16.15
tabla 19.15
taburete 16.15
Talgo 20.4
talismán 23.10
talla 18.7
también 2.15
tampoco 10.3
tan ... como 18.5
tan pronto 16.9
tango 7.11
tanto en ... como en 4.11
tanto/-a, tantos/-as R 2.5.
tapas 14.12
tardar en 13.3
tarde *(Adv.)* 11.1
tarde *(Subst.)* 9.17
tarjeta de crédito 23.5
tarot 22.8
tasquear *(ugs.)* 16.15
taxi 3.10
taxista 13.1
te 1.1; 4.11; 5.5; 10.4; 12
teatro 10.1
técnica 10.11
tela 18.3
teleadicto/-a 12.9
teledependiente 12.9
telefonear R1.2
telefónico/-a 16.3
teléfono 1.10; 3.9
telespectador 12.9
televisión 1.6; 10.1
televisor 8.5
tema R 3.2
temblar 25.9
temer 23.10
templo 24.1
temporal R3.1
tenedor 17.12
tener 3.11
tener *(+ Alter)* 5.5
tener calor 15.4
tener ganas 14.1
tener hora 9.12
tener importancia 14.10
tener la razón 19.15
tener mucha luz 8.2
tener que 9.18; 16.7; 22.10
tener sueño 15.4
tener teléfono 3.11
tenerse 11.11
tenis 10.1
tenista 5.11
tercero/-a 2.15; 9.4
terminar (de) 11.1
ternera 16.15
terraza 8.3
testigo 5.13
ti 10; 19.7
tía 5.1
tiempo 20.7
tienda 3.2
tienda de modas R1.6
tierra R2.6
tierras 4.11
tío 5.1
típico/-a 14.12
tirar 23.2
título 16.15
tocar 13.1
tocar «el Gordo» 22.12
tocar la guitarra 10.11
todas las noches 7.13
todavía 2.15
todavía no 25.5
todo el día 11
todo recto 9.5
todo trabajador R1.1
todo un arte 19.15
todo/-a 2.15; R1.1
todos éstos, todas éstas 6.9
todos los días 9.18; 11.8
tomado/-a 16.15
tomar 7.13; 9.5; 13.6; 15.9; 19.7
tomar el pulso 16.15
tomarse 14.1
tomate 17.16
tonto/-a 5.14; 12.9
tormenta 20.10
toro 4.9
tos 15.9
tostada 17.15
total 12.9
trabajador/a R1.1
trabajar 3.3
trabajo 11.1
tradicional R4.2
traducir 16.15
traer 15.15; 17.11
tráfico 8.3
traje 18.1
tranquilo/-a R1.6; 7.1; 14.10
tranvía 13.3
trasladarse 24.10
trastero 8.2
trastorno 15.15
tratar 18.10
trébol de cuatro hojas 23.10
trekking 21.13
tren 13.3
triangular 8.9
triste 15.1
tristeza 18.10
tropical 22.8
trozo 19.7
trucha 17.11
tú 1.1
tu, tus 5.5
turismo R5.3
turístico/-a 7.2
turrón 25.4

U

último/-a 1.6; 14.12
por último 21.13
un par de 23.2
un/una 3.2
único/-a R1.6
unificación (en) 11.11
unir R3.2
unitario/-a 11.11
universidad 3.2
uno/una *(Pron.)* 9
unos/unas 6.1; 7.9
urbano/-a R2.6
urgentemente 10.13
usado/-a 13.4
usar 23.5
usted 1.1; 10
ustedes 5; 10
utilizar 4.11

V

vacaciones 7.13; 13.10
de vacaciones 19.14
vacío/-a 23.10
Vale. 6.9
valle R5.1
de valor 25.4
valoración 19.15
vals 10.13
vamos a ver 17.8
vaqueros 18.1
varias veces 25.2
variedad 21.13
varios/-as 15.15; 25.2
vasco 2.15
vaso 15.11
a veces 4.11; 12.3
vender 6.8
venir 13.3
ventana R2.6; 14.3
ver 8.13; 10.1; 12.1
a ver 19.7
verano 5.9; 20.8
verdad 14.1
de verdad 14.10
¿verdad? 4.6.
verdadero/-a 2.15
verde 5.12
verdura 17.15
vergüenza 25.9
verse 16.9
verter 23.10
vestido 18.1
vestirse 11.1.
a la vez R2.6
a veces 4.11; 12.3
una vez 13.5
una vez cada tres días 13.5
una vez a la semana 13
una vez por semana 13
unas veces más que otras 19.15
viajar 10.8
viajar (a) 13.2
viaje R1.2; 20.1
viaje de negocios 22.13
vicio 12.9
vida 4.11; 11.11; 22.8
vídeo 10.11
viejo/-a *(Adj.)* 5.10
viejo/-a *(Subst.)* 5.9
viento 20.7
viernes 9.16
vino 7.11
violeta
visitar 10.13; 21.2
vista panorámica 8.14
viudo/-a 4.11
vivir 3.7
vocabulario 25.7
volumen 23.2
volver 9.8; 11.1
volver a 15.14; 24.3
volverse 11.10
vosotros/-as 5; 10; 11.5
voz 1.6
vuelo R2.6; 20.1
vuelta 7.13; 20.1
Vuelta ciclista a España R3.2
a la vuelta 25.5
vuestro/-a, vuestros/-as 5

Y

y 1.1
y *(+ Uhrzeit)* 9.12
ya R1.6; 11.9
ya no 19.7
ya que 11.11
yo 1.1
yogur 17.1

Z

zapato 18.1
zarzuela 25.5
zona 2.15; 8.2

Grammatikregister

- Abkürzungen:

best.	= bestimmter	Imper.	= Imperativ	Adj.	= Adjektiv
unbest.	= unbestimmter	Indef.	= Indefinido	Pron.	= Pronomen
Sing.	= Singular	Perf.	= Perfekt		
Plur.	= Plural	Präs.	= Präsens		

a (Richtungsangabe) 11, 13
a (Zeitangabe) 9, 13
a + best. Artikel 4
abrir (Perf.) 14
acabar de 20
adónde 20
Adjektiv
Nationalitäten 2
Endungen 2
Farben 5
Pluralformen 5
Veränderlichkeit 2, 5
Adverb/adverbiale Bestimmung
des Ortes 7, 8, 9
der Zeit 11, 17, 21
der Häufigkeit 12, 13
Mengenadverbien: *muy, mucho, bastante* 7, 13
Akkusativpronomen 6, 18
a la derecha de 8
a la izquierda de 8
al, a la 4
al final de 9
algo 17
algún, alguno/-a 20
al lado de 8
al sur de 7
a menudo 12
antes 11
antes de 11, 17
aprender 3
Artikel
best. Artikel 3 (Sing.), 5 (Plur.)
unbest. Artikel 3 (Sing.), 6 (Plur.)
Gebrauch bei *señor, señora, señorita* 4
aún no 25
Ausrufesätze 15
a veces 12
bastante 7
Betonung und Akzentsetzung 2
cada 13
casi 12
cerca de 7
coger 9
¿cómo? 2
conmigo, contigo 16
con + Pronomen 16
cruzar 9
¿cuál? 3, 6
¿cuánto? 6
¿cuántos/-as? 5
creer: creo que 11
Dativpronomen 10
Datum 19, 21
de (Herkunft) 2
de … a (Zeitangabe) 9, 13
de + bestimmter Artikel 3
¿de dónde? 2, 4
de + Monat + Jahr 21
¿de qué color? 18
debajo de 8
deber 22
decir 14 (Perf.), 23 (Imper.)
del, de la 3
delante de 8
Demonstrativpronomen
alleinstehend 4, 6
mit einem Substantiv 6
dentro de (Zeit) 20
desde … hasta 13
despertarse 11, 12
después de 17
detrás de 8
doler 15
¿dónde? 3
el, la 3
él, ella 1, 10
ellos, ellas 5, 10
empezar 11, 12
en
en + best. Artikel + Substantiv 3
en + unbest. Artikel + Substantiv 3
en Bilbao 3
en autobús 13
encima de 8
encontrarse 15
enfrente de 9
entre 8
escribir 14 (Perf.)
ese/esa, esos/esas 6
ése/ésa, ésos/ésas 6
estar 4, 5, 8, 9, 15, 21
estar – hay (Gebrauch) 8
estar + Gerundium 19
este/esta, estos/estas 6
esta semana 14
éste/ésta, éstos/éstas 6
esto 19
Fragepronomen
¿adónde? 20
¿cómo? 1, 2
¿cuál? 3
¿cuáles? 6
¿cuándo? 11
¿cuánto? 6
¿cuántos/-as? 6
¿de dónde? 3
¿dónde? 3
¿qué? 2, 3
¿quién? 3
¿por qué? 13
fuera (de) 12
Futur 22
Gerundium 19
Grundzahlen
0 – 20: 2
21 – 100: 3
101 – 10.000: 6
ab 10.001: 7
gustar 10
hablar 2, 4, 5
hacer 3, 14 (Perf.), 21 (Indef.), 22 (Futur), 23 (Imper.)
hace buen tiempo 20
hace cinco minutos 20
hacer pensar en 20
hasta 9
desde … hasta 13
Häufigkeitsausdrücke 12, 13
hay 6, 8
hay uno – no hay ninguno 9
hay – estar (Gebrauch) 8
hay que 22
Imperativ 9 (Sing.), 23
Imperativ + direktes Objektpron. 23
Indefinido 21, 24
Indefinido – Perfekt (Gebrauch) 25
ir 11, 12, 21 (Indef.), 23 (Imper.)
ir a + Verb 22
junto a 8
Komparativ 10, 18
le 10
lejos de 7
les 10
lo/la 6
lo que 13
los/las 5, 18
los lunes 12
llamarse 1, 4
levantarse 11, 12
llevar
llevar bigote 5
llevar coche cama 20
me lo llevo 6
llover 20
más
algo más, nada más 17
más de 7
más … que 10, 18
más tarde 11
mayor 18
me 10, 12
mejor 18
Mengenadverbien *(muy, mucho, bastante)* 7
Mengenangaben *(mucho, bastante, poco)* 13, 17
menos de 7
menos … que 18
mi, mis 5
mí 10
Modalverben
tener que 16
deber 22
poder 16, 22, 23
querer 16
morir 24
muchas veces 14
mucho 7, 13, 15

mucho/-a, muchos/-as 7
mucho calor 20
muy + Adj. 7
nada 13
(gustar) 10
nada más 17
nahe Zukunft 22
nevar 20
ni … ni … 10
ningún, ninguno/-a 20
no … 3
no … aún 25
no … nada 13
no … ni … ni … 10
no … nunca 12, 14
no … todavía 25
normalmente 12
nos 10, 12
nosotros/-as 5, 10
nuestro/-a, nuestros/-as 5
nunca 12
Objektpronomen
direkte 6, 18
indirekte 10 (betont und unbetont)
beim Imperativ 23
zwei Objektpron. im Satz 18
Ordnungszahlen 9
Ortsangaben 7, 8, 9
os 10, 12
otro/-a, otros/-as 17
para
para comer 17
para + Infinitiv 22
para mí 18
Partizip Perfekt 14
pedir 17
peor 18
Perfekt 14
Perfekt – Indefinido (Gebrauch) 25
pero 10
Personalpronomen
als Subjekt: 1 (Sing.), 5 (Plur.)
als Objekt: s. Objektpronomen
tú – usted (Gebrauch) 4
Plural der Substantive 5
poco 13
un poco de 17
poder 16 (Präs.), 22 (Futur)
se puede 23
poner 14 (Perf.), 17, 23 (Imper.)
ponerse (al teléfono) 16
por
por la tarde 9
por la mañana, por las mañanas 11
una vez por semana 13
¿por qué? 13
porque 13
Possessivpronomen 5
Präpositionen
der Zeit 9, 13
des Ortes 7, 8, 9
Präsens
regelmäßige Verben 1, 2, 3, 5, 11 (Sing.), 5, 12 (Plur.)
que als Relativpronomen 7
¿qué?
¿qué lenguas? 2
¿qué dices? 3
¡Qué horrible es! (Ausruf) 15
quedarse 18
querer 15
querer + Infinitiv 16
¿quien? 3
reflexive Verben 1 (Sing.), 12 (Plur.)
Reflexivpronomen *se* 12
Richtungsangabe *(a)* 11, 13
saber + Infinitiv 23
salir 11, 12, 21, 22 (Fut.)
se 10; 12
se bei doppeltem Objektpron. 18
se habla, se dice, se escribe (unpersönl. Ausdrücke) 2
se puede + Infinitiv 23
se vende, se venden 6
seguir 9
ser 2, 5, 21 (Indef.)
ser – estar (Gebrauch) 4, 7, 19
siempre 12
sobre 8, 11
su, sus 5
Stammveränderung: s. Verben mit ~
Substantive
Endung und Geschlecht 3
Plural 5
también: yo también 10
tampoco: yo tampoco 10
tan … como 18
te 10, 12
tener 3 (Sing.), 5 (Plur.)
tener que 16, 22 (Futur), 24 (Indef.)
ti 10
todavía no 25
todo el día 11
todos los días 11
todo recto 9
trabajar 3 (Sing.), 4, 5
tú 1
tú – usted (Gebrauch) 4
tu, tus 5
Uhrzeit 9, 16
un, una 3
un poco (más) de 17
uno, una 9
unos, unas 6
unos, unas + Zahl 7
unpersönliche Ausdrücke
se habla, se dice, se escribe 2
hay que 22
se puede 23
usted 1, 10
tú – usted (Gebrauch) 4
ustedes 5, 10
vender 6
venir 13 (Präs.), 21 (Indef.), 23 (Imper.)
ver 14 (Perf.)
Verben mit Stammveränderung
e → ie : 11 (Sing.), 12 (Plur.), 15, 23
o → ue: 11 (Sing.), 12 (Plur.), 15, 23
e → i : 11 (Sing.), 12 (Plur.), 23
Vergleich 10, 18
Verneinung
no 3
no mit Pronomen 6
no … nada 13
no … ni … ni … 10
no … nunca 12, 14
no … aún/todavía 25
vestirse 11, 12
vez 13
una vez a … 13
una vez por … 13
una vez cada … 13
vivir 3, 5
volver 11, 12, 14 (Perf.)
vosotros/-as 5, 10
vuelto 14
vuestro/-a, vuestros/-as 5
ya 25
yo 1
Zeitangaben 9, 11, 13, 21
Zukunft 22

A

Glossar zu den Arbeitsanweisungen

Sollten Sie einmal Schwierigkeiten haben, die eine oder die andere Anweisung aus dem Lehrbuch richtig zu verstehen, wird Ihnen diese Seite behilflich sein:
Nachstehend finden Sie, alphabetisch geordnet, die wichtigsten Wörter aus den Arbeitsanweisungen der Lektionen mit ihren deutschen Entsprechungen.

acertado: ¿has acertado?	hast du es getroffen / richtig geraten?
la actividad	Aufgabe
adecuado/-a	angemessen
adivina	rate
¡ahora vosotros!	jetzt ihr
anota	notiere
averigua	überprüfe
(la) ayuda	hilf, Hilfe
busca	suche
cada grupo	jede Gruppe
cada uno	jeder einzelne
calcula	rechne zusammen
la casilla	Feld
la columna	Spalte
comenta	besprich
el/la compañero/-a	Klassenkamerad(in), Kollege(-in)
completa	ergänze
comprueba	vergleiche
¿conoces?	kennst du?
consulta	schlage nach
contesta	beantworte
el contrario	Gegenteil
la conversación	Gespräch
correspondiente	entsprechend
la cruz	Kreuz
cuenta	erzähle
el cuestionario	Fragebogen
el dado	Würfel
decide	entscheide
describe	beschreibe
descubre	entdecke
desordenado/-a	ungeordnet, in falscher Reihenfolge
di	sage
dibuja	zeichne
el dibujo	Zeichnung
el dictado	Diktat
la diferencia	Unterschied
(por) ejemplo	(zum) Beispiel
elige	wähle aus
empareja	ordne zu Paaren
¿entiendes?	verstehst du?
escribe	schreib
escríbelo	schreib es nieder
escucha	höre (zu)
el esquema gramatical	Grammatiktafel
la expresión	Ausdruck
falso	falsch
fíjate	merke dir
la frase	Satz
habla	sprich
haz preguntas	stelle Fragen
infórmate	erkundige dich
imagina	stell dir vor
intenta	versuche
juega	spiele
el juego	Spiel
lee	lies
el léxico	Wortschatz
el libro	Buch
marca con una cruz	kreuze an
mira	schau an
observa	betrachte
la orden	Reihenfolge
ordena	ordne
oye	höre
la palabra	Wort
en parejas	paarweise
pasa la pelota	wirf / gib den Ball weiter
la pelota	Ball
piensa en	denke an
la posibilidad	Möglichkeit
practica	übe
pregunta	frage
la pregunta	Frage
la puntuación	Bewertung, Punktvergabe
el recuadro	Kästchen
recuerda	erinnere dich, merke dir
relaciona	verbinde
repite	wiederhole
responde	antworte
la respuesta	Antwort
restablecer	wiederherstellen, rekonstruieren
el resultado	Ergebnis
¿sabes?	weißt du?
señala	gib an
significa	bedeutet
siguiente	folgende(r, s)
tapa	decke ab
tira el dado	würfele
por turnos	reihum
trata de	versuche zu
útil	nützlich
utiliza	benutze
verdadero	wahr, richtig
vez: otra vez	noch einmal
voz: en voz alta	laut